アロン家の聖母子の物語

泣虫聖母マリヤさま

狂気を贖《あがな》う
イエスさまの十字架

2023年

笹倉 正義
Sasakura Masayoshi

風詠社

目次

そして本《ほん》の先《さき》へ、「父《ちち》よ、組織《そしき》を」、わたしには宣教《せんきょう》の時間《じかん》がないのです。

装幀：2DAY

泣虫聖母マリヤさま

狂気を贖《あがな》うイエスさまの十字架

序《じょ》「聖母子《せいぼし》のローマ・カトリック教会《きょうかい》」

紀元《きげん》3000年《ねん》のローマ、司教《しきょう》は1冊《いっさつ》の本《ほん》を手《て》にしていた。それは一部《いちぶ》焼け焦《こ》げていた。本《ほん》の文字《もじ》は司教《しきょう》には読《よ》めなかったが、ラテン語《ご》のメモがあった。それは、「マリヤさまの名《な》を忘《わす》れて紀元《きげん》3000年《ねん》はあるか」、と読《よ》めた。また表紙《ひょうし》には2023という数字《すうじ》があり、本《ほん》の書《か》かれた年号《ねんごう》と思《おも》われた。司教《しきょう》がいるのは地下室《ちかしつ》だった。地上《ちじょう》がどうなっているのか、彼《かれ》には言《い》えない。なぜなら時折々《ときおりおり》の読者《どくしゃ》にとって、未来《みらい》は常《つね》に揺《ゆ》れていたからである。大《だい》にはウイルス、核戦争《かくせんそう》、人口爆発《じんこうばくはつ》、資源枯渇《しげんこかつ》、惑星衝突《わくせいしょうとつ》の脅威《きょうい》があった。小《しょう》には個々人《ここじん》に誘発《ゆうはつ》される狂気《きょうき》があった。自《みず》らは制御《せいぎょ》できないその狂気《きょうき》という名《な》の「罪《つみ》」、それを解決《かいけつ》できる手段《しゅだん》のあることをご紹介《しょうかい》できるこの本《ほん》にこそ、マリヤさまの名《な》が冠《かん》せられるにふさわしい。「苦杯《くはい》」は人《ひと》の罪《つみ》を肉体《にくたい》に顕在化《けんざいか》させ生贄化《いけにえか》する手段《しゅだん》であり、それに続《つづ》く十字架《じゅうじか》はその生贄《いけにえ》を屠《ほふ》る神事《しんじ》である。かくて嘆願《たんがん》の人《ひと》はご利益《りやく》としてその狂気《きょうき》から開放《かいほう》される。その手段《しゅだん》を成《な》し遂《と》げられたのが、アロン家《け》の姫《ひめ》マリヤさまと御子《みこ》イエスさまである。この本《ほん》は、その聖母子《せいぼし》の偉業《いぎょう》を寿《ことほ》ぐ物語《ものがたり》。

ルカの口上《こうじょう》

さてご来場《らいじょう》の皆《みな》さま、おっと、お芝居《しばい》の口上《こうじょう》ではありませんでした、この本《ほん》を読《よ》み進《すす》めようとされるあなたに申《もう》し上《あ》げたいことがございます。それはここで読《よ》まれた内容《ないよう》を決《けっ》して他《た》の人《ひと》には漏《も》らさぬようにお勧《すす》めいたします。と申《もう》しますのは、ここでお知《し》りになることは、今《いま》まで世間《せけん》に流布《るふ》されている「キリスト教《きょう》および教会《きょうかい》」のイメージとは大《おお》いに違《ちが》うからでございます。それは「マリヤさまの名《な》を忘《わす》れて紀元《きげん》３０００年《ねん》はあるのか」の問《と》いに集約《しゅうやく》されます。

本書《ほんしょ》の執筆中《しっぴつちゅう》、著者《ちょしゃ》「まさよし」に与《あた》えられたさまざまな気付《きづ》きは、わたし、ルカが書《か》き留《と》めました「ルカによる福音書《ふくいんしょ》」の「マリヤさまの処女受胎《しょじょじゅたい》」こそは、この物語《ものがたり》の始《はじ》まりであるとする、彼《かれ》の粘《ねば》り強《づよ》い13年《ねん》に及《およ》ぶW《ウ》e《ェ》b《ブ》公開取説《こうかいとりせつ》「オリジナル教会《きょうかい》」を経《へ》て醸成《じょうせい》され、ついに著作《ちょさく》に至《いた》ったことにおいて、わたくしがこの口上《こうじょう》を申《もう》し上《あ》げている動機《どうき》でもございます。では物語《ものがたり》を始《はじ》めましょう。物語《ものがたり》は著者《ちょしゃ》の感性《かんせい》が時々《ときどき》の気付《きづ》きのうちに説《と》き明《あ》かしたものです。

最初《さいしょ》の舞台《ぶたい》は、エルサレムの「ヘロデの館《やかた》」です。

物語《ものがたり》（1）「対話《たいわ》」忍《しの》び寄《よ》るアロン家滅亡《けめつぼう》の足音《あしおと》

（1）（1）ヘロデの大王誕生《だいおうたんじょう》の経緯《いきさつ》

紀元前《きげんぜん》12年《ねん》、ここはエルサレムのヘロデ一世《いっせい》（大王《だいおう》）の館《やかた》です。当時《とうじ》は人生《じんせい》50年《ねん》の時代《じだい》であり、大王《だいおう》は70歳近《さいちか》い高齢《こうれい》です。大王《だいおう》は改宗《かいしゅう》のユダヤ人《じん》です。ユダヤ人《じん》は12部族《ぶぞく》とレビ人《びと》で構成《こうせい》されていましたが、それに「改宗《かいしゅう》のユダヤ人《じん》」が加《くわ》えられたのです。彼《かれ》の父《ちち》はハスモン家《け》に仕《つか》えていました。ハスモン家《け》は、この物語《ものがたり》の130年《ねん》ほど前《まえ》、ペルシャ帝国《ていこく》を倒《たお》し、城壁都市《じょうへきとし》アンテオケを首都《しゅと》としていたギリシャ系王朝《けいおうちょう》の侵略《しんりゃく》に対抗《たいこう》し、粘《ねば》り強《づよ》いゲリラ戦《せん》で阻止《そし》した下級《かきゅう》祭司《さいし》マタティヤを祖《そ》とする家門《かもん》です。彼《かれ》マタティヤは、徴兵《ちょうへい》を免《まぬか》れていたレビ人《びと》の祭司《さいし》でありながら、「エロス文化《ぶんか》」の強制《きょうせい》に対《たい》する義憤《ぎふん》から、武力抵抗《ぶりょくていこう》に身《み》を投《とう》じました。そして息子《むすこ》の代《だい》にまでに続《つづ》く武力闘争《ぶりょくとうそう》の末《すえ》、侵略者《しんりゃくしゃ》に消耗戦《しょうもうせん》をあきらめさせ、独立《どくりつ》を勝《か》ち取《と》りました。息子《むすこ》は事実上《じじつじょう》の「王《おう》」となりましたが、レビ人《びと》なのでそれを名乗《なの》ることは叶《かな》わず、主家《しゅか》の専権事項《せんけんじこう》であった「大祭司《だいさいし》」を名乗《なの》りました。律法《りっぽう》の定《さだ》めたアロン家以外《けいがい》に、ユダヤ人《じん》の王《おう》たる大祭司《だいさいし》が誕生《たんじょう》したのですが、武力《ぶりょく》を持《も》っているので、誰《だれ》も「律法違反《りっぽういはん》」のクレームをつけることができませんでした。そして大祭司《だいさいし》を名乗《なの》ったシモンは、エルサレムに居《きょ》を構《かま》え、家名《かめい》を「ハスモン」としたのです。その後《ご》、今度《こんど》はローマ軍《ぐん》が侵入《しんにゅう》してきましたが、ローマ軍《ぐん》とのゲリラ戦《せん》においてハスモン家《け》は「武力抵抗運動《ぶりょくていこううんどう》」の精神的支柱《せいしんてきしちゅう》となっていました。粘《ねば》り強《づよ》く戦《たたか》えば敵《てき》は退《しりぞ》くと、そう考《かんが》えたのです。それを見抜《みぬ》いたローマ軍《ぐん》は、ハスモン一族《いちぞく》の根絶《ねだ》やしを図《はか》りました。そして情報提供《じょうほうていきょう》したヘロデをその首謀者《しゅぼうしゃ》にしました。そして見返《みかえ》りに、皇帝《こうてい》は彼《かれ》をユダヤ人《じん》の王《おう》としたのです。

(1)(2)老《ろう》ヘロデの客《きゃく》その(1)「二人《ふたり》の孫《まご》」

老《ろう》ヘロデの部屋《へや》に、2人《ふたり》の孫《まご》が明《あか》るく元気《げんき》に入《はい》ってきました。兄《あに》のアグリッパと妹《いもうと》のベルニケです。

「使徒行伝《しとぎょうでん》」：25-12そこでフェストは、陪席の者たちと協議したうえ答えた、「おまえはカイザルに上訴を申し出た。カイザルのところに行くがよい」。(中略)
25-13数日たった後、アグリッパ王とベルニケとが、フェストに敬意を表するため、カイザリヤにきた。
(中略)
25-23翌日、アグリッパとベルニケとは、大いに威儀をととのえて、千卒長たちや市の重立った人たちと共に、引見所にはいってきた。すると、フェストの命によって、パウロが引き出された。25-24

そこで、フェストが言った、「アグリッパ王、ならびにご臨席の諸君。ごらんになっているこの人物は、ユダヤ人たちがこぞって、エルサレムにおいても、また、この地においても、これ以上、生かしておくべきでないと叫んで、わたしに訴え出ている者である。25-25しかし、彼は死に当ることは何もしていないと、わたしは見ているのだが、彼自身が皇帝に上訴すると言い出したので、彼をそちらへ送ることに決めた。

2人《ふたり》の父《ちち》の名《な》はヘロデ二世《にせい》です。ヘロデ一世《いっせい》は、大王《だいおう》とも呼《よ》ばれ、2人《ふたり》の孫《まご》のおじいさんにあたります。このおじいさんは、「マタイによる福音書《ふくいんしょ》」のおかげで極悪人《ごくあくにん》にされています。では、その悪名高《あくみょうたか》いおじいさん「老《ろう》ヘロデ」と孫《まご》たちの会話《かいわ》を聞《き》いてみましょう。

ベルニケ：大好《だいす》きな、わたしのおじいさま、いつものように何《なに》かおもしろいお話《はなし》をしてくださる？

老《ろう》ヘロデ：ベルニケや、おまえの兄《あに》の名前《なまえ》はアグリッパと言《い》うが、これはローマ人《じん》の名前《なまえ》だ。なぜお前《まえ》たちの父《ちち》が兄《あに》にそのような名前《なまえ》をつけたのか、それを話《はな》してやろう。わしは若《わか》い頃《ころ》、ローマに留学《りゅうがく》したことがある。父《ちち》がわたしにローマの知識《ちしき》と技術《ぎじゅつ》を身《み》につけるチャンスをくれたのだ。その時《とき》に目《め》を掛《か》けてもらったのが後《のち》に将軍《しょうぐん》となってオクタビアン（皇帝《こうてい》アウグストのこと「ルカ2章《しょう》1節《せつ》」を支《ささ》えた軍人《ぐんじん》アグリッパだった。

(1)(3)若《わか》き日《ひ》のローマ留学《りゅうがく》(1)「石造《いしづく》りの建築技術《けんちくぎじゅつ》」の習得《しゅうとく》

老《ろう》ヘロデ:アグリッパはわたしにローマの石造《いしづく》りの構造物《こうぞうぶつ》の技術《ぎじゅつ》、たとえばフランスの「ポン・デュ・ガール水道橋《すいどうきょう》」などの高度《こうど》な石材建築技術《せきざいけんちくぎじゅつ》を学《まな》ばせてくれた。このエルサレムの木造《もくぞう》の神殿《しんでん》の横《よこ》に石造《いしづく》りの神殿《しんでん》を建《た》てているのは、その時習得《ときしゅうとく》した知識《ちしき》が元《もと》になっている。

ベルニケ:立派《りっぱ》な神殿《しんでん》だわ、さすがおじいさまね。

老《ろう》ヘロデ:わしはユダヤ人《じん》の王《おう》だが、父《ちち》の代《だい》から始《はじま》った「改宗《かいしゅう》のユダヤ人《じん》」で新参者《しんざんもの》だ。ユダヤ人《じん》としての12部族《ぶぞく》でもなく祭司《さいし》の家系《かけい》のレビ人《びと》でもない。だからわしは、彼《かれ》らには決《けっ》して真似《まね》のできない力《ちから》の差《さ》を見《み》せ付《つ》けてやる必要《ひつよう》があるのだ。その力《ちから》の源《みなもと》が若《わか》き日《ひ》のローマ留学《りゅうがく》にあるのだ。

(1)(4)若《わか》き日《ひ》のローマ留学《りゅうがく》(2)「ローマ軍《ぐん》の調練《ちょうれん》を体験《たいけん》」

老《ろう》ヘロデ:わしは軍事《ぐんじ》に関《かん》してもアグリッパ将軍《しょうぐん》から薫陶《くんとう》を受《う》けた。彼《かれ》は軍《ぐん》の指揮官《しきかん》としても優秀《ゆうしゅう》だった。アグリッパは、オクタビアンの将軍《しょうぐん》となった。オクタビアンは、ブルータスなど、元老院《げんろういん》の急進派《きゅうしんは》に暗殺《あんさつ》された義父《ぎふ》ジュリアス・シーザー(ユリウス・カエサルの英語読《えいごよ》み）の後継者《こうけいしゃ》としてローマ帝国西方《ていこくせいほう》の統治者《とうちしゃ》となり友人《ゆうじん》のアグリッパを将軍《しょうぐん》に招聘《しょうへい》したのじゃよ。シーザーの武将《ぶしょう》の1人《ひとり》だったアントニーは東方《とうほう》の統治者《とうちしゃ》になっていた。両雄並《りょうゆうなら》び立《た》たず、紀元前《きげんぜん》31年《ねん》、オクタビアンは、エジプト女王《じょおう》クレオパトラと組《く》んだアントニーとの連合艦隊《れんごうかんたい》と戦《たたか》い、ギリシャ西方海岸《せいほうかいがん》の都市名《としめい》を冠《かん》した「アクティウムの海戦《かいせん》」で破《やぶ》った。アントニーは愚《おろ》かにも20万《まん》の陸軍《りくぐん》を棄《す》て、女王《じょおう》の海軍力《かいぐんりょく》を当《あ》てにして海戦《かいせん》に臨《のぞ》んだが失敗《しっぱい》だった。一方《いっぽう》のオクタビアンは、船酔《ふなよ》いで弱《よわ》っていたが、旗艦《きかん》からアグリッパが指揮《しき》して海戦《かいせん》を勝利《しょうり》に導《みちび》いたのだ。女王《じょおう》は早々《そうそう》に戦線《せんせん》を離脱《りだつ》してエジプトのアレキサンドリヤに帰《かえ》り、アントニーはその後《あと》を追《お》った。そして2人《ふたり》とも自害《じがい》した。砂漠《さばく》に逃《に》げたシーザーとクレオパトラの息子《むすこ》シーザリオンは殺害《さつがい》された。ここに「智《ち》」の誇《ほこ》り高《たか》い、ギリシャ系《けい》のプトレマイオ王朝《おうちょう》は終《お》わった。エジプトはローマ帝国《ていこく》の属州《ぞくしゅう》になったのだ。オクタビアンは帝国《ていこく》の単独統治者《たんどくとうちしゃ》になり、事実上《じじつじょう》の皇帝《こうてい》ではあったが、その権力《けんりょく》は元老院《げんろういん》に返《かえ》し、自《みずか》らは権力欲《けんりょくよく》を示《しめ》さなかった。共和制《きょうわせい》を大事《だいじ》にする元老院《げんろういん》は、オクタビアンの真意《しんい》を測《はか》りかねた。そこで、彼《かれ》に「アウグスト」という尊称《そんしょう》を贈《おく》ったのだ。オクタビアンもアウグストと呼《よ》ばれることには同意《どうい》した。しかしアウグストでは何《なん》のことか分《わ》からない。たとえばだが、「ルカによる福音書《ふくいんしょ》」には「皇帝《こうてい》アウグスト」のように書《か》かれるらしい。40年《ねん》ほど先《さき》の話《はなし》だがの。病弱《びょうじゃく》なオクタビアンは、アグリッパに皇帝《こうてい》の座《ざ》を譲《ゆず》ろうとしたが、当《とう》のアグリッパは病死《びょうし》してしまった。がっかりしたオクタビアンは、イタリヤのナポリ南方《なんぽう》に浮《う》かぶカプリ島《とう》に滞在《たいざい》し、今《いま》なお長寿《ちょうじゅ》を保《たも》っている。
孫《まご》のアグリッパ：そうか、それで僕《ぼく》の名前《なまえ》がアグリッパなんだね。ありがとう、おじいさま。よく分《わ》かりました。
老《ろう》ヘロデ：たいくつではないかな。では、もう1つ話《ひとはなし》をしてあげよう。わしが滅《ほろ》ぼしたことになっているハスモン家《け》のことだ。
ベルニケ：そのことで、おじいさまのことを悪魔《あくま》のように言《い》う子《こ》がいるのよ。失礼《しつれい》しちゃうわ。
老《ろう》ヘロデ：ははは、それも無理《むり》はない。

(1)(5)「大祭司《だいさいし》」にして王《おう》、ハスモン家《け》の皆殺《みなごろ》しの経緯《いきさつ》

ベルニケ：でもどうしてハスモン家《け》の人《ひと》たちを皆殺《みなごろ》しにする必要《ひつよう》があったの？　おじいさま。おじいさまと違《ちが》って兵隊《へいたい》を持《も》っていない人《ひと》たちを。
老《ろう》ヘロデ：それはハスモン家《け》の大祭司《だいさいし》としての記憶《きおく》をユダヤ人《じん》の土地《とち》から葬《ほうむ》り去《さ》る必要《ひつよう》があったからだ。
孫《まご》のアグリッパ：大祭司《だいさいし》って何《なん》なの、おじいさま。
老《ろう》ヘロデ：何《なん》というか、ユダヤ人《じん》の心《こころ》を1つ《ひと》にする王《おう》のようなものらしい。ユダヤ人《じん》というのはいくつかの部族《ぶぞく》と組《くみ》で構成《こうせい》されている。わしらと同《おな》じ改宗《かいしゅう》の者《もの》、12部族《ぶぞく》の者《もの》、それにレビ人《びと》

と呼《よ》ばれる者《もの》らの組《くみ》で構成《こうせい》されている。レビ人《びと》には他《た》の部族《ぶぞく》にはない役割《やくわり》がある。まず祭司《さいし》はレビ人《びと》だ。そして、レビ人《びと》は12部族《ぶぞく》の中《なか》に分散《ぶんさん》して暮《く》らしている。それで彼《かれ》らは横断的《おうだんてき》な、たとえば律法《りっぽう》などの教育《きょういく》を担当《たんとう》できるのだ。いわばレビ人《びと》は13番目《ばんめ》の部族《ぶぞく》なのだ。ハスモン家《け》の先祖《せんぞ》はそのレビ人《びと》のマタティヤで、姓《せい》はヨアリブ、下級祭司《かきゅうさいし》の家柄《いえがら》だった。今《いま》から１３０年《ねん》ぐらい前《まえ》のことだが、パレスチナに興《おこ》ったアンテオケの王《おう》が、武力《ぶりょく》でユダヤ人《じん》の土地《とち》をギリシャ化《か》しようとした。つまりユダヤ人《じん》に律法《りっぽう》を捨《す》てさせ、素《す》っ裸《ぱだか》の陸上競技《りくじょうきょうぎ》をさせようとしたのだ。ギリシャ文化《ぶんか》には、「哲学《てつがく》」と「エロス」とがあるが、城壁都市《じょうへきとし》アンテオケが強要《きょうよう》した文化《ぶんか》はエロスだった。「ダフネの森《もり》」というエロスの神域《しんいき》もあった。ちなみに、「哲学《てつがく》」の方《ほう》はエジプトのアレキサンドリヤだ。

そのユダヤ人《じん》のギリシャ化《か》に怒《いか》ったのが、祭司《さいし》マタティヤと彼《かれ》の息子《むすこ》たちだった。彼《かれ》らは武装蜂起《ぶそうほうき》してアンテオケの軍隊《ぐんたい》と戦《たたか》った。軍隊《ぐんたい》と軍隊《ぐんたい》との戦《たたか》いではなく、一方《いっぽう》はゲリラだった。ゲリラを掃討《そうとう》するのはむずかしい。どこに潜《ひそ》んでいるか分《わ》からないからな。マタティヤの死後《しご》は息子《むすこ》たちが父《ちち》の意志《いし》を継《つ》いで粘《ねば》り強《づよ》く戦《たたか》った。そしてアンテオケの王《おう》を根負《こんま》けさせ、ユダヤ征服《せいふく》をあきらめさせたのじゃよ。その時《とき》の指揮官《しきかん》シモンが、自《みずか》らの地位《ちい》を軍事《ぐんじ》の長《ちょう》とし、称号《しょうごう》を大祭司《だいさいし》とすることに同意《どうい》したのだ。変《へん》な言《い》い方《かた》だが、そう書《か》かれた文書《ぶんしょ》があった。レビ人《びと》は神事《しんじ》に携《たずさ》わる組《くみ》に属《ぞく》する人々《ひとびと》であり、徴兵《ちょうへい》と税《ぜい》を免《まぬか》れている。だから王《おう》を名乗《なの》ることができないので、祭司《さいし》の称号《しょうごう》の上《うえ》に「大《だい》」を冠《かん》して、大祭司《だいさいし》としたわけだ。だが実質的《じっしつてき》には彼《かれ》はユダヤ人《じん》の王《おう》に違《ちが》いなかった。そしてシモンはヨアリブの家名《かめい》をハスモンと改《あらた》めた。「ヨアリブ」を知《し》る者《もの》には自分《じぶん》たちの身分《みぶん》が下級祭司《かきゅうさいし》と思《おも》われてしまうからだ。「マカバイの書上《しょじょう》2章《しょう》1節《せつ》」（カトリック系聖書《けいせいしょ》）

今《いま》でも、そのハスモン家《け》を精神的支柱《せいしんてきしちゅう》とする兵《へい》は地域《ちいき》ごとの民兵《みんぺい》（ゲリラ）であり、各自《かくじ》の判断《はんだん》で行動《こうどう》する。だから、彼《かれ》らがローマ軍《ぐん》を攻撃《こうげき》する兆候《ちょうこう》はつかみにくく、所在《しょざい》もつかみにくいのでやっかいだった。だから彼《かれ》らが1《ひと》つにまとまる精神的支柱《せいしんてきしちゅう》を消《け》し去《さ》る必要《ひつよう》があるとローマ軍《ぐん》は気付《きづ》いたのだ。ただ、大祭司《だいさいし》は個人《こじん》ではなく、ハスモン家《け》の家門《かもん》そのものだから、血縁者《けつえんしゃ》を皆殺《みなごろ》しにしなければ、ユダヤ人《じん》ゲリラの心《こころ》から大祭司《だいさいし》は消《き》えない。だから、ローマ軍《ぐん》はハスモン一族《いちぞく》を皆殺《みなごろ》しにした。そしてその首謀者《しゅぼうしゃ》を、ローマ軍《ぐん》の手先《てさき》とユダヤ人《じん》に信《しん》じさせていた、わし、「ヘロデ」にしたのだ。情報操作《じょうほうそうさ》というやつだな。

（1）（6）ユダヤ人《じん》の王《おう》ヘロデ誕生《たんじょう》の経緯《いきさつ》

そしてご丁寧《ていねい》に、滅《ほろ》ぼしたハスモン家《け》の代《か》わりに、わしをユダヤ人《じん》の王《おう》にした。おかげで民《たみ》の憎悪《ぞうお》はわしに集中《しゅうちゅう》した。王《おう》だから軍《ぐん》も持《も》たせた。わしにとっては、寝耳《ねみみ》に水《みず》の、思《おも》いもよらないことだった。ほんとうだ。わしの妻《つま》は、ハスモン家《け》の娘《むすめ》の1人《ひとり》だったのだぞ。だから彼女《かのじょ》も殺《ころ》された。彼女《かのじょ》はわしを呪《のろ》いながら死《し》んでいった。しかし、賽《さい》は投《な》げられた。わしは宿命《さだめ》に殉《じゅん》じようと決《き》めた。わしはユダヤ人《じん》の憎《にく》しみを担《にな》った。妻《つま》もわしが殺《ころ》したことになった。わしは鬼《おに》になった。

一方《いっぽう》で、わしはユダヤ人《じん》の王《おう》としての務《つと》めを果《は》たそうとも考《かんが》えた。木造《もくぞう》の神殿《しんでん》の隣《となり》に、石造《いしづく》りの神殿《しんでん》を建設《けんせつ》する計画《けいかく》をユダヤ人《じん》の長老《ちょうろう》にもちかけた。そしてローマの建設業者《けんせつぎょうしゃ》の力《ちから》を借《か》りて、石造《いしづく》りの神殿《しんでん》と聖域《せいいき》を設計《せっけい》し、工事《こうじ》を始《はじ》めた。当初《とうしょ》は半信半疑《はんしんはんぎ》の長老《ちょうろう》たちだったが、建設《けんせつ》が進《すす》むにつれて新《あたら》しい神殿《しんでん》の完成《かんせい》を待《ま》ち望《のぞ》むようになった。神殿《しんでん》は、アグリッパ将軍《しょうぐん》から学《まな》んだローマの石造《いしづく》り建築《けんちく》の粋《すい》を集《あつ》めたものにしたかった。扱《あつか》う物《もの》が重量物《じゅうりょうぶつ》なので、神域《しんいき》や参道《さんどう》などの整備《せいび》を含《ふく》めると、工期《こうき》は10数年《すうねん》かかると思《おも》われた。工事《こうじ》が進《すす》むにつれ、わしがユダヤ人《じん》の王《おう》であることが浸透《しんとう》し、ハスモン家《け》と大祭司《だいさいし》とは忘《わす》れられたかに見《み》えた。だが、地方《ちほう》では依然《いぜん》として大祭司《だいさいし》という名《な》の王《おう》は生《い》きているのだ。未《いま》だに彼《かれ》らにそれを忘《わす》れさせる手段《しゅだん》は思《おも》い浮《う》かばない。

アグリッパ：ふうん、おじいさまにとって、残虐《ざんぎゃく》な王《おう》と言《い》われることは、使命《しめい》を果《は》たしたという褒《ほ》め言葉《ことば》になるんですね。おじいさまは偉《えら》いや。王《おう》って威張《いば》るのが仕事《しごと》と思《おも》っていたけど、違《ちが》うんですね。

老《ろう》ヘロデ：使命《しめい》とな、アグリッパはむずかしい言葉《ことば》を知《し》っているな。そうだ、王《おう》というものは見《み》かけとは違《ちが》うのだ。王《おう》たる者《もの》は不利《ふり》なことも受《う》け入《い》れる、心《こころ》の広《ひろ》さがなくてはな。

ベルニケ：それでハスモンの大祭司《だいさいし》は消《き》えたの。

老《ろう》ヘロデ：消《き》えた。ハスモン家《け》が再興《さいこう》の気遣《きづか》いはない。

2人《ふたり》：おじいさま、お話《はなし》ありがとうございました。では帰《かえ》ります。

老《ろう》ヘロデ：おお、2人《ふたり》ともよく来《き》てくれた。兄妹仲良《きょうだいなかよ》くするのだぞ。王《おう》たる者《もの》の心《こころ》がけだ。2人《ふたり》の仲《なか》が良《よ》ければ国《くに》は安定《あんてい》する。平和《へいわ》が保《たも》てる。

2人《ふたり》：よく分《わ》かりました、おじいさま。わたしたち仲良《なかよ》くいたします。

老《ろう》ヘロデ：よくぞ申《もう》した。また来《く》るがよい。侍従《じじゅう》のシモンにお土産《みやげ》をもたせよう。

兄妹《きょうだい》は祖父《そふ》ヘロデの部屋《へや》を出《で》て行《い》きました。シモンが2人《ふたり》を別室《べっしつ》に案内《あんない》し、お土産《みやげ》を渡《わた》しました。2人《ふたり》は、エルサレムでの用《よう》を済《す》ませた父《ちち》のヘロデと母《はは》と共《とも》に、馬車《ばしゃ》に乗《の》り、軍港《ぐんこう》カイザリヤの館《やかた》に帰《かえ》って行《い》きました。

（1）（7）ヘロデ大王《だいおう》の客《きゃく》その（2）祭司長《さいしちょう》たち

ほどなく別《べつ》の客《きゃく》がやって来《き》て、大王《だいおう》への目通《めどお》りを願《ねが》い出《で》ました。ユダヤ人《じん》の祭司《さいし》たちでした。彼《かれ》らは、律法《りっぽう》に記《しる》されたアロン家《け》を自分《じぶん》たちの棟梁《とうりょう》とは見《み》ていない連中《れんちゅう》でした。なにやら、きな臭《くさ》い話《はなし》をしています。

祭司長《さいしちょう》イヅハル：ヘロデには、くたばる前《まえ》に、もう一仕事《ひとしごと》してもらわねばならぬ。
祭司《さいし》エリアブ：そうですとも、アロン家《け》を片付《かたづ》けてもらいませんと。
祭司《さいし》ペレテ：ハスモン家《け》だけでは片手落《かたてお》ちと申《もう》すもので、とても言《い》いましょうか。
祭司長《さいしちょう》イヅハル：シッ、言葉遣《ことばづか》いには注意《ちゅうい》するのだ。利用《りよう》しようとしていると感《かん》づかれては、こちらが危《あぶ》なくなる。侍従《じじゅう》のシモンが呼《よ》んでいる。では、大王《だいおう》にお目《め》にかかりに参《まい》ろう。

シモンが祭司長《さいしちょう》たちを大王《だいおう》の部屋《へや》に案内《あんない》しました。

祭司長《さいしちょう》イヅハル：大王《だいおう》さまご機嫌《きげん》よろしゅう、大王《だいおう》さまの御世《みよ》が末永《すえなが》く続《つづ》きますよう、ご挨拶《あいさつ》申《もう》し上《あ》げます。
ヘロデ大王《だいおう》：おお、よう参《まい》られた。今日《きょう》は孫《まご》たちが来《き》てくれてな、とても気分《きぶん》がよい。何《なに》か用《よう》がおありか。

祭司長《さいしちょう》イヅハル：わたしども祭司《さいし》は行政《ぎょうせい》や軍事《ぐんじ》には疎《うと》い者《もの》ですが、このユダの地《ち》は大王《だいおう》さまのご威光《いこう》で安定《あんてい》しております。ただ、サマリヤの北《きた》のガリラヤ地方《ちほう》では未《いま》だにゲリラの襲撃《しゅうげき》があるとのこと、彼《かれ》らの精神的支柱《せいしんてきしちゅう》の「大祭司《だいさいし》」が、ハスモン家《け》が滅《ほろ》んで久《ひさ》しい今《いま》でも消《き》えずに残《のこ》っているとも察《さっ》せられます。

ヘロデ大王《だいおう》：わしもそれを懸念《けねん》しておる。おもしろい、話《はなし》を聞《き》こう。

祭司長《さいしちょう》イヅハル：大祭司《だいさいし》の称号《しょうごう》を持《も》つ家門《かもん》はハスモン家《け》の他《ほか》にもう1《ひと》つございます。それはアロン家《け》です。アロン家《け》の家門《かもん》は、ユダヤ人《じん》の聖書《せいしょ》にちりばめられた律法《りっぽう》の中《なか》で、モーセが神《かみ》の託宣《たくせん》として書《か》きとめさせた大祭司任官《だいさいしにんかん》の規定《きてい》によります。しかし、それが機能《きのう》したのは実質《じっしつ》、荒野《あらの》の40年間《ねんかん》だけでした。その後《ご》、バビロン捕囚《ほしゅう》から帰還期《きかんき》の、「ユダヤ人《じん》」誕生《たんじょう》の際《さい》には、12部族再統合《ぶぞくさいとうごう》のために、1度《いちど》思《おも》い出《だ》されましたが、その政治的影響《せいじてきえいきょう》はほとんどありません。ただ、大祭司《だいさいし》という称号《しょうごう》そのものはアロン家《け》の家門《かもん》にありますので、それがガリラヤの田舎者《いなかもの》たちにはハスモン家《け》にリンクしてしまい、精神的支柱《せいしんてきしちゅう》になっているのではないかとも危惧《きぐ》されるのです。わたしどもは国内《こくない》の平和《へいわ》を望《のぞ》むのでこのようなことを申《もう》し上《あ》げるのですが、他意《たい》はございません。おお、大王《だいおう》さま、つい調子《ちょうし》に乗《の》って長話《ながばなし》をしてしまいました。では、これでお暇《いとま》いたします。

ヘロデ大王《だいおう》：いや、実《じつ》に興味深《きょうみぶか》い話《はなし》であった。

祭司一同《さいしいちどう》：では大王《だいおう》さま、これで失礼《しつれい》いたします。わたしたちユダヤ国民《こくみん》のためにも、いついつまでもご壮健《そうけん》であらせられますよう。

（1）（8）ヘロデ大王《だいおう》の思案《しあん》「アロン家《け》の命運《めいうん》」

レビ人《びと》の祭司長《さいしちょう》たちがヘロデ大王《だいおう》に吹《ふ》き込《こ》んだ「アロン家《け》も大祭司《だいさいし》の家門《かもん》」こそは、その後《ご》のアロン家一族《けいちぞく》とマリヤさま、そしてベツレヘムで大工《だいく》をしているユダ族《ぞく》の青年《せいねん》ヨセフの運命《うんめい》を変《か》え、一方《いっぽう》ではアロン家究極《けきゅうきょく》の命題《めいだい》、「罪《つみ》の贖《あがな》い」の普遍化《ふへんか》へと向《む》かうのです。老王《ろうおう》ヘロデは侍従《じじゅう》のシモンを呼《よ》び、命令《めいれい》しました。

老《ろう》ヘロデ：シモンよ、息子《むすこ》（のヘロデ）にアロン家《け》のことを調《しら》べさせるのだ。ハスモン家《け》の時《とき》のように、大祭司《だいさいし》につながるであろう血統《けっとう》の者《もの》どもを調《しら》べ上《あ》げるのだ。それが終《お》わったら、兵《へい》をカイザリヤから連《つ》れてきて神殿《しんでん》に集《あつ》めるのだ。わしが閲兵《えっぺい》する。そしてアロン家《け》の者《もの》ども全部《ぜんぶ》を始末《しまつ》する。あ、それから、これは極秘扱《ごくひあつか》いにはせずともよい。洩《も》らす者《もの》がいても罰《ばっ》したりはせぬ。このアロン家《け》の殺害計画《さつがいけいかく》は、ガリラヤの田舎者《いなかもの》どもにも知《し》られる必要《ひつよう》がある。この秘密《ひみつ》は公然《こうぜん》と派手《はで》に伝《つた》わる方《ほう》がよい。

侍従《じじゅう》シモン：委細承知《いさいしょうち》いたしました。大王《だいおう》さま、さっそく手配《てはい》いたします。

(1)(9)軍港《ぐんこう》カイザリヤ、ヘロデ二世《にせい》の館《やかた》

ここはエルサレムの北東《ほくとう》に位置《いち》する軍港《ぐんこう》の町《まち》カイザリヤです。大王《だいおう》の息子《むすこ》、ヘロデの館《やかた》があります。

ヘロデ二世《にせい》：アロン家《け》のことで何《なに》か分《わ》かったか。

家臣《かしん》ゴリアテ：本家《ほんけ》はエルサレムから10数《すう》キロメートルの町《まち》エマオにあり、ナザレとカペナウムに少《すこ》しの嗣業地《しぎょうち》がある他《ほか》は大《たい》した財産《ざいさん》はないようです。今《いま》の大祭司《だいさいし》には10歳《さい》の娘《むすめ》が1人《ひとり》いるだけです。またエマオにはザカリヤという名《な》の祭司《さいし》がいます。妻《つま》はアロン家《け》の娘《むすめ》の1人《ひとり》ですが、石女《うまずめ》らしく子《こ》のないまま2人《ふたり》とも老人《ろうじん》になっています。

ヘロデ二世《にせい》：うむ、レビ人《びと》や祭司《さいし》に嫁《とつ》いだアロン家《け》ゆかりの女《おんな》でも、石女《うまずめ》と分《わ》かった者《もの》は皆《みな》この度《たび》の調査対象《ちょうさたいしょう》から除外《じょがい》する。それ以外《いがい》の部族《ぶぞく》に嫁《か》した者《もの》も対象外《たいしょうがい》としてよかろう。父上《ちちうえ》も無益《むえき》な殺生《せっしょう》は好《この》まれまい。

このヘロデ親子《おやこ》によるアロン家《け》殺害計画《さつがいけいかく》の情報《じょうほう》は漏《も》れました。エルサレムでは知《し》らぬ者《もの》がな

いほどでしたが公《おおやけ》に語《かた》られることはなく公然《こうぜん》の秘密《ひみつ》にとどまっていました。普段《ふだん》のアロン家《け》は忘《わす》れられたかのような状態《じょうたい》でしたが、ここにきて、30年《ねん》ほど前《まえ》のハスモン家《け》一族《いちぞく》の大虐殺《だいぎゃくさつ》が思《おも》い出《だ》されたのでした。今密《いまひそ》かに進行中《しんこうちゅう》のはずの殺害計画《さつがいけいかく》はしかし、噂《うわさ》として広《ひろ》まり、さまざまな憶測《おくそく》を呼《よ》び起《お》こしていました。そしてその共通点《きょうつうてん》として思《おも》い出《だ》されたのが、アロン家《け》はハスモン家《け》と同《おな》じ「大祭司《だいさいし》」の家門《かもん》だということでした。

(1)(10) 街角《まちかど》の噂話《うわさばなし》

街角《まちかど》で2人《ふたり》のエルサレム市民《しみん》が内緒話《ないしょばなし》をしています。聞《き》いてみましょう。

市民《しみん》A：アロン家《け》は統治者《とうちしゃ》だったハスモン家《け》とは違《ちが》い、罪《つみ》の贖《あがな》いの儀式《ぎしき》をするだけの家柄《いえがら》だろう。この頃《ごろ》はその儀式《ぎしき》もかつてのように盛大《せいだい》にはやっていない。祭司《さいし》たちが働《はたら》かないからだと言《い》うぞ。

市民《しみん》B：アロン家《け》は律法《りっぽう》によれば祭司《さいし》であるレビ人《びと》の棟梁《とうりょう》の位置《いち》づけだが、祭司《さいし》たちは自分《じぶん》たちと同《おな》じ、レビ人《びと》のアロン家《け》の格下《かくした》が不満《ふまん》なのだ。

市民《しみん》A：かつてヘロデがハスモン家《け》を殺害《さつがい》したとされるのは、各地《かくち》で散発《さんぱつ》するローマ軍《ぐん》への武力抵抗《ぶりょくていこう》の精神的支柱《せいしんてきしちゅう》と思《おも》われたからだ。先祖《せんぞ》のマタティヤと彼《かれ》の息子《むすこ》たちは下級祭司《かきゅうさいし》だったが、アンテオケの王朝《おうちょう》によるユダヤのギリシャ化《か》を粘《ねば》り強《づよ》く武力闘争《ぶりょくとうそう》を繰《く》り返《かえ》し、ついにあきらめさせた実績《じっせき》で大祭司《だいさいし》を名乗《なの》ったのだ。祭司《さいし》たちレビ人《びと》は王《おう》にはなれないからだ。だが、実質的《じっしつてき》には王《おう》に違《ちが》いなかったのだ。「マカバイの書上《しょじょう》14章《しょう》1節《せつ》」、講談社《こうだんしゃ》「聖書《せいしょ》」バルバロ神父《しんぷ》（訳《やく》）

市民《しみん》B：すると何《なに》か、ただアロン家《け》が大祭司《だいさいし》の家門《かもん》というだけで抹殺《まっさつ》しようというのか。

市民《しみん》A：由緒《ゆいしょ》ある大祭司《だいさいし》の称号《しょうごう》をユダヤ人《じん》の記憶《きおく》から抹消《まっしょう》するのが狙《ねら》いだろう。だがこんなことを今頃《いまごろ》になって、あのヘロデが言《い》い出《だ》すなんておかしい。だからこれはアロン家《け》を厭《いと》う祭司《さいし》たちの入《い》れ知恵《ぢえ》に違《ちが》いあるまいよ。

市民《しみん》B：なんて奴《やつ》らだ。それにしても決行《けっこう》は何時《いつ》なのだ。

市民《しみん》A：うむ、噂《うわさ》ではその日《ひ》はヘロデ親子《おやこ》が神殿《しんでん》に兵《へい》を招集《しょうしゅう》し、閲兵《えっぺい》して訓示《くんじ》をたれるらしい。それが合図《あいず》で別働隊《べつどうたい》が殺戮《さつりく》に動《うご》くのだ。そしてその時期《じき》はサマリヤの北《きた》のガリラヤにもこの秘密《ひみつ》が公然《こうぜん》となった頃《ころ》らしい。急《いそ》ぐ仕事《しごと》ではないし、時期《じき》は特定《とくてい》できていない。シッ、誰《だれ》か来《く》る、じゃあな。

市民《しみん》B：それだったらアロン家《け》には、エジプトなどに逃《に》げるチャンスはいくらでもあるな。じゃあな、シャローム（御機嫌《ごきげん》よう）」。

物語《ものがたり》（2）「対話《たいわ》」恵《めぐ》まれた女《おんな》、アロン家《け》の姫《ひめ》マリヤさま

マリヤさま、ヨセフ、エリザベツのプロフィールについては「ルカによる福音書《ふくいんしょ》」の冒頭《ぼうとう》の物語《ものがたり》を読《よ》み解《と》き、巻末《かんまつ》に注解《ちゅうかい》していますので、お読《よ》みください。

「注解余録《ちゅうかいよろく》（2）マリヤさまとヨセフの舞台設定《ぶたいせってい》を読《よ》み解《と》く」をごらんください（275ページ）。

（2）（1）「人《ひと》の罪《つみ》は人《ひと》が負《お》わねば」のマリヤさまと大工《だいく》のヨセフ

エマオの町《まち》のアロン家《け》に、25キロメートル離《はな》れたベツレヘムから、大工《だいく》の青年《せいねん》ヨセフが仕事《しごと》で来《き》ていました。この時《とき》、マリヤさまは10歳《さい》、ヨセフは17歳《さい》でした。

ヨセフ：こんにちは、マリヤさま。
マリヤさま：ヨセフお兄《にい》ちゃん、遊《あそ》んで。
ヨセフ：仕事《しごと》が終《お》わってからですよ、マリヤさま。
マリヤさま：すぐに済《す》むわ、今日《きょう》はわたしがお話《はなし》してあげるんだから。
ヨセフ：はいはい。

マリヤさま：「はい」は1回《いっかい》でいいのよ。
ヨセフ：はいはい。
マリヤさま：もう、お兄《にい》ちゃんたら。では、始《はじ》めるわ、お父《とう》さまに見《み》つかったらたいへん。女《おんな》が男《おとこ》の人《ひと》にお話《はな》しするなんてね、ユダヤでは罰《ばち》が当《あ》たるんだから。えへん、アロン家《け》はその昔《むかし》、幕屋《まくや》の神殿《しんでん》を通《とお》して、イスラエル12部族《ぶぞく》の統合《とうごう》に寄与《きよ》したわ。そして、たとえば「罪《つみ》」の「贖《あがな》い」の儀式《ぎしき》をしたの。その儀式《ぎしき》を取《と》り仕切《しき》るのが大祭司《だいさいし》、今《いま》の大祭司《だいさいし》はお父《とう》さま。そして、その贖《あがな》いには「血《ち》」が必要《ひつよう》なの、血《ち》は命《いのち》だから。「レビ記《き》17章《しょう》11節《せつ》」
それを神域《しんいき》に注《そそ》いで「贖《あがな》い」を神《かみ》に取《と》り継《つ》いだの。その血《ち》には牛《うし》や羊《ひつじ》などの獣《けもの》を使《つか》ったの。まず、人《ひと》の罪《つみ》をその人《ひと》が捧《ささ》げた獣《けもの》に移《うつ》して生贄《いけにえ》とするの、続《つづ》いてそれを屠《ほふ》って、その血《ち》を器《うつわ》に取《と》り、神域《しんいき》に注《そそ》いで、贖《あがな》いの儀式《ぎしき》をしたの。でもそれは昔《むかし》の話《はなし》、野蛮《やばん》と思《おも》われて、獣《けもの》は殺《ころ》さないで済《す》ますようになったわ。でも、本質的《ほんしつてき》には、罪《つみ》を贖《あがな》うには命《いのち》にかえる程《ほど》の覚悟《かくご》が必要《ひつよう》なのよ。ねえ、お兄《にい》ちゃん、聞《き》いてる？　眠《ねむ》らないでよ。
ヨセフ：ちゃんと聞《き》いてますよ。
マリヤさま：でも、わたし思《おも》うのよ、人《ひと》の罪《つみ》を獣《けもの》が負《お》うことはできないわ。だって、人《ひと》の罪《つみ》は人《ひと》にしか負《お》えないのよ。その解決《かいけつ》がきっと、アロン家《け》の永遠《えいえん》の課題《かだい》ね。わたしのお話《はなし》はここまで。

ヨセフ：マリヤさま、よくそのようなことを思《おも》い付《つ》かれますね。
マリヤさま：自分《じぶん》でも分《わ》からないわ。ヘブル語《ご》の聖書《せいしょ》の内容《ないよう》は、お父《とう》さまたちの朗読《ろうどく》を聞《き》いて暗記《あんき》しているの。そして、なぜかその箇所《かしょ》は読《よ》めるのよ。
ヨセフ：それではこれで、わたしは仕事《しごと》にとりかかりますね。
マリヤさま：変《へん》ね、わたし何《なに》を言《い》ったんだろ、ただ、お兄《にい》ちゃんと遊《あそ》びたかっただけなのに。

（2）（2）「人《ひと》の罪《つみ》は人《ひと》が」だと、マリヤさまの父《ちち》エズラの驚愕《きょうがく》

たまたま2人《ふたり》の会話《かいわ》を陰《かげ》で聞《き》いていた父《ちち》のエズラは、マリヤさまの独《ひと》り言《ごと》に驚愕《きょうがく》しました。そして深《ふか》く考《かんが》え込《こ》みました。

エズラ：「人《ひと》の罪《つみ》を人《ひと》が負《お》う」ことがアロン家《け》の課題《かだい》だと？　聖書《せいしょ》の朗読《ろうどく》を耳《みみ》にした箇所《かしょ》を暗記《あんき》しているだと？　その箇所《かしょ》を読《よ》めるだと？　女《おんな》が教育《きょういく》に参加《さんか》できない掟《おきて》のあるこのユダヤで10歳《さい》の女《おんな》の子《こ》が口《くち》にする言葉《ことば》だろうか。うーむ。あの娘《こ》は主《しゅ》なる神《かみ》からの「恵《めぐ》まれた女《おんな》」に違《ちが》いない。だとしたら、我々《われわれ》の道連《みちづ》れにしてはならぬ。誰《だれ》かいるか、ヨセフに仕事《しごと》の後《あと》でわたしの元《もと》に来《く》るように言《い》うのだ。そして、急《いそ》いでマノアを呼《よ》ぶのだ。

(2)(3)マリヤさまの憂鬱《ゆううつ》「女《おんな》が男《おとこ》に教《おし》えてしまった」(律法違反《りっぽういはん》)

ヨセフ:あ、マリヤさま、今《いま》お父《とう》さまに呼《よ》ばれましたよ。きっと叱《しか》られます。
マリヤさま:え、本当《ほんとう》? きっとわたしのせいだわ。わたしあやまってくる。
ヨセフ:うそですよ。でも、よばれたのは本当《ほんとう》です。では行《い》ってきます。
マリヤさま:まあ、いじわる。わたしもいっしょに行《い》く。わたしのせいならあやまるわ。
ヨセフ:エズラさまはきっと仕事《しごと》のことで、お話《はなし》があるのです。神殿《しんでん》のことかも知《し》れません。今日《きょう》は早《はや》く仕事《しごと》が終《お》わったので、マリヤさまのお話《はなし》の続《つづ》きが聞《き》けると思《おも》います。
マリヤさま:では、おとなしく待《ま》っているわ。何事《なにごと》もなければいいけど。

(2)(4)「マリヤを頼《たの》む」、ユダ族《ぞく》の青年《せいねん》ヨセフに託《たく》すエズラ

エズラ:おお、ヨセフ、ご苦労《くろう》だった、こちらに来《き》てくれ。おりいって頼《たの》みがある。ここにお前《まえ》の父《ちち》へリに宛《あ》てた手紙《てがみ》がある。父《ちち》に渡《わた》してほしい。それから、マノア夫婦《ふうふ》が馬車《ばしゃ》にマリヤを乗《の》せ、お前《まえ》に付《つ》いてベツレヘムまで行《い》かせる。その後《ご》のことは手紙《てがみ》に書《か》いてある。その後《あと》どうするかはお前《まえ》の父《ちち》の判断《はんだん》に委《ゆだ》ねる。
ヨセフ:お館《やかた》さま、それは一体《いったい》?
エズラ:ヨセフ、マリヤを頼《たの》む、さらばじゃ。

（2）（5）急転回《きゅうてんかい》ヨセフの乗《の》ったロバにマリヤさまの馬車《ばしゃ》が続《つづ》く

マノア：マリヤさま、お仕度《したく》が整《ととの》いました。ヨセフさまがご帰宅《きたく》なさいます。急《いそ》いで馬車《ばしゃ》にお乗《の》りください。お父《とう》さまのお言《い》いつけです。出《で》かけますよ。

マリヤさま：え？　どういうこと、マノア。ヨセフお兄《にい》ちゃんと一緒《いっしょ》に出《で》かけるなんて。お兄《にい》ちゃんは、お父《とう》さまに叱《しか》られたの？　わたしのせいで。

マノア：そのようなことはございません。とにかく急《いそ》ぎませんと、姫《ひめ》さまのお命《いのち》にかかわります。アンナ、姫《ひめ》さまを頼《たの》むぞ。

アンナ：姫《ひめ》さまのお仕度《したく》はできています。

マリヤさま：命《いのち》にかかわるって？　一体《いったい》どういうこと？　あ、あれはアヒメレク叔父《おじ》さまとミカル叔母《おば》さま、それにあれは、続々《ぞくぞく》と親戚《しんせき》のみなさまが来《こ》られている。一体《いったい》どうしたわけかしら。

マノア：ヨセフさまのロバの後《あと》に続《つづ》いて出発《しゅっぱつ》します。

ヨセフの乗《の》ったロバは、実家《じっか》のあるベツレヘムに向《む》かいました。そのロバにマリヤさまが乗《の》られた馬車《ばしゃ》が続《つづ》いています。ベツレヘムへの途中《とちゅう》、エルサレムの近《ちか》くを通《とお》ります。エマオから東方向《ひがしほうこう》のエルサレムまでは11キロメートルぐらいです。エルサレムを左《ひだり》に見《み》てロバは南下《なんか》していきます。エルサレムからベツレヘムまでも同《おな》じぐらいの距離《きょり》です。はや陽《ひ》も傾《かたむ》き始《はじ》めました。

(2)(6)手渡《てわた》されたエズラの手紙《てがみ》、ヨセフの父《ちち》ヘリの判断《はんだん》

ヨセフのロバとマノアの馬車《ばしゃ》はヨセフの実家《じっか》に到着《とうちゃく》しました。馬車《ばしゃ》に驚《おどろ》いて、ヨセフの父《ちち》ヘリと妻《つま》アビガエルが出迎《でむか》えました。

ヘリ：これは、マリヤさまではありませんか。ヨセフ、これは一体《いったい》どういう訳《わけ》だ？
ヨセフ：お父《とう》さん、これはエズラさまから預《あず》かった手紙《てがみ》です。すぐにお読《よ》みくださいとのことでした。手紙《てがみ》の判断《はんだん》はお父《とう》さんに委《ゆだ》ねるとも。
ヘリ：何《なん》だと、何事《なにごと》だろう。ヘロデがアロン家《け》を狙《ねら》っているとの噂《うわさ》を聞《き》くが、何《なに》か関係《かんけい》があるのだろうか。とにかく、アビガエルよ、姫《ひめ》さまを客間《きゃくま》にお連《つ》れしてくれ、そしてマノアとアンナにも部屋《へや》を頼《たの》む。馬車《ばしゃ》はヨセフにまかせよう。わしはさっそく手紙《てがみ》を読《よ》んで、どうするか考《かんが》えたい。

その間《かん》、マリヤさまは深《ふか》く物思《ものおも》いに沈《しず》まれました。

マリヤさま：「これはわたしがヨセフさまに教《おし》える真似《まね》をしたから?」、マリヤさまの心配《しんぱい》はつのるばかり、「父《ちち》の手紙《てがみ》とそれを読《よ》まれたヨセフさまのお父《とう》さまのご判断《はんだん》に自分《じぶん》の運命《うんめい》がかかっている。でもわたしに何《なに》ができるだろう」。

心配《しんぱい》の渦中《かちゅう》にあるマリヤさまの側《そば》にヨセフとマノア夫妻《ふさい》とが寄《よ》り添《そ》いました。

⑵（7）異例《いれい》のマリヤさまとユダ族《ぞく》ヨセフの婚約発表《こんやくはっぴょう》

1時間後《いちじかんご》、皆《みな》が広間《ひろま》に集《あつ》まったので、ヘリが口《くち》を開《ひら》いて言《い》った、「明日《あす》の午後《ごご》、マリヤさまとヨセフの婚約《こんやく》の宴《うたげ》を催《もよお》す。そして、明後日《あさって》の朝《あさ》、今日《きょう》の4人《よにん》はアロン家《け》の嗣業地《しぎょうち》ナザレに向《む》かう。わしはこれから親戚中《しんせきじゅう》にこのことを知《し》らせてくる。明日《あす》の朝《あさ》、マノアはアムノンと共《とも》にエルサレムに出《で》かけ、「アロン家《け》とユダ族《ぞく》の婚約《こんやく》」を言《い》いふらして来《く》るのだ。そして帰《かえ》りには小羊《こひつじ》の丸焼《まるや》きなどのご馳走《ちそう》と酒《さけ》を調達《ちょうたつ》してきてもらいたい。マリヤさまはさぞお疲《つか》れであろうから、皆《みな》、今宵《こよい》は早《はや》く休《やす》もう。そして、朝食《ちょうしょく》を皆《みな》でいただこう。忙《いそが》しくなる」。

マリヤさま：おお、わたしとヨセフさまとの婚約《こんやく》なんて……。律法違反《りっぽういはん》のことでお父《とう》さまがお怒《おこ》りになったからではなかったのか。では、親戚《しんせき》の皆《みな》さまがお集《あつ》まりだったのは……。おお、おお、おお、そんな、ああ……。

マリヤさまはその場《ば》に泣《な》き崩《くず》れておしまいでした。

(2)(8)夜通《よどお》しお泣《な》きのマリヤさま

その夜《よ》、客間《きゃくま》からはマリヤさまの悲痛《ひつう》な泣《な》き声《ごえ》が聞《き》かれました。「おお、お父《とう》さま、お母《かあ》さま、叔父《おじ》さま、叔母《おば》さま、そしてご親戚《しんせき》の皆《みな》さま、おお、おお、おお……」。マリヤさまは夜通《よどお》しお泣《な》きになり、そして主《しゅ》なる神《かみ》に祈《いの》られました。ヨセフとマノアそしてアンナとはマリヤさまの悲嘆《ひたん》を思《おも》い、共《とも》に主《しゅ》なる神《かみ》に祈《いの》って夜《よ》を明《あ》かしました。そしてベツレヘムに朝《あさ》がきました。

陽《ひ》が昇《のぼ》るとマノアとアムノンとはエルサレムに上《のぼ》って行《い》きました。そして、人通《ひとどお》りの多《おお》い街《まち》角《かど》で叫《さけ》び始《はじ》めました。

マノア：聞《き》いたか、アロン家《け》の姫《ひめ》とユダ族《ぞく》の若者《わかもの》が婚約《こんやく》したぞ。

アムノン：10歳《さい》の姫《ひめ》さまとユダ族《ぞく》の大工《だいく》17歳《さい》のヨセフだ。

2人一緒《ふたりいっしょ》に：アロン家《け》の姫《ひめ》さまとユダ族《ぞく》の若者《わかもの》が婚約《こんやく》したぞっ。若者《わかもの》はダビデの子孫《しそん》だ、ベツレヘムの生《う》まれだ。

そして2人《ふたり》はヘロデの兵《へい》が神殿《しんでん》に入《はい》って行《い》くのを見《み》ました。2人《ふたり》は、ヘリの指示《しじ》したことをことごとくやり遂《と》げてベツレヘムに戻《もど》ってきました。彼《かれ》らは、「ヘロデの兵《へい》が神殿《しんでん》に集《あつ》まるのを見《み》ました」とヘリに報告《ほうこく》しました。

（2）（9）ヘロデ大王《だいおう》「アロン家《け》の小娘《こむすめ》はかまわずにおけ」

一方《いっぽう》、その朝《あさ》ヘロデ大王《だいおう》の館《やかた》では、侍従《じじゅう》のシモンが大王《だいおう》に報告《ほうこく》していました。

侍従《じじゅう》シモン：大王《だいおう》さま、別働隊《べつどうたい》がエマオのアロン家《け》を急襲《きゅうしゅう》したところ、アロン家《け》の親族《しんぞく》たちが集結《しゅうけつ》しており、全員《ぜんいん》が自害《じがい》して果《は》てていたとのことです。

ヘロデ大王《だいおう》：何《なん》だと、誰《だれ》も逃《に》げなかったと言《い》うのか？　なぜだ、エジプトに逃《に》げるなど、その機会《きかい》はいくらでもあったであろうに。

侍従《じじゅう》シモン：アロン家《け》の当主《とうしゅ》エズラは誇《ほこ》り高《たか》き男《おとこ》と言《い》われておりました。祭司《さいし》たちの不従順《ふじゅうじゅん》が蔓延《まんえん》し、アロン家《け》はこれまでと見限《みかぎ》ったに相違《そうい》ございません。ただ、10歳《さい》になる娘《むすめ》が1人《ひとり》いるのですが、死骸《しがい》の中《なか》には見当《みあ》たらないとのことでした。聞《き》き込《こ》みと探索《たんさく》をしているとのことでございます。今朝《けさ》になって、ここエルサレムには、その娘《こ》とユダ族《ぞく》の青年《せいねん》との婚約《こんやく》があったとの噂《うわさ》が流《なが》れております。それも確認中《かくにんちゅう》です。死骸《しがい》は、数《かず》が多《おお》いので、腐敗《ふはい》する前《まえ》に荼毘《だび》に付《ふ》す準備中《じゅんびちゅう》であり、屋敷《やしき》は解体《かいたい》して更地《さらち》にしているとのことでございます。

ヘロデ大王《だいおう》：ううむ、アロン家《け》はさすがと申《もう》しておこう。命乞《いのちご》いをしたハスモン家《け》とはえらい違《ちが》いじゃ。小娘《こむすめ》の探索《たんさく》には及《およ》ばぬと申《もう》しておけ、当主《とうしゅ》が逃《に》がしたのであれば、せめてその望《のぞ》みをかなえてやりたい。その小娘《こむすめ》とユダ族《ぞく》との婚約《こんやく》が本当《ほんとう》なら、なおさらのことだ。かまわずにおけ。

侍従《じじゅう》シモン：承知《しょうち》しました。その旨《むね》、大至急別働隊《だいしきゅうべつどうたい》に伝《つた》えます。

(2)(10) ヘロデ大王《だいおう》「母《はは》の胎《はら》に」、「安《やす》らぎ」、「ゆるし」、そして「神《かみ》」

その夜《よ》、ヘロデ大王《だいおう》は1人物思《ひとりものおも》いにふけりました。

ヘロデ大王《だいおう》：まんまとしてやられた。祭司長《さいしちょう》たちの思惑通《おもわくどお》りの結果《けっか》になった。アロン家《け》の小娘《こむすめ》を殺《ころ》さずにすんだのがせめてものことだ。わしらしからぬことをした。アロン家《け》の殺害《さつがい》……、また1《ひと》つ、わしの悪名《あくみょう》に悪行《あくぎょう》が積《つ》まれた。わしは地獄行《じごくい》きを覚悟《かくご》している。だが、わしを産《う》み、乳《ちち》を与《あた》え、育《そだ》ててくれた母《はは》には合《あ》わす顔《かお》がない。だが、シモンに命《めい》じて、「ユダ族《ぞく》と婚約《こんやく》したアロン家《け》の小娘《こむすめ》には、かまわずにおけ」と言《い》った後《あと》で、何《なに》やら不思議《ふしぎ》な気持《きも》ちになった。わしのせいになっているさまざまな悪行《あくぎょう》が次々《つぎつぎ》に思《おも》い浮《う》かんだが、それらが1つひとつ意識《いしき》から遠《とお》のき、消《き》えていったのだ。わしはどんどん若《わか》くなり、ついには無垢《むく》な幼子《おさなご》のようになって、母《はは》の胎内《たいない》に戻《もど》っていった。母《はは》の胎《はら》の中《なか》では、およそ人《ひと》の口《くち》では言《い》い表《あらわ》せない「安《やす》らぎ」があった。母《はは》の胎《はら》から改《あらた》めて地獄《じごく》に落《お》ちるとはとうてい思《おも》えない。「ゆるされた!」、そうだゆるされたのだ。だが、王《おう》のわしの悪行《あくぎょう》と悔恨《かいこん》とを誰《だれ》がゆるしたというのだ。大祭司《だいさいし》アロン家《け》の神《かみ》ならあるいは……。

そして、ヘロデ大王《だいおう》は、かつてなく安《やす》らかな深《ふか》い眠《ねむ》りに落《お》ちたのでした。

(2)(11) 検死医《けんしい》「大王《だいおう》にはお亡《な》くなりです」、「大《おお》いなる安堵《あんど》」

空《そら》の色《いろ》が白《しら》み始《はじ》め、チッチ、チッチと小鳥《ことり》がさえずり、コケコッコーと鶏《にわとり》が鳴《な》きました。またローマ軍《ぐん》の起床《きしょう》ラッパがエルサレムの空《そら》に木霊《こだま》しました。それもまた「ニワトリ」とあだ名《な》されたラッパの音《ね》でした。侍従《じじゅう》シモンが大王《だいおう》の寝室《しんしつ》のカーテンを開《あ》けました。近頃《ちかごろ》の老王《ろうおう》は早起《はやお》きなのでした。

侍従《じじゅう》シモン：大王《だいおう》さま、朝食《ちょうしょく》の用意《ようい》が整《ととの》いました。おや、今朝《けさ》は珍《めずら》しく、ぐっすりとお休《やす》みのようだ。何《なん》と、おだやかな寝顔《ねがお》をしておられることか、や？お顔《かお》の色《いろ》が……。こ、これは？誰《だれ》か、急《いそ》いで、だが静《しず》かに、医者《いしゃ》のオノブチを呼《よ》ぶのだ。

ほどなく医者《いしゃ》がやってきて大王《だいおう》の死《し》を確《たし》かめました。

女医《じょい》オノブチ：大王《だいおう》さまにはお亡《な》くなりです。5時間《ごじかん》は経過《けいか》しています。それにしてもまことに安《やす》らかな大往生《だいおうじょう》です。わたしは脳神経外科《のうしんけいげか》が専門《せんもん》ですが、これは何《なに》かとてつもなく大《おお》きな負担《ふたん》を免《まぬか》れた者《もの》に見《み》られる安堵《あんど》の表情《ひょうじょう》です。大王《だいおう》さまには近頃《ちかごろ》、何《なに》か良《よ》いことをされたのでしょうか。

侍従《じじゅう》シモン：アロン家《け》の自決《じけつ》から1人逃《ひとりのが》れた小娘《こむすめ》がいる。大王《だいおう》はその小娘《こむすめ》をかまわずにおけと言《い》われたが、そのようなことは「良《よ》いこと」にはあたるまい。オノブチよ、このことはユダヤ人《じん》どもに知《し》られてはならぬ。大王《だいおう》さまに大往生《だいおうじょう》されてはユダヤ人《じん》どもに示《しめ》しがつかぬ。

「承知《しょうち》しました」と、女医《じょい》オノブチは首《くび》をかしげながら退出《たいしゅつ》していきました。

女医《じょい》オノブチ：この世《よ》には、まだまだ学問《がくもん》では修《おさ》められない不思議《ふしぎ》がある。女《おんな》が学習《がくしゅう》を許《ゆる》されないこのユダヤでわたしが医者《いしゃ》をしているのも不思議《ふしぎ》の1つ《ひと》だけれど。そうそう、ここは「まさよし」の時空《じくう》でしたね。

大王《だいおう》の遺体《いたい》はその夜《よ》、ひそかに運《はこ》び出され、大王《だいおう》が生存中《せいぞんちゅう》に造営《ぞうえい》したヘロデオンに安置《あんち》され、入口《いりぐち》は封印《ふういん》されました。大王《だいおう》の死《し》は、アロン家《け》の殺害計画《さつがいけいかく》が人々《ひとびと》の記憶《きおく》から消《き》えるまで、誰《だれ》にも知《し》られることはありませんでした。

(2)(12) ヨセフの実家《じっか》ベツレヘムでの「マリヤさま婚約《こんやく》の宴《うたげ》」

さて、場面《ばめん》はベツレヘムに戻《もど》ります。ヘロデ大王《だいおう》が安《やす》らかに逝《い》った同《おな》じ日《ひ》の午後《ご ご》遅《おそ》く、親族《しんぞく》の集《あつ》まったヨセフの実家《じっか》の広間《ひろま》では、マリヤさまとヨセフのための婚約《こんやく》の宴《うたげ》が始《はじま》ろうとしていました。

ヨセフの父《ちち》ヘリ：皆《みな》には急《きゅう》な話《はなし》で申《もう》し訳《わけ》ない。マリヤさまは未《ま》だ10歳《さい》だ。結婚《けっこん》はマリヤさまが成人年齢《せいじんねんれい》の12歳《さい》まで待《ま》つことになる。だが、やんごとなき事情《じじょう》で、今日《きょう》、アロン家《け》のマリヤさまとヨセフとの婚約発表《こんやくはっぴょう》をすることになった。このことは今朝《けさ》、出《で》かけたマノアたちがエルサレムで言《い》いふらしてきた。帰《かえ》ってきたマノアたちの話《はなし》では、ヘロデの兵《へい》が神殿《しんでん》に集結《しゅうけつ》してヘロデ父子《おやこ》の閲兵《えっぺい》を受《う》けたそうだ。それが噂通《うわさどお》りの合図《あいず》なら今頃《いまごろ》……。

マリヤさま：ユダ族《ぞく》のお父《とう》さま、ご親戚《しんせき》の方々《かたがた》にわたしからご挨拶《あいさつ》させてください。皆《みな》さま、アロン家《け》のマリヤです。どうぞ、よろしくお願《ねが》い致《いた》します。アロン家《け》のお父《とう》さまとユダ族《ぞく》のお父《とう》さまとが、「生《い》きよ」と、わたしに言《い》われるのでしたら、そのお言葉《ことば》に従《したが》います。ヨセフさまとの婚姻《こんいん》は、わたしが12歳《さい》になった時《とき》とのことでした。ヨセフさまと結《むす》ばれましたら、わたしはユダ族《ぞく》の子《こ》をたくさん生《う》み、生涯《しょうがい》ヨセフさまと添《そ》い遂《と》げます。それまでのおよそ2年間《にねんかん》、わたしがアロン家《け》の父母《ふぼ》と親戚《しんせき》の皆《みな》さまのために、主《しゅ》なる神《かみ》さまに祈《いの》る日々《ひび》をお与《あた》えください。わたしに生《い》きる力《ちから》を与《あた》えていただくために、わたしは祈《いの》り続《つづ》けたいのです。わたしはもう泣《な》きません。

ヨセフの親族《しんぞく》：いや、見事《みごと》なご挨拶《あいさつ》じゃ。さすがアロン家《け》の姫《ひめ》さまじゃ。このベツレヘムの生娘《きむすめ》たちはヨセフの突然《とつぜん》の婚約《こんやく》にさぞ落胆《らくたん》したことであろうが、今《いま》のマリヤさまのお言葉《ことば》を聞《き》けば、彼女《かのじょ》らとて涙《なみだ》せずにはおられまい。お、さっそくお出《い》でなすったぞ。

娘《むすめ》たち：マリヤさま、ようこそ。わたしたちと遊《あそ》びましょうか。
長老《ちょうろう》たち：これこれお前《まえ》たち、ここはお2人《ふたり》の婚約《こんやく》の席《せき》じゃぞ。遠慮《えんりょ》せぬか。
ヨセフの父《ちち》ヘリ：いや遠慮《えんりょ》はいらぬ、お前《まえ》たちもマリヤさまと共《とも》に食事《しょくじ》せよ。これ、ヨセフ、お前《まえ》も皆《みな》さまにご挨拶《あいさつ》せぬか。
ヨセフ：わたしはマリヤさまほど口《くち》が達者《たっしゃ》ではありませんから控《ひか》えておりましたが……。
マリヤさま：まっ、ヨセフ兄《にい》ちゃんたら、わたし知《し》りません。
一同《いちどう》：わっはっは、仲《なか》の良《よ》いことじゃ、いやけっこう、けっこう。
ヨセフ：それでは一言《ひとこと》ご挨拶《あいさつ》させていただきます。わたしは、エズラさまから直々《じきじき》に、マリヤさまを頼《たの》むと言《い》われました。身《み》に余《あま》る光栄《こうえい》と思《おも》います。わたしはアロン家《け》のマリヤさまをお守《まも》りする使命《しめい》が与《あた》えられたことを、ユダ一族《いちぞく》の誇《ほこ》りとしたいと思《おも》います。この隠《かく》された任務《にんむ》は、わたしたちの主《しゅ》なる神《かみ》さまから出《で》ているように感《かん》じます。マリヤさまに生《い》きていただくため、わたしは全身全霊《ぜんしんぜんれい》を捧《ささ》げます。
一同《いちどう》：おお、ヨセフ、よくぞ申《もう》した。おまえもわしら一族《いちぞく》の誇《ほこ》りじゃ。いや、めでたい、めでたいのぉ。
娘《むすめ》たち：それでは、わたしたちは先祖伝来《せんぞでんらい》の歌《うた》を歌《うた》い、踊《おど》りましょう。

こうして宴《うたげ》もたけなわになり、夜《よ》は更《ふ》けていきました。やがて宴《うたげ》が終《お》わると、人々《ひとびと》は家路《いえじ》につきました。そして夜空《よぞら》には星《ほし》が瞬《またた》き、ベツレヘムに静寂《せいじゃく》が訪《おとず》れました。ただ、客間《きゃくま》からは、マリヤさまと女性《じょせい》たちの楽《たの》しそうなおしゃべりが一晩中《ひとばんじゅう》、漏《も》れ聞《き》こえていました。

(2)(13) マリヤさまの疎開先《そかいさき》はナザレの村《むら》

さて、夜《よ》が明《あ》けて朝《あさ》になると、4人《よにん》は1台《いちだい》の馬車《ばしゃ》でナザレに向《む》けて出発《しゅっぱつ》しました。

ヨセフの父《ちち》ヘリ：ヨセフはマリヤさまの隣《となり》に座《すわ》るのだ。マノア、ゆっくりと行《い》け、ナザレは遠《とお》い、道中気《どうちゅうき》をつけるのだ、慎重《しんちょう》にな。

マノア：ヘリさまそれでは行《い》って参《まい》ります。

縁者《えんじゃ》と娘《むすめ》たち一同《いちどう》：道中《どうちゅう》お気《き》をつけて、マリヤさま、お身体《からだ》をたいせつに。

マリヤさま：みなさま、ごきげんよう、さようなら。

馬車《ばしゃ》がエルサレムの城郭《じょうかく》を通過《つうか》しようとすると、市街地《しがいち》は大騒《おおさわ》ぎの混乱状態《こんらんじょうたい》でした。「アロン家《け》の一族全員《いちぞくぜんいん》がエマオに集結《しゅうけつ》し、自決《じけつ》した」、「ヘロデが祭司長《さいしちょう》イヅハルを大祭司《だいさいし》に任命《にんめい》したぞ」、そういった声《こえ》が飛《と》び交《か》っていました。馬車《ばしゃ》がエマオにさしかかると、人肉《じんにく》が焼《や》かれた臭《にお》いが立《た》ちこめ、アロン家《け》の屋敷《やしき》は解体《かいたい》がほぼ終《お》わって、更地《さらち》になっていました。地上《ちじょう》のアロン家《け》は滅《ほろ》びたのです。たった1人《ひとり》、10歳《さい》のマリヤさまを残《のこ》して。

これを最後《さいご》にユダヤの人々《ひとびと》からは大祭司《だいさいし》の家門《かもん》「アロン家《け》」は消《き》えました。ヘロデが見逃《みのが》したアロン家《け》の娘《むすめ》も行方《ゆくえ》知《し》れずとなりました。

物語《ものがたり》（3）「対話《たいわ》」もうアロン家《け》の子《こ》は産《う》めない

（3）（1）ナザレ村《むら》での新生活《しんせいかつ》の始《はじ》まり

その日《ひ》の夕方《ゆうがた》、馬車《ばしゃ》はおよそ130キロメートルを走《はし》って、かつての北王国《きたおうこく》の地《ち》「サマリヤ」を越《こ》え、ガリラヤの田舎町《いなかまち》ナザレに着《つ》きました。そしてアロン家《け》の所有《しょゆう》する家《いえ》に入《はい》りました。そこでは管理人夫婦《かんりにんふうふ》が待《ま》っていました。

管理人《かんりにん》レメク：これはヨセフさま、ようこそ。事《こと》の次第《しだい》はエズラさまからの急使《きゅうし》で存《ぞん》じています。皆様《みなさま》のご夕食《ゆうしょく》の仕度《したく》はできています。馬車《ばしゃ》の片付《かたづ》けと荷物《にもつ》の運搬《うんぱん》はわたし共《ども》がしておきます。

マノア：荷物《にもつ》の中《なか》で一番大事《いちばんだいじ》なものは3つ《みっ》の櫃《ひつ》（フタ付《つ》きの箱《はこ》）だ。旧約聖書《きゅうやくせいしょ》の全巻《ぜんかん》が入《はい》っている。それこそは、アロン家《け》の至宝《しほう》だ。マリヤさまの部屋《へや》に運《はこ》ぶのだ。

「ルカによる福音書《ふくいんしょ》」にはこの32年後《ねんご》にイエスさまが会堂《かいどう》で聖書《せいしょ》を読《よ》まれるエピソードがありますが、イエスさまがヘブル語《ご》の聖書《せいしょ》を読《よ》まれたということは、イエスさまが「旧約聖書《きゅうやくせいしょ》」の教育《きょういく》を受《う》けられていたことを意味《いみ》します。しかもユダ族《ぞく》の大工《だいく》の息子《むすこ》がヘブル語《ご》の教育《きょういく》を受《う》けられるわけがないのです。だとすれば、先生《せんせい》はマリヤさま以外《いがい》にありません。さらに言《い》えば、女《おんな》が教育《きょういく》を受《う》けられることはありませんでした。マリヤさまは聖書《せいしょ》が朗読《ろうどく》される環境《かんきょう》でお育《そだ》ちになり、自《おの》ずとヘブル語《ご》の読《よ》み書《か》きを習得《しゅうとく》されたのです。そして疎開地《そかいち》ナザレでは、マリヤさまの側《そば》には、アロン家《け》の至宝《しほう》、ユダヤ人《じん》の聖書《せいしょ》の全巻《ぜんかん》があったのです。その文書名《ぶんしょめい》につきましては、巻末の**「特典《とくてん》「2」（7）「旧約聖書《きゅうやくせいしょ》」の文書名一覧《ぶんしょめいいちらん》」**をごらんください（339ページ）。

（3）（2）婚約者《こんやくしゃ》ヨセフの挨拶《あいさつ》

食事《しょくじ》の後《のち》、4人《よにん》は旅《たび》の疲《つか》れで、ぐっすりと寝込《ねこ》んでしまいました。そしてナザレでの初《はじ》めての朝《あさ》を迎《むか》えました。朝食後《ちょうしょくご》、ヨセフは全員《ぜんいん》を広間《ひろま》へと促《うなが》し、話《はな》し始《はじ》めました。

ヨセフ：マリヤさまを始《はじ》めとするアロン家《け》の皆《みな》さまに、ご挨拶《あいさつ》をいたします。わたしはユダ族《ぞく》ヘリの息子《むすこ》ヨセフと申《もう》します。どうぞよろしくお願《ねが》いします。アロン家《け》とユダ族《ぞく》との婚姻《こんいん》など本来《ほんらい》あり得《え》ないことですが、その件《けん》で、ご当主《とうしゅ》のエズラさまから父《ちち》ヘリにお手紙《てがみ》をいただきました。それを読《よ》んだ父《ちち》は、エズラさまのご要望《ようぼう》を受《う》け入《い》れ、ただちにマリヤさまとわたしの婚約《こんやく》を決《き》めました。その目的《もくてき》はマリヤさまに生《い》き延《の》びていただくことでした。そして翌日《よくじつ》にその宴《うたげ》を催《もよお》すことにしました。その当日《とうじつ》の朝《あさ》、エルサレムに出《で》かけたマノアたちは、「アロン家《け》の一人娘《ひとりむすめ》とユダ族《ぞく》との婚約《こんやく》」を街角《まちかど》のいたるところで言《い》いふらしました。その日《ひ》の宴《うたげ》のあった翌朝《よくあさ》、わしたちはこのナザレに向《む》かいました。エルサレムで、「マリヤさまとユダ族《ぞく》との婚約《こんやく》」を言《い》いふらしたことが効《き》いたのかどうか、昨日《きのう》の道中《どうちゅう》でもヘロデの検問《けんもん》は問題《もんだい》なく通過《つうか》できました。このナザレはマリヤさまのための疎開地《そかいち》です。ここでマリヤさまが12歳《さい》になられたら、改《あらた》めて婚姻《こんいん》の運《はこ》びとなります。それまではマリヤさまは亡《な》くなられた方々《かたがた》の追悼《ついとう》と祈《いの》りの日々《ひび》を過《す》ごされます。わたしの職業《しょくぎょう》は大工《だいく》です。今日《きょう》から仕事《しごと》を探《さが》します。日中《にっちゅう》は留守《るす》にしますので、皆《みな》さまマリヤさまをよろしくお願《ねが》いします。

一同《いちどう》：それはもう、こちらこそよろしくお願《ねが》いします。

使用人《しようにん》マノア：わたしたち夫婦《ふうふ》はエズラさまからの依頼《いらい》で10年契約《ねんけいやく》でマリヤさまに奉公《ほうこう》することになっています。わたしたち全員《ぜんいん》の費用《ひよう》はカペナウムのユダヤ人《じん》の金融業者《きんゆうぎょうしゃ》から支払《しはら》われます。管理人《かんりにん》メレク夫婦《ふうふ》にはここの土地《とち》の3分《さんぶん》の1《いち》を分割《ぶんかつ》して与《あた》えます。家《いえ》を建《た》てて農業《のうぎょう》で暮《く》らすか、売却《ばいきゃく》するかはメレクに任《まか》せます。ヨセフさまとマリヤさまのお世話《せわ》はわたくしどもがいたします。

マリヤさま：マノアそしてアンナおばさま、よろしくお願《ねが》いします。わたしにできることはお手伝《てつだ》いさせてください。わたしは働《はたら》くのが大好《だいす》きです。お姫《ひめ》さま扱《あつか》いはいやですよ。

アンナ：もったいないお言葉《ことば》です。でも姫《ひめ》さまが窮屈《きゅうくつ》な思《おも》いをなさらずに済《す》むように、なるべく普通《ふつう》の子供《こども》と同《おな》じ言葉遣《ことばづか》いをさせていただきます。

その後《あと》、マリヤさまはヨセフと2人《ふたり》だけの話《はなし》をされました。

（3）（3）ヨセフの見解《けんかい》、「マリヤさまのお父上《ちちうえ》が託《たく》されたもの」

ヨセフ：わたしは思《おも》うのですが、エズラさまのご決断《けつだん》、それはマリヤさまが口《くち》にされた「人《ひと》の罪《つみ》を人《ひと》が負《お》う」に関係《かんけい》があるのではということです。それをエズラさま自身《じしん》もお考《かんが》えだった事《こと》だとすれば、その考《かんが》えを継続《けいぞく》あるいは実行《じっこう》するには、マリヤさまに生《い》きていただくしかなかったのです。つまり、アロン家《け》の成人前《せいじんまえ》の女性《じょせい》で他《た》の部族《ぶぞく》に嫁《とつ》がせる策《さく》を用《もち》い、それをヘロデに分《わ》かるように「言《い》いふらす」ということです。それであれば、少女《しょうじょ》が成人《せいじん》になって産《う》む子《こ》はアロン家《け》の者《もの》ではなくなりますので殺《ころ》す必要《ひつよう》がなくなります。それに今回《こんかい》のアロン家《け》虐殺《ぎゃくさつ》計画《けいかく》は事前《じぜん》に漏《も》れていて、いかにも「逃《に》げていいよ」の観《かん》がありました。つまりヘロデ大王《だいおう》は大祭司一族殺害《だいさいしいちぞくさつがい》のデモンストレーションをしただけなのです。でも、エズラさまはこれを機会《きかい》に祭司《さいし》たちとの確執《かくしつ》に終止符《しゅうしふ》を打《う》とうとされたのだと思《おも》います。自決《じけつ》はアロン家《け》の誇《ほこ》りを傷《きず》つけずに終《お》わらせるためだったのです。つまりマリヤさまが生《い》きておられるのは、「人《ひと》の罪《つみ》を人《ひと》が負《お》う」そのことの実現《じつげん》ためだとも言《い》えます。
マリヤさま：ヨセフ兄《にい》ちゃんにそこまで考《かんが》えていただいてマリヤうれしい。その問題《もんだい》を1人《ひとり》で抱《かか》え込《こ》まないで済《す》みますもの。でも結婚《けっこん》したらユダ族《ぞく》の子《こ》をたくさん産《う》みますと言《い》ったのは本当《ほんとう》よ。これから結婚《けっこん》の日《ひ》まで、アロン一族《いちぞく》の追悼《ついとう》に加《くわ》えてそのことも祈《いの》ってみます。わたしは女《おんな》だから大祭司《だいさいし》にはなれないし、大祭司《だいさいし》になれるアロン家《け》の男子《だんし》はもういませんもの。でも、ご先祖《せんぞ》アロンさまの神《かみ》さまはきっと、わたしたちの想像《そうぞう》を超《こ》えたことを実現《じつげん》なさると信《しん》じます。わたしはその「人《ひと》の智《ち》」を遥《はる》かに超《こ》えるであろう御業《みわざ》を思《おも》い、心《こころ》に刻《きざ》み続《つづ》けます。「あるがままに」それは成《な》されると思《おも》うの。
ヨセフ：マリヤさま……。
マリヤさま：ヨセフお兄《にい》ちゃん、これからも、そう呼《よ》ばせてね。

(3)(4) マリヤさまの日常《にちじょう》は「お祈《いの》り」

翌日《よくじつ》からヨセフはカペナウムにも足《あし》を伸《の》ばし、仕事《しごと》を探《さが》しに出《で》かけて行《い》き、マリヤさまは午前《ごぜん》と午後《ごご》のお祈《いの》りと賛美《さんび》のかたわら、マノアたちのお手伝《てつだ》いをなさいました。そして夜《よる》は特《とく》に、「罪《つみ》の贖《あがな》い」に関《かか》わる「人《ひと》の罪《つみ》を人《ひと》が負《お》い」を意識《いしき》して祈《いの》られ、時《とき》としてそれは高揚《こうよう》して激情《げきじょう》となり、全身全霊《ぜんしんぜんれい》に作用《さよう》し、子宮《しきゅう》をも揺《ゆ》さぶらずにはおかぬ情景《じょうけい》を呈《てい》しました。ヨセフもまた陰《かげ》ながら、マリヤさまの身《み》を気遣《きづか》い、守《まも》られますようにと祈《いの》り続《つづ》けました。そして瞬《また》く間《ま》に24回《かい》の満月《まんげつ》を数《かぞ》え、陰暦《いんれき》（1ケ月《いっかげつ》がおよそ28日《にち》）の2年《にねん》が過《す》ぎようとしていました。そのマリヤさまに乙女《おとめ》としての変化《へんか》が現《あらわ》れました。

（3）（5）初潮《しょちょう》のマリヤさま

マリヤさま：「？」、何《なに》かしら、太《ふと》ももに何《なに》か湿《しめ》っぽいものが垂《た》れている。何《なん》でしょう、ぬるぬるしている。あっ、血《ち》のかたまり、たいへん、わたし死《し》ぬわ。アンナ、アンナ、たすけて！
アンナ：何事《なにごと》ですマリヤさま、あっ、その手《て》についているものは？　マリヤさまおめでとうございます。それはマリヤさまが大人《おとな》になられた証《あかし》ですよ。もうお子《こ》が産《う》めますよ。
マリヤさま：そうなの？　ではいよいよヨセフ兄《にい》ちゃんと結婚《けっこん》するのね。
アンナ：そうだと思《おも》いますが。
マリヤさま：結婚《けっこん》したら子供《こども》が生《う》まれるのね、アンナ手伝《てつだ》ってくれる？
アンナ：そりゃお手伝《てつだ》いしますよ、でもそれはお湯《ゆ》を沸《わ》かしたりする出産《しゅっさん》のお手伝《てつだ》いです。マリヤさまのご妊娠《にんしん》は、マリヤさまとヨセフさま、お2人《ふたり》のことですよ。
マリヤさま：妊娠《にんしん》は手伝《てつだ》ってくれないの？
アンナ：手伝《てつだ》いません。それはお2人《ふたり》でどうぞ。

マリヤさま：アンナ、そんな冷《つめ》たいこと言《い》わないで教《おし》えてちょうだい。2人《ふたり》でどうするの？

アンナ：どうするのって、そんなことわたしの口《くち》から説明《せつめい》できません。お母《かあ》さまからは何《なに》もお聞《き》きになっていないのですか？

マリヤさま：妊娠《にんしん》の方法《ほうほう》は教《おし》えていただいていないわ、2年前《にねんまえ》はまだ子供《こども》だったし、あんなことになって、教《おし》えていただくことができなかったの。だからアンナに教《おし》えてほしいの。

アンナ：ふつう妊娠《にんしん》は、「女《おんな》は男《おとこ》の人《ひと》に身《み》を任《まか》せる」ことで済《す》んでいます。わたしもそうでしたよ。マリヤさまもヨセフさまにお任《まか》せすればいいのですよ。

マリヤさま：それはそうなんだけど、ちょっとだけでいいから教《おし》えてちょうだい。ね、どうしたら子供《こども》ができるの？

アンナ：しょうがないですね、マリヤさまは1度《いちど》言《い》い出《だ》すと納得《なっとく》するまで引《ひ》き下《さ》がりませんからね。いいでしょう、はしたないと言《い》われても、マリヤさまと2人《ふたり》きりだけですからね、ヨセフさまにはわたしが教《おし》えたなんて言《い》わないでくださいよ。

　エヘンそれでは始《はじ》めます。マリヤさまとヨセフさまとは婚約状態《こんやくじょうたい》にありますが、それを文学的《ぶんがくてき》に表現《ひょうげん》すると「わたしにはまだ夫《おっと》がありませんのに」となり「セックス（性交《せいこう》）していない」ことの遠《とお》まわしな言《い》い方《かた》になります。その「夫《おっと》」について具体的《ぐたいてき》にお話《はな》しする事《こと》こそがマリヤさまのお尋《たず》ねにお答《こた》えすることになります。
マリヤさま：アンナの話《はな》し振《ぶ》りは何《なん》だか「講義《こうぎ》」を受《う》けているみたい、アンナってすごいのね。
アンナ：こう見《み》えてもわたしも夫《おっと》もレビ人《びと》で、聖書《せいしょ》の物語《ものがたり》や律法《りっぽう》を教《おし》えることのできる身分《みぶん》ですよ。
マリヤさま：そうだったわね、続《つづ》けてちょうだい。
アンナ：「セックス」とは、男性器《だんせいき》のペニスを女性器《じょせいき》の膣口《ちつこう》に押《お》し入《い》れ、射精《しゃせい》にいたる行為《こうい》です。
マリヤさま：話《はなし》が難《むずか》しくなってきたわ。でも、どきどきする。

（アンナの講義《こうぎ》は続《つづ》いていますが、アンナの気持《きも》ちに配慮《はいりょ》して、読者《どくしゃ》への傍聴《ぼうちょう》はカットさせていただきます。女性《じょせい》の身《み》を守《まも》る気持《きも》ちを込《こ》めた、マリヤさまのための「性教育《せいきょういく》」です）。

アンナ：女性《じょせい》は用心《ようじん》して強姦《ごうかん》や安易《あんい》なセックスで予期《よき》せぬ妊娠《にんしん》に至《いた》らないようにしましょう。妊娠《にんしん》を考《かんが》えない安易《あんい》なセックスは禁物《きんもつ》です。妊娠《にんしん》は初期《しょき》の段階《だんかい》では自覚《じかく》があるわけではないので分《わ》からないのです。月経《げっけい》、今回《こんかい》のマリヤさまのそれは初《はじ》めてのものでしたので「初潮《しょちょう》」と表現《ひょうげん》したのですが、その毎月《まいつき》の定期便《ていきびん》が止《と》まったと感《かん》じた時《とき》や、嗜好《しこう》の好《この》みが変化《へんか》、たとえば酸《す》っぱいものが食《た》べたくなったとかで、「もしや」とそれを予感《よかん》できる程度《ていど》です。6ヶ月《ろっかげつ》を超《こ》えるとお腹《なか》が膨《ふく》らんで明《あき》らかな妊娠《にんしん》の兆《きざ》しとなります。ちょっと疲《つか》れました。マリヤさまお尋《たず》ねの、子供《こども》を授《さず》かる話《はなし》はこれぐらいでいかがでしょう。

マリヤさま：とてもよく分《わ》かったわ、ありがとうアンナ。わたし、ヨセフさまとうまくやります。そしてヨセフさまを悦《よろこ》ばせて差《さ》し上《あ》げるわ。

アンナ：よくぞ申《もう》されました、マリヤさま。誇《ほこ》り高《たか》き、アロン家《け》の姫《ひめ》さま。わたくしも鼻《はな》が高《た》こうございます。

アンナ：それでは男女《だんじょ》の性《せい》についての締《し》めくくりに「読《よ》み人知《びとし》らず」の詩《うた》をご紹介《しょうかい》しましょう。これは2000年《ねん》ほど先《さき》の途方《とほう》もない未来《みらい》に書《か》かれたもので、その人《ひと》が生前整理《せいぜんせいり》しようと提案《ていあん》し、彼《かれ》の妻《つま》は大賛成《だいさんせい》、その時《とき》に彼《かれ》が持《も》っていた、新婚時代《しんこんじだい》（夫《おっと》37、妻《つま》31）の彼女《かのじょ》の妊娠裸体《にんしんらたい》写真《しゃしん》の整理《せいり》を惜《お》しみ、思案《しあん》していた時《とき》、それらの写真《しゃしん》が思《おも》い浮《う》かばせた言葉《ことば》だそうですよ。

（3）（6）挿入詩《そうにゅうし》「あなたはわたしのもう半分《はんぶん》」

詩（1）：1982年に、男女の愛を交わしてからずっと、おのずとあなたは、わたしと一心同体であった、わたしにとって、あなたはエバであった、その気づきによって、わたしもまた、あなたにとってアダムとの自覚がもてた、おお、ありがとうございます、言葉に尽くせぬ感謝の祈りを、ふたりの出会いをおゆるしくださった、主のみまえに、おささげします。

詩（2）：わたしのエバ、あなたの視線の先に立つ者はわたし、エバよ、あなたの表情は、なんと穏やかであることだろう、あなたはわたしを、まったく信頼していてくれるのだね、あなたはよく言う、わたしのしてほしいことは、何でもしてあげたい、と、ありがとう、その言葉だけで充分なのだけれど、あなたは、いつも、よくしてくれている、ありがとう、わたしのエバ、わたしのもう半分。

詩（3）：1982年に、男女の愛を交わしてからずっと、おのずとわたしたちは一心同体でありつづけ、まったく違ったからだつき、まったく違ったものの考え方、まったく違った感情のあり方、その二人が、まったく違った性器で結び合い、ひとつになれること、とても不思議。

詩（4）：お疲れさま、もうすぐだね、わたしには耐えられないだろうね、なぜ自分だけ子を産まねばならないか、と文句のひとつも言いたくなるのでは、と思うけれど、おなかをけっている、あたらしく自分に宿ったいのちを、とてもたいせつに思っているのだね、わたしのもう半分、たいせつなわたしのエバ、あなたのアダムから、ありがとう、ありがとう。（詩の引用ここまで）

物語《ものがたり》（4）「対話《たいわ》」マリヤさま、アロン家《け》の男子《だんし》をご懐妊《かいにん》

（4）（1）「ルカによる福音書《ふくいんしょ》」から受胎告知《じゅたいこくち》

アンナの話《はなし》が終《お》わるとマリヤさまは、お1人《ひとり》になられ、お祈《いの》りをされました。「アロン家《け》に男子《だんし》を」の未練《みれん》を断《た》ち切《き》ることが望《のぞ》みのようになり、切《せつ》なくも神々《こうごう》しくマリヤさまの全身全霊《ぜんしんぜんれい》に激《はげ》しく作用《さよう》し、それが最高潮《さいこうちょう》に達《たっ》したと見《み》えた刹那《せつな》、マリヤさまは気《き》を失《うしな》われて、うつ伏《ぶ》しになられました。そして、何《なに》やら声《こえ》がして、不思議《ふしぎ》がマリヤさまを覆《おお》いました。そして、マリヤさまに御使《みつかい》ガブリエルの声《こえ》が臨《のぞ》みました。

「ルカ福音書《ふくいんしょ》」：1-26六か月目に、御使ガブリエルが、神からつかわされて、ナザレというガリラヤの町の一処女のもとにきた。1-27この処女はダビデ家の出であるヨセフという人のいいなづけになっていて、名をマリヤといった。1-28御使がマリヤのところにきて言った、「恵まれた女よ、おめでとう、主があなたと共におられます」。1-29この言葉にマリヤはひどく胸騒ぎがして、このあいさつはなんの事であろうかと、思いめぐらしていた。1-30すると御使が言った、「恐れるな、マリヤよ、あなたは神から恵みをいただいているのです。1-31見よ、あなたはみごもって男の子を産むでしょ

う。その子をイエスと名づけなさい。
（中略《ちゅうりゃく》）
1-34そこでマリヤは御使に言った、「どうしてそんなことがあり得ましょうか。わたしにはまだ夫
がありませんのに」。1-35御使が答えて言った、「聖霊があなたに臨み、いと高き者の力があなたを
おおうでしょう。それゆえに、生まれ出る子は聖なるものであり、神の子と、となえられるでしょう。
1-36あなたの親族エリザベツも老年ながら子を宿しています。不妊の女といわれていたのに、はや
六か月になっています。1-37神には何でもできないことはありません」。1-38そこでマリヤが言っ
た、「わたしは主のはしためです。お言葉どおりこの身に成りますように」。そして御使は彼女から離
れて行った。

ここで読者《どくしゃ》のあなたに質問《しつもん》です。この時《とき》マリヤさまは御使《みつかい》の言葉《ことば》、「神《かみ》には何《なん》でもできないことはありません」に圧伏《あっぷく》されたのでしょうか。「アロン家《け》の使命《しめい》」のことで、マリヤさまの苦悩《くのう》を知《し》っているあなたには、「お言葉通《ことばどお》りこの身《み》に成《な》りますように」こそは、もしそれが実現《じつげん》するなら、マリヤさまにとって「望外《ぼうがい》の悦《よろこ》び」とのご返事《へんじ》であったとすることに同意《どうい》されるでしょう。「処女受胎《しょじょじゅたい》」が実現《じつげん》するなら、その子《こ》はユダ族《ぞく》ではなく、マリヤさまご自身《じしん》の血筋《ちすじ》となるのですから。そしてアロン家《け》が滅亡《めつぼう》した今《いま》、生《う》まれるその男《おとこ》の子《こ》はアロン家唯一《けゆいいつ》の

男子《だんし》です。その子《こ》には、大祭司《だいさいし》の装束《しょうぞく》の必要《ひつよう》はなく、生《う》まれながらに「大祭司《だいさいし》」の身分《みぶん》が備《そな》わるのです。深《ふか》い眠《ねむ》りに入《はい》られました。そしてふと、マリヤさまが気付《きづ》かれた時《とき》には、ヨセフとマノア夫婦《ふうふ》がマリヤさまを床《とこ》に寝《ね》かせ、見守《みまも》っていました。マリヤさまが気付《きづ》かれるとマノア夫婦《ふうふ》はヨセフを残《のこ》して部屋《へや》を出《で》て行《い》きました。

マリヤさま：あっ、ヨセフさま、わたしどうしたのかしら、今不思議《いまふしぎ》な夢《ゆめ》を見《み》ましたのよ。ヨセフさま、わたし妊娠《にんしん》するのですって、「まだ夫《おっと》がありませんのに」と言《い》いましたのに。これ分《わ》かります？　アンナから教《おそ》わったの、「セックスしていないのに」の意味《いみ》ですよ。ヨセフさまと。

ヨセフ：するとその子《こ》はユダ族《ぞく》ではなくアロン家《け》の男子《だんし》になりますね。でも生《う》まれながらに過酷《かこく》な運命《うんめい》を背負《せお》うことにおなりです。

それを思《おも》った2人《ふたり》はひしと抱《だ》き合《あ》い、その子《こ》のために祈《いの》りました。

(4)(2)ユダの山里《やまざと》に「アロン家《け》の娘《むすめ》の一人《ひとり》」老女《ろうじょ》エリザベツ訪問《ほうもん》

しばらくして、マリヤさまに妊娠《にんしん》の兆候《ちょうこう》があることをアンナが気付《きづ》きました。

アンナ：マリヤさまには、ちょっと性教育《せいきょういく》が効《き》きすぎたかしら。でも、おめでたいことなんだし、良《よ》かったのよ。ヨセフさまにはお祝《いわ》いを言《い》わなければね。マノア一緒《いっしょ》にヨセフさまに会《あ》いましょう。

マノア夫婦《ふうふ》：ヨセフさま、マリヤさまのお腹《なか》にはお子《こ》が、おめでとうございます。

ヨセフ：おお、お2人《ふたり》ともありがとう。ベツレヘムの実家《じっか》に戻《もど》って両親《りょうしん》に報告《ほうこく》し、婚礼《こんれい》の宴《うたげ》を催《もよお》さねばなりません。帰《かえ》りにはエマオに立《た》ち寄《よ》り、アロン家出《けで》のエリザベツに会《あ》う予定《よてい》です。エマオでは3ヶ月《さんかげつ》ぐらい滞在《たいざい》することになるでしょう。お2人《ふたり》とも行《い》ってくれますか？

マノア夫婦《ふうふ》：そりゃあ、もちろん。留守中《るすちゅう》のことは、管理人《かんりにん》のメレクに頼《たの》んでおきますから大丈夫《だいじょうぶ》です。

数日後《すうじつご》、4人《よにん》は馬車《ばしゃ》でベツレヘムを目指《めざ》しました。そして実家《じっか》では、婚礼《こんれい》の宴《うたげ》が催《もよお》されました。それが終《お》わると、2人《ふたり》はエマオのエリザベツを尋《たず》ねました。

マリヤさま：おばあさま、途中《とちゅう》聞《き》いたのですが、ご懐妊《かいにん》おめでとうございます。

エリザベツ：マリヤ、あなたもヨセフさまのお子《こ》を授《さず》かっているとのこと、よかったわね。

マリヤさま：おばあさまのお子《こ》が生《う》まれるまで、わたしたち4人《よにん》、ここに滞在《たいざい》してよろしいかしら。ナザレは遠《とお》いので、おめでたの吉報《きっぽう》が届《とど》くのがおそくなりますから。その間《かん》、夫《おっと》はエルサレムで大工仕事《だいくしごと》をします。

エリザベツ：どうぞ、どうぞ。ご自分《じぶん》の家《いえ》と思《おも》って、ゆっくりしていって。

アンナ：まあまあ、エリザベツさま、ご懐妊《かいにん》おめでとうございます。6ケ月《ろっかげつ》目なら、あと3ケ《か》月《げつ》でご出産《しゅっさん》でございますね。でも、ご懐妊《かいにん》の「おめでた」が、ヘロデが死《し》んでからでよろしゅうございました。

エリザベツ：ありがとう、アンナ。あなたがたもよくマリヤに尽《つ》くしてくれているとか、礼《れい》を言《い》います。

　そしてエリザベツに臨月《りんげつ》の時《とき》がきて、無事《ぶじ》男《おとこ》の子《こ》が生《う》まれました。マリヤさまとヨセフの二人《ふたり》は、御使《みつかい》の預言通《よげんどお》り、エリザベツの「**妊娠六《にんしんろっ》か月《げつ》**」とザカリヤへの預言《よげん》の「男子誕生《だんしたんじょう》」が正《ただ》しかったことで、マリヤさまのお子《こ》もまた、その時御使《ときみつかい》が言《い》った「男《おとこ》の子《こ》」と確信《かくしん》しました。この「マリヤさまのエリザベツ訪問《ほうもん》」の場面《ばめん》を福音書《ふくいんしょ》で確認《かくにん》しましょう。

「ルカ福音書《ふくいんしょ》」：1－39そのころ、マリヤは立って、大急ぎで山里へむかいユダの町に行き、1－40ザカリヤの家にはいってエリザベツにあいさつした。1-41エリザベツがマリヤのあいさつを聞いたとき、その子が胎内でおどった。エリザベツは聖霊に満たされ、1-42声高く叫んで言った、「あなたは女の中で祝福されたかた、あなたの胎の実も祝福されています。1-43主の母上がわたしのところにきてくださるとは、なんという光栄でしょう。1-44ごらんなさい。あなたのあいさつの声がわたしの耳にはいったとき、子供が胎内で喜びおどりました。1-45主のお語りになったことが必ず成就すると信じた女は、なんとさいわいなことでしょう」。

「ユダの山里《やまざと》の町《まち》」の名《な》は、すでにお馴染《なじ》みの、エマオです。その名《な》が明《あか》かされるのはルカ福音書《ふくいんしょ》の最終章《さいしゅうしょう》です。エマオとナザレは130キロメートル以上《いじょう》の距離《きょり》があり、女《おんな》が1人《ひとり》で「急《いそ》いで」行《い》ける所《ところ》ではありません。マリヤさまは自分《じぶん》たちの訪問《ほうもん》の理由《りゆう》をエリザベツだけに密《ひそ》かに話《はな》されました。自分《じぶん》に臨《のぞ》んだ処女受胎《しょじょじゅたい》により、アロン家《け》の男子《だんし》が生《う》まれると。その根拠《こんきょ》を求《もと》めてこうして会《あ》いに来《き》たと。だから、驚愕《きょうがく》と喜悦《きえつ》の交錯《こうさく》するエリザベツは、マリヤさまを「主《しゅ》の母上《ははうえ》」と形容《けいよう》したのです。そして「主《しゅ》のお語《かた》りになったことが必《かなら》ず成就《じょうじゅ》すると信《しん》じた女《おんな》は」とは、マリヤさまの処女受胎《しょじょじゅたい》が主《しゅ》からのものである事《こと》をも信《しん》じたということでしょう。アロン家《け》の滅亡《めつぼう》と生《い》き残《のこ》った少女《しょうじょ》に臨《のぞ》んだ処女受胎《しょじょじゅたい》の奇跡《きせき》、人智《じんち》を超《こ》えたアロン家《け》の男子誕生《だんしたんじょう》、その子《こ》は生《う》まれながらの大祭司《だいさいし》の身分《みぶん》を持《も》つ、それはエリザベツだけに明《あ》かされたヨセフ夫婦《ふうふ》の秘密《ひみつ》です。まだカイザリヤには、ヘロデ二世《にせい》がいますから。

(4)(3)マリヤさまの賛歌《さんか》「さいわいな女《おんな》」の謎解《なぞと》き

「ルカ福音書《ふくいんしょ》」：1-46するとマリヤは言った、「わたしの魂は主をあがめ、1-47わたしの霊は救主なる神をたたえます。1-48この卑しい女をさえ、心にかけてくださいました。今からのち代々の人々は、わたしをさいわいな女と言うでしょう。1-49力あるかたが、わたしに大きな事をしてくださったからです。

「代々《よよ》の人々《ひとびと》は、わたしをさいわいな女《おんな》と」とは、福音書《ふくいんしょ》の読者《どくしゃ》の中《なか》には「はてな」と思《おも》わされる言葉《ことば》です。この後《のち》、ヨセフの子《こ》としてお生《う》まれになるイエスさまは、ユダ族《ぞく》にしてダビデ王《おう》の末裔《まつえい》ヨセフの子《こ》なのであり、それを覆《くつがえ》す処女受胎《しょじょじゅたい》は、「ルカによる福音書《ふくいんしょ》」の読者《どくしゃ》にしか分《わ》からないことです。ですが、その世間体《せけんてい》とのギャップこそは、イエスさまの十字架《じゅうじか》へと続《つづ》く「推進力《すいしんりょく》」となるのです。「さいわいな女《おんな》」、それはマリヤさまにとって「心残《こころのこ》り」であったものが解消《かいしょう》されたことを意味《いみ》するものでなくてはなりません。その「心残《こころのこ》り」とは、自分《じぶん》とヨセフの間《あいだ》に生《う》まれる子《こ》はユダ族《ぞく》の者《もの》であり、自身《じしん》の血統《けっとう》であるアロン家《け》には何《なに》も残《のこ》らないという憂《うれ》いでした。どうして自分《じぶん》だけ生《い》き残《のこ》ったのだろう、「ユダ族《ぞく》」の女《おんな》になってしまうのなら、むしろアロン家《け》と運命《うんめい》を共《とも》にしたかった。だが奇跡《きせき》は起《おこ》った、「処女受胎《しょじょじゅたい》」それこそは、その心残《こころのこ》りの「解消《かいしょう》」であり、「望外《ぼうがい》の悦《よろこ》び」以外《いがい》の何《なに》ものでもないのでした。そしてそれこそは、マリヤさまによる「アロン家《け》」の男子出産《だんししゅっさん》なのです。その喜《よろこ》びは兄《あに》とも慕《した》い、ダビデ王《おう》の末裔《まつえい》たるヨセフと共《とも》に分《わ》かち合《あ》えたことであり、それこそはマリヤさまの幸福《こうふく》に他《ほか》なりません。そしてその喜《よろこ》びはアロン家《け》の使命《しめい》を果《は》たすことへとつながるのです。

（４）処女受胎《しょじょじゅたい》の証拠《しょうこ》

12歳《さい》の初潮《しょちょう》の少女《しょうじょ》マリヤさまと閉経年齢《へいけいねんれい》のエリザベツとの懐妊《かいにん》と感慨《かんがい》は、２人《ふたり》がアロン家《け》のゆえであり、くどいようですが「ルカによる福音書《ふくいんしょ》」の読者《どくしゃ》にしか分《わ》かりません。そしてその記事《きじ》を書《か》いたものは「信仰者《しんこうしゃ》」でなければならず、それをマリヤさまから直接聞《ちょくせつき》き、そして自《みずか》らその証拠《しょうこ》を見《み》た者《もの》でなければなりません。その証拠《しょうこ》についてはこれから幾度《いくど》となく本書《ほんしょ》は言及《げんきゅう》します。記者《きしゃ》の出自《しゅつじ》がそれと合致《がっち》しなければ、その記事《きじ》はたとえ神《かみ》からとされる「聖書《せいしょ》」のものであろうと信用《しんよう》できません。

証拠《しょうこ》（１）ヨセフがマリヤさまから生《う》まれた赤子《あかご》を見《み》たときの驚愕《きょうがく》「マリヤだ」。

証拠《しょうこ》（２）ルカが宿《やど》の広間《ひろま》で男装《だんそう》のマリヤさまを見《み》たときの驚愕《きょうがく》「イエスだ」。

それに本書《ほんしょ》の物語《ものがたり》ではユダヤの総督《そうとく》ピラトもマリヤさまとイエスさまを同時《どうじ》に見《み》ています。

（4）（5）「洗礼者《せんれいしゃ》ヨハネ誕生《たんじょう》」老父母《ろうふぼ》の苦悩《くのう》

「ルカ福音書《ふくいんしょ》」：1－56マリヤは、エリザベツのところに三か月ほど滞在してから、家に帰った。

「三《さん》か月《げつ》ほど滞在《たいざい》」とあるのは、生《う》まれ出《で》たエリザベツの子《こ》の性別《せいべつ》を確認《かくにん》するためです。その後《のち》4《よ》人《にん》はナザレに帰《かえ》ったのです。マリヤさまたちがエリザベツの出産《しゅっさん》に立《た》ち会《あ》っていないような記述《きじゅつ》になっているのは、その子《こ》の状態《じょうたい》が悲惨《ひさん》であり、物語《ものがたり》の複雑化《ふくざつか》を避《さ》けたのでしょう。ザカリヤの賛歌《さんか》が書《か》かれているのは、マリヤさまがその場《ば》におられた何《なに》よりの証拠《しょうこ》でしょう。

「ルカ福音書《ふくいんしょ》」：1－57さて、エリザベツは月が満ちて、男の子を産んだ。1－58近所の人々や親族は、主が大きなあわれみを彼女におかけになったことを聞いて、共どもに喜んだ。1－59八日目になったので、幼な子に割礼をするために人々がきて、父の名にちなんでザカリヤという名にしようとした。1－60ところが、母親は、「いいえ、ヨハネという名にしなくてはいけません」と言った。

「ヨハネ」という名《な》はプロテスタントの旧約聖書《きゅうやくせいしょ》にはありません。カトリックの聖書《せいしょ》にはある「マカバイの書上《しょじょう》」にヨアリブ家《け》の祭司《さいし》の家系《かけい》にその名《な》があります。ヨアリブ家《け》は帰還時《きかんじ》の祭司《さいし》のリストにない下級祭司《かきゅうさいし》であり、マタティアとその子たちは、ゲリラに身《み》を投《とう》じてアンテオケの王朝《おうちょう》と戦《たたか》っています。そしてシモンの代《だい》になって、敵《てき》に戦闘《せんとう》をあきらめさせ、事実上《じじつじょう》のユダヤ独立《どくりつ》を果《は》たすのです。そしてヨアリブ家《け》の名《な》を改《あらた》め「ハスモン」とし、シモンは自《みずか》ら「大祭司《だいさいし》」を宣言《せんげん》し、アロン家《け》の株《かぶ》を奪《うば》ったのです。シモンは武力《ぶりょく》を持《も》っているので、その狼藉《ろうぜき》に誰《だれ》も異《い》を唱《とな》えることはできませんでした。アロン家《け》に対《たい》する意趣返《いしゅがえ》しかも知《し》れません。

エリザベツはわが子《こ》の顔《かお》を見《み》て祭司《さいし》の名門《めいもん》ザカリヤ家《け》を継《つ》ぐことはできないと悟《さと》りました。それでヨアリブ家《け》によるユダヤ独立運動《どくりつうんどう》の功績《こうせき》にあやかり、赤子《あかご》が祭司以外《さいしいがい》の道《みち》に進《すす》んで身《み》を立《た》てるように「ヨハネ」という名《な》を選《えら》んだと思《おも》われます。

「マカバイの書上《しょじょう》」：2－1そのころ、ヨアリブ家の祭司、シモンの子ヨハネの子マタティアはエルサレムを去ってモディンに居を定めた。

母《はは》の次《つぎ》は、父《ちち》ザカリヤの苦悩《くのう》が語《かた》られます。

「ルカ福音書《ふくいんしょ》」：1－67父ザカリヤは聖霊に満たされ、預言して言った、1－68「主なるイスラエルの神は、ほむべきかな。神はその民を顧みてこれをあがない、1－69わたしたちのために救の角を僕ダビデの家にお立てになった。

「救《すくい》の角《つの》」とはユダ族《ぞく》としてのイエスさまのことです。ザカリヤにはイエスさまが「処女《しょじょ》受胎《じゅたい》」によるアロン家《け》の者《もの》とは知《し》らされておらず、ユダ族《ぞく》ヨセフの子《こ》と思《おも》っていて当然《とうぜん》です。そしてベツレヘム出《で》のヨセフは、ダビデ王《おう》の子孫《しそん》として知《し》られています。

「ルカ福音書《ふくいんしょ》」：1－76幼な子よ、あなたは、いと高き者の預言者と呼ばれるであろう。主のみまえに先立って行き、その道を備え、1－77罪のゆるしによる救いをその民に知らせるのであるから。

一転《いってん》して「罪《つみ》のゆるしによる救《すく》い」と、ここはイエスさまがユダ族《ぞく》ではなくアロン家《け》の者《もの》であることが前提《ぜんてい》となります。レビ人《びと》にして祭司職《さいししょく》であるザカリヤ家《け》にとってアロン家《け》は主家《しゅか》なのです。しかし、ザカリヤはその事実《じじつ》を知《し》らずに預言《よげん》しているのです。

「幼《おさ》な子《ご》よ」で始《はじ》まる言葉《ことば》、それが父《ちち》ザカリヤに与《あた》えられたわが子《こ》ヨハネへの預言《よげん》です。ヨハネは、イエスさまに臨《のぞ》む「人《ひと》の罪《つみ》を人《ひと》が負《お》い」の苦杯《くはい》に先駆《さきが》けて、「水《みず》で人《ひと》の罪《つみ》を洗《あら》う」デモンストレーションをして見《み》せるのです。ユダヤの人々《ひとびと》に「罪《つみ》」を思《おも》い起《お》こさせて、個々人《ここじん》のそれを洗《あら》ったのです。それが洗礼《せんれい》の先駆《さきが》けです。神殿《しんでん》の行事《ぎょうじ》としての参拝者全員《さんぱいしゃぜんいん》に対《たい》する「一括《いっかつ》した罪《つみ》のきよめ」を、個々人《ここじん》に展開《てんかい》したところに先駆者《さきがけしゃ》としての革新性《かくしんせい》があります。それは祭司《さいし》「ザカリヤ家《け》」の栄光《えいこう》であるはずなのですが、このザカリヤの賛歌全体《さんかぜんたい》は、マリヤさまの場合《ばあい》とは違《ちが》い、悲痛《ひつう》な響《ひび》きがあります。それが次《つぎ》に続《つづ》く1行《ぎょう》に凝縮《ぎょうしゅく》されています。

（4）（6）幼《おさ》な子《ご》の成長《せいちょう》に「荒野《あらの》」のなぜ

「ルカ福音書《ふくいんしょ》」：1-80幼な子は成長し、その霊も強くなり、そしてイスラエルに現れる日まで、荒野にいた。

祭司《さいし》の子《こ》がなぜ荒野《あらの》に居《お》らねばならなかったのか、それを明《あき》らかにすることでザカリヤと妻《つま》エリザベツの苦悩《くのう》が分《わ》かります。その理由《りゆう》は、高齢出産《こうれいしゅっさん》の影響《えいきょう》で、「赤子《あかご》の顔《かお》に明《あき》らかな欠損《けっそん》があった」からなのです。ザカリヤの悲痛《ひつう》な賛歌《さんか》と、子《こ》が荒野《あらの》に出奔《しゅっぽん》した訳《わけ》を読《よ》み解《と》く事情《じじょう》は、それ以外《いがい》には考《かんが》えられません。祭司《さいし》の子《こ》であっても、顔《かお》の部位《ぶい》に欠《か》けたところがある者《もの》は、主《しゅ》の前《まえ》に出《で》る仕事《しごと》に就《つ》けないのです。律法《りっぽう》には、こう書《か》いてあります。

「レビ記《き》」：21-16主はまたモーセに言われた、21-17「アロンに告げて言いなさい、『あなたの代々の子孫で、だれでも身にきずのある者は近寄って、神の食物をささげてはならない。

つまりこの赤子《あかご》の顔《かお》には欠損《けっそん》があり、祭司《さいし》にはなれないことが生《う》まれた瞬間《しゅんかん》に明白《めいはく》となったのです。物心《ものごころ》ついて絶望《ぜつぼう》したその子《こ》は、家出《いえで》し、荒野《あらの》に逃避《とうひ》し、修行者《しゅぎょうしゃ》たちに育《そだ》てられたのです。それが洗礼者《せんれいしゃ》ヨハネの出自《しゅつじ》です。老父母《ろうふぼ》の苦悩《くのう》はいかばかりだったことでしょう。

（4）（7）イエスさまご誕生《たんじょう》の「ベツレヘム」母《はは》は十二歳《じゅうにさい》のマリヤさま

「ルカ福音書《ふくいんしょ》」：2-1そのころ、全世界の人口調査をせよとの勅令が、皇帝アウグストから出た。2-2これは、クレニオがシリヤの総督であった時に行われた最初の人口調査であった。2-3人々はみな登録をするために、それぞれ自分の町へ帰って行った。2-4ヨセフもダビデの家系であり、またその血統であったので、ガリラヤの町ナザレを出て、ユダヤのベツレヘムというダビデの町へ上っていった。1-5それは、すでに身重になっていたいいなづけの妻マリヤと共に、登録をするためであった。2-6ところが、彼らがベツレヘムに滞在している間に、マリヤは月が満ちて、2-7初子を産み、布にくるんで、飼い葉おけの中に寝かせた。客間には彼らのいる余地がなかったからである。

さて、4人《よにん》がナザレに戻《もど》って程《ほど》なく、ローマ皇帝《こうてい》から人口調査《じんこうちょうさ》のお布令《ふれ》が出《で》ました。マリヤさまのお腹《なか》も目立《めだ》つほどになったのでヨセフはマノア夫婦《ふうふ》にベツレヘムまで馬車《ばしゃ》で送《おく》ってくれるように頼《たの》みました。2人《ふたり》はエマオの出身《しゅっしん》なので、途中立《とちゅうた》ち寄《よ》って登録《とうろく》を済《す》ませ、ベツレヘムでマリヤさまの出産《しゅっさん》まで待《ま》つことにしました。

一方《いっぽう》ベツレヘムでは、登録《とうろく》のために親戚《しんせき》の者《もの》たちが帰省《きせい》することが予想《よそう》され、実家《じっか》は混《こ》み合《あ》うだろうとヨセフは考《かんが》えました。そこで大工《だいく》である彼《かれ》は家畜《かちく》のいない空《あ》いた厩《うまや》を改造《かいぞう》して開放的《かいほうてき》な「離《はな》れ座敷《ざしき》」に造《つく》り変《か》えました。時《とき》は初夏《しょか》、夜《よる》は涼《すず》しい風《かぜ》が通《とお》ります。マノア夫婦《ふうふ》の居場所《いばしょ》も確保《かくほ》しました。この開放的《かいほうてき》な離《はな》れ座敷《ざしき》は、この後《あと》、羊飼《ひつじかい》たちがベツレヘムに来《き》て飼葉《かいば》おけの幼《おさ》な子《ご》を捜《さが》すのに好都合《こうつごう》です。

新約聖書《しんやくせいしょ》で、皇帝《こうてい》の名《な》が引用《いんよう》される文書《ぶんしょ》は、ルカの著作《ちょさく》「ルカによる福音書《ふくいんしょ》」と「使徒行伝《しとぎょうでん》」の2つ《ふた》だけです。ルカは文書《ぶんしょ》に皇帝《こうてい》の名《な》を引用《いんよう》することで記録《きろく》が後世《こうせい》に亘《わた》って歴史的事実《れきしてきじじつ》となるように配慮《はいりょ》したのです。彼《かれ》はローマ的《てき》で合理的《ごうりてき》な考《かんが》え方《かた》ができる執事《しつじ》であり、記録《きろく》はその卓越《たくえつ》した仕事《しごと》ぶりの一環《いっかん》とも言《い》えるでしょう。「身重《みおも》になっていたいいなづけの妻《つま》マリヤ」とは「処女受胎《しょじょじゅたい》で妊娠《にんしん》されたヨセフの婚約者《こんやくしゃ》マリヤ」の言《い》い換《か》えです。「妻《つま》」はヨセフの実家《じっか》での結婚披露宴《けっこんひろうえん》は済《す》ませてあるということです。また、この福音書《ふくいんしょ》の記述《きじゅつ》を文字通《もじどお》り読《よ》めば、マリヤさまたちはとても惨《みじ》めな状況《じょうきょう》に置《お》かれています。本当《ほんとう》にそうでしょうか。

(4)(8) マリヤさまのご出産《しゅっさん》は空《から》の厩《うまや》の「離《はな》れ座敷《ざしき》」

本書《ほんしょ》ではそのような「みじめ」という違和感《いわかん》を以下《いか》のように払拭《ふっしょく》します。マリヤさまの出産《しゅっさん》にあたっては、ヨセフの親族《しんぞく》の女《おんな》たちが「離《はな》れ座敷《ざしき》」にやってきて、お世話《せわ》をしました。厩《うまや》はマリヤさまと女性《じょせい》たちとのおしゃべりでとても賑《にぎ》やかでした。そして臨月《りんげつ》、マリヤさまに出産《しゅっさん》が臨《のぞ》み、無事男《ぶじおとこ》の子《こ》が生《う》まれました。女《おんな》たちの1人《ひとり》に抱《だ》かれた、その赤子《あかご》を見《み》せられたヨセフは、「やあ、マリヤじゃないか」とその感慨《かんがい》を漏《も》らしました。赤子《あかご》はまだ顔《かお》が整《ととの》ってはいないのですが、それでもその子《こ》の容貌《ようぼう》は、生《う》まれたてのマリヤさまのものと同《おな》じに違《ちが》いないとヨセフには思《おも》われたのです。12歳《さい》の母《はは》と生《う》まれたてのその子《こ》との違《ちが》いは、チンチンの有《あ》る無《な》しだけでした。この世《よ》から消《き》えたはずのアロン家《け》に、男《おとこ》と女《おんな》という2つ《ふた》の「性《せい》」が今《いま》そろったのです。女《おんな》と男《おとこ》、それぞれが自覚《じかく》する使命《しめい》を持《も》つ者同士《ものどうし》が、「あなたはわたしのもう半分《はんぶん》」と言《い》い交《か》わすために。そしてマリヤさまは、今《いま》は亡《な》き、父《ちち》エズラにも報告《ほうこく》なさいました。

マリヤさま：お父《とう》さまは、わたしが男《おとこ》であったらとお嘆《なげ》きでしたが、ごらんください、今《いま》わたしは男《おとこ》に生《う》まれ変《か》わりました。この子《こ》はわたしです。わたしはこの子《こ》です。わたしたちは、お父《とう》さまの悲願《ひがん》、「罪《つみ》の解決《かいけつ》の永遠化《えいえんか》」を果《は》たして見《み》せます。ヨセフさまのお力《ちから》もお借《か》りしながらその目標《もくひょう》に向《む》かって生《い》きていきます。また、これからはユダ族《ぞく》ヨセフさまのお子《こ》もたくさん産《う》みます。お母《かあ》さま、わたしはヨセフさまの妻《つま》として、この子《こ》の母《はは》として、とても幸《しあわ》せでいます。ご安心《あんしん》ください。

（4）（9）夏《なつ》の夜空《よぞら》を彩《いろど》る天《てん》の異象《いしょう》と雷鳴《らいめい》の体現者《たいげんしゃ》たち

「ルカ福音書《ふくいんしょ》」：2-8さて、この地方で羊飼たちが夜、野宿しながら羊の群れの番をしていた。2-9すると主の御使が現れ、主の栄光が彼らをめぐり照らしたので、彼らは非常に恐れた。2-10御使は言った。「恐れるな。見よ、すべての民に与えられる大きな喜びを、あなたがたに伝える。2-11きょうダビデの町に、あなたがたのために救主がお生まれになった。このかたこそ主なるキリストである。2-12あなたがたは、幼な子が布にくるまって飼葉おけの中に寝かしてあるのを見るであろう。それが、あなたがたに与えられるしるしである」。2-13するとたちまち、おびただしい天の軍勢が現れ、御使と一緒になって神をさんびして言った、2-14「いと高きところでは、神に栄光があるように、地の上では、み心にかなう人々に平和があるように」。

羊飼《ひつじかい》たちが野宿《のじゅく》して働《はたら》いているのですから、季節《きせつ》は夏《なつ》です。ヨセフたちも「離《はな》れ座敷《ざしき》」の窓《まど》を解放《かいほう》して夏《なつ》の夜風《よかぜ》の涼《りょう》を楽《たの》しんでいます。羊飼《ひつじかい》たちに現《あらわ》れた天《てん》の異象《いしょう》は、ベツレヘム周辺《しゅうへん》だけでなく、パレスチナの広域《こういき》に現《あらわ》れたはずであり、マリヤさまたちの居《お》られた解放的《かいほうてき》な座敷《ざしき》からも見《み》えたはずです。「主《しゅ》の栄光《えいこう》が彼《かれ》らをめぐり照《て》らした」、「おびただしい天《てん》の軍勢《ぐんぜい》が現《あらわ》れ」などは、羊飼《ひつじかい》の言葉《ことば》ではありましょうが、「大《おお》げさな言《い》い方《かた》」として読《よ》み飛ばされていることでしょう。ですが、これはルカが歴史的事実《れきしてきじじつ》の印章《いんしょう》にローマ皇帝《こうてい》の名《な》を用《もち》いたように、マリヤさまは天《てん》の異象《いしょう》を用《もち》いられたと考《かんが》えることができるのです。なにしろマリヤさまは、受胎告知《じゅたいこくち》に現《あらわ》れた御使《みつかい》が形容《けいよう》したように、「恵《めぐ》まれた」資質《ししつ》のお方《かた》ですから。今《いま》の語彙《ごい》に照《て》らすとそれは天才少女《てんさいしょうじょ》に相当《そうとう》するでしょう。

(4)(10) 天《てん》の異象《いしょう》は天文学《てんもんがく》「太陽《たいよう》フレア」から読《よ》み解《と》く

「主《しゅ》の栄光《えいこう》が彼《かれ》らをめぐり照《て》らした」とは、21世紀《せいき》の今日《こんにち》、これはベツレヘムを含《ふく》むユダヤ一帯《いったい》で目撃《もくげき》できたオーロラと考《かんが》えることができます。つまり今日《こんにち》の天文学《てんもんがく》では、それが太陽《たいよう》フレアの大変動《だいへんどう》により、地球《ちきゅう》の磁場《じば》が影響《えいきょう》を受《う》けた結果《けっか》と説明《せつめい》できるのです。普通《ふつう》オーロラは磁場《じば》の強《つよ》い北極《ほっきょく》か南極《なんきょく》周辺《しゅうへん》に見《み》られますが、この時《とき》はパレスチナ地方《ちほう》でも見《み》られたとすることには合理性《ごうりせい》があります。「おびただしい天《てん》の軍勢《ぐんぜい》が現《あらわ》れ」もまた、「オーロラのカーテンの揺《ゆ》らぎ」だったのでしょう。羊飼《ひつじかい》たちは、とても珍《めずら》しく美《うつく》しいものを見《み》て、「天《てん》の軍勢《ぐんぜい》」と形容《けいよう》したのです。

また天《てん》の「声《こえ》」は、地磁場変動《ちじばへんどう》による大気《たいき》への影響《えいきょう》と考《かんが》えられます。大気振動《たいきしんどう》は積乱雲《せきらんうん》を生《しょう》じさせ、雷鳴《らいめい》のような音《おと》を轟《とどろ》かせたのです。その音響《おんきょう》は通常《つうじょう》の雷鳴《らいめい》とは異《こと》なり、羊飼《ひつじかい》たちには、アラム語《ご》として意味《いみ》ある言葉《ことば》に聞《き》こえたのです。それは連続《れんぞく》した言葉《ことば》ではなく、別々《べつべつ》の離《はな》れた場所《ばしょ》にいた羊飼《ひつじかい》たちそれぞれが聞《き》いた「単語《たんご》」のつなぎ合《あ》わせとすべきです。

その規模《きぼ》の太陽《たいよう》フレアの人類《じんるい》への影響《えいきょう》は、21世紀《せいき》の現在《げんざい》なら、高電圧送電線《こうでんあつそうでんせん》が広範囲《こうはんい》に亘《わた》って壊滅《かいめつ》し、コンピュータ、通信施設《つうしんしせつ》、人工衛星《じんこうえいせい》、電子機器《でんしきき》などが全《すべ》て機能《きのう》しなくなる地球規模《ちきゅうきぼ》の事態《じたい》となったでしょう。核施設《かくしせつ》に設置《せっち》された装置《そうち》の誤動作《ごどうさ》が起《おこ》れば、核弾頭《かくだんとう》ミサイルが誤発射《ごはっしゃ》される恐《おそ》れもあります。だが幸《さいわ》いにも、当時《とうじ》はそのような「人《ひと》の知恵《ちえ》」が考《かんが》え出《だ》したものは存在《そんざい》しませんでした。太陽《たいよう》フレアに起因《きいん》するそれは、天《てん》を彩《いろど》る光《ひかり》の祭典《さいてん》となり、また、天《てん》からの声《こえ》が轟《とどろ》きわたって聞《き》こえ、やがて何事《なにごと》もなかったように、いつもの満天《まんてん》の星空《ほしぞら》に戻《もど》ったのでした。

（4）（11）飼葉《かいば》おけの中《なか》に寝《ね》かしてある幼《おさ》な子《ご》

「ルカ福音書《ふくいんしょ》」：2−15御使たちが彼らを離れて天に帰ったとき、羊飼たちは「さあ、ベツレヘムへ行って、主がお知らせ下さったその出来事を見てこようではないか」と、互に語り合った。2-16そして急いで行って、マリヤとヨセフ、また飼葉おけに寝かしてある幼な子を捜しあてた。2-17彼らに会った上で、この子について自分たちに告げ知らされた事を、人々に伝えた。2-18人々はみな、羊飼たちが話してくれたことを聞いて、不思議に思った。2-19しかし、マリヤはこれらの事をことごとく心に留めて、思いめぐらしていた。

飼葉《かいば》おけがあるのは牛《うし》や馬《うま》が飼《か》われている厩《うまや》です。だから羊飼《ひつじかい》たちは「大《おお》きな」家畜小屋《かちくごや》や厩《うまや》を探《さが》したはずです。また幼《おさ》な子《ご》が寝《ね》かしてあるからには、そこには人《ひと》が住《す》んでいなければならないでしょう。羊飼《ひつじかい》たちは草原《そうげん》に広範囲《こうはんい》に展開《てんかい》して羊《ひつじ》の番《ばん》をしています。彼《かれ》らが元締《もとじめ》の所《ところ》に集《あつ》まって、各自《かくじ》が聞《き》いた「単語《たんご》」をつなぎ合《あ》わせて意味《いみ》の通《とお》るものにし、ベツレヘムまで足《あし》を運《はこ》んだ行動《こうどう》は、自主的《じしゅてき》なものであり、彼《かれ》らの信仰《しんこう》の具体化《ぐたいか》であり、何《なん》とも不思議《ふしぎ》です。羊飼《ひつじかい》たちは、ママのおっぱいを求《もと》める赤《あか》ちゃんの鳴《な》き声《ごえ》を耳《みみ》にし、その開放《かいほう》された厩《うまや》を見《み》つけたのです。そして12歳《さい》にして母《はは》のマリヤさまはその不思議《ふしぎ》を心《こころ》に留《と》められたのです。

羊飼《ひつじかい》A：なんで救主《すくいぬし》が厩《うまや》で生《う》まれるんだ。
羊飼《ひつじかい》B：知《し》らないよ、神《かみ》さまが言《い》い間違《まちが》えられたのかもよ。

羊飼《ひつじかい》A：お、都合《つごう》の良《い》いことに、赤《あか》ちゃんの泣《な》き声《ごえ》がする。行《い》ってみよう。
羊飼《ひつじかい》B：あの厩《うまや》からだ。
羊飼《ひつじかい》A：外見《がいけん》は家畜小屋《かちくごや》だが、牛《うし》や馬《うま》はいない。内部《ないぶ》は改築《かいちく》されて開放的《かいほうてき》なリビングになっている。男女《だんじょ》が見《み》える。若夫婦《わかふうふ》のようだ。「飼《か》い葉《ば》おけ」があって、お目当《めあ》ての「幼子《おさご》」がいる。あの子《こ》に間違《まちが》いない。
羊飼《ひつじかい》B：天《てん》のお告《つ》げ通《どお》りだ、他《ほか》のみんなを呼《よ》んでくる。

（4）⑫初子《ういご》のイエスさまを神殿《しんでん》に奉納《ほうのう》の神事《しんじ》

「ルカ福音書《ふくいんしょ》」：2-21八日が過ぎ、割礼をほどこす時となったので、受胎のまえに御使が告げたとおり、幼な子をイエスと名づけた。2-22それから、モーセの律法による彼らのきよめの期間が過ぎたとき、両親は幼な子を連れてエルサレムへ上った。2-23それは主の律法に「母の胎を初めて開く男の子はみな、主に聖別された者と、となえなければならない」と書いてあるとおり、幼な子を主にささげるためであり、2-24また同じ主の律法に、「山ばと一つがい、または、家ばとのひな二羽」と定めてあるのに従って、犠牲をささげるためであった。

割礼《かつれい》とはチンチンの先《さき》の余《あま》った皮《かわ》に傷《きず》をつけ「ユダヤ人《じん》」の目印《めじるし》にする「儀式《ぎしき》」のことです。

祖先《そせん》アブラハムの時代《じだい》には、所有物《しょゆうぶつ》の奴隷《どれい》にそれを施《ほどこ》して、逃《に》げたり、盗《ぬす》まれた時《とき》に取《と》り戻《もど》す目印《めじるし》にしました。またモーセの後継者《こうけいしゃ》ヨシュアの時代《じだい》には戦死者《せんししゃ》がユダヤ人《じん》かどうかを選別《せんべつ》する目印《めじるし》にしました。

ヨセフの実家《じっか》のあるベツレヘムと神殿《しんでん》のあるエルサレムの距離《きょり》は11キロメートル程度《ていど》ですが、赤子《あかご》を抱《だ》いての徒歩《とほ》は無理《むり》です。当然《とうぜん》マノアの馬車《ばしゃ》でおいでになりました。マリヤさまたち女性《じょせい》は出産後《しゅっさんご》1ヶ月《いっかげつ》ほどは神殿《しんでん》に詣《もう》でることはできませんでした。それが「きよめの期間《きかん》」です。そして、最初《さいしょ》の男《おとこ》の子《こ》は「供《そな》え物《もの》」とされます。それを鳥獣《ちょうじゅう》を奉納《ほうのう》して取《と》り戻《もど》すのがこの参拝《さんぱい》の主旨《しゅし》です。ヨセフとマリヤさまとはユダヤ教《きょう》の掟《おきて》をことごとく守《まも》っておられた様子《ようす》が書《か》かれています。イエスさまもそれは引《ひ》き継《つ》いでおられるとすべきです。

(4)(13)シメオン老《ろう》のマリヤさまへの預言《よげん》の「不気味《ぶきみ》」

「ルカ福音書《ふくいんしょ》」：2-25その時、エルサレムにシメオンという名の人がいた。この人は正しい信仰深い人で、イスラエルの慰められるのを待ち望んでいた。また聖霊が彼に宿っていた。2-26そして主のつかわす救主に会うまでは死ぬことはないと、聖霊の示しを受けていた。2-27この人が御霊に感じて宮にはいった。すると律法に定めてあることを行うため、両親もその子イエスを連れてはいってきたので、2-28シメオンは幼な子を腕に抱き、神をほめたたえて言った。

ここでシメオン老《ろう》が登場《とうじょう》します。彼《かれ》はイスラエルが慰《なぐさ》められるのを待《ま》ち望《のぞ》んでいたと書《か》かれています。それはイスラエルがローマの支配《しはい》から解放《かいほう》されることであり、「人《ひと》の罪《つみ》を人《ひと》が負《お》う」のイエスさまとは関係《かんけい》ありません。ここではまず、なぜシメオン老《ろう》がイエスさまを腕《うで》に抱《だ》いたのかを考《かんが》えます。生後《せいご》1ヶ月《いっかげつ》のイエスさまに、後光《ごこう》でも射《さ》していれば別《べつ》ですが、神殿《しんでん》には多《おお》くの幼《おさ》な子《ご》が両親《りょうしん》と共《とも》に訪《おとず》れます。そのような状況下《じょうきょうか》で、彼《かれ》がなぜイエスさまに目《め》を留《と》めたのかということです。それは彼《かれ》が母子《ぼし》の驚異的《きょういてき》な「酷似《こくじ》」を見《み》たからでありましょう。そして母子《ぼし》の視線《しせん》が一瞬《いっしゅん》、シメオンの目《め》に注《そそ》がれたのです。シメオンは驚愕《きょうがく》してその幼《おさ》な子《ご》を見《み》たのです。単独《たんどく》では普通《ふつう》の幼《おさ》な子《ご》なのに、母子《ぼし》を同時《どうじ》に見《み》たので、「奇跡《きせき》」が思《おも》われたのです。

「ルカ福音書《ふくいんしょ》」：2-33父と母とは幼な子についてこのように語られたことを不思議に思った。2-34するとシメオンは彼らを祝し、そして母マリヤに言った、「ごらんなさい、この幼な子は、イスラエルの多くの人を倒れさせたり立ちあがらせたりするために、また反対を受けるしるしとして、定められています。『2-35そして、あなた自身もつるぎで胸を刺し貫かれるでしょう』。それは多くの人の心にある思いが、現れるようになるためです」。

「イスラエルの多《おお》くの人《ひと》を倒《たお》れさせたり立《た》ちあがらせたりするために、また反対《はんたい》を受《う》けるしるしとして」とは、どう考《かんが》えても、イエスさまには結《むす》びつきません。さらにシメオンはマリヤさまに向《む》かって、「そして、あなた自身《じしん》もつるぎで胸《むね》を刺《さ》し貫《つらぬ》かれるでしょう」という不気味《ぶきみ》な預言《よげん》をしています。これもイエスさまの十字架《じゅうじか》とは結《むす》びつきません。イエスさまのそれは「成就《じょうじゅ》」のシンボルであり、おめでたいことだからです。

結論《けつろん》を言《い》うとシメオンはマリヤさまに、イエスさまの母《はは》としての未来《みらい》ではなく、ヨセフの妻《つま》としてのそれを言《い》っているのです。つまりシメオンの視線《しせん》の先《さき》にいるのは、幼《おさ》な子《ご》のイエスさまではなく、ヨセフなのです。それはヨセフに降《ふ》りかかるであろう災難《さいなん》であり、彼《かれ》の「死《し》のさま」がマリヤさまにとって「胸《むね》を刺《さ》し貫《つらぬ》かれるほどのものだ」と言《い》っているのです。ご自身《じしん》とイエスさまとの擁護者《ようごしゃ》であり、最愛《さいあい》の夫《おっと》であるヨセフの死《し》に様《ざま》が預言《よげん》のように書《か》かれているのです。それはマリヤさまにとってアロン家滅亡《けめつぼう》に次《つ》ぐ悲劇《ひげき》です。その場面《ばめん》は、後《のち》ほど物語《ものがた》られます。その悲劇《ひげき》のヒントとなる箇所《かしょ》が「ルカによる福音書《ふくいんしょ》」13章《しょう》にあります。

「ルカ福音書《ふくいんしょ》」：13-1ちょうどその時、ある人々がきて、ピラトがガリラヤ人たちの血を流し、それを彼らの犠牲の血に混ぜたことを、イエスに知らせた。

やがてヨセフ一家《いっか》は田舎町《いなかまち》ナザレからローマ軍《ぐん》の駐屯地《ちゅうとんち》として栄《さか》えていた町《まち》カペナウムに移《うつ》り住《す》みます。2《ふた》つの町《まち》は共《とも》にガリラヤ地方《ちほう》にあります。その地方《ちほう》はローマ軍《ぐん》に対《たい》するゲリラ活動《かつどう》がある地域《ちいき》でした。「イスラエルの多《おお》くの人《ひと》を倒《たお》れさせたり立《た》ちあがらせたりする」とはゲリラ活動《かつどう》のことであり、それに「ダビデ王《おう》の子孫《しそん》」として知《し》られていたヨセフが巻《ま》き込《こ》まれるのです。シメオン老《ろう》のマリヤさまへの預言《よげん》の不気味《ぶきみ》さは、イエスさまのゆえではなく、ヨセフであるとすると話《はなし》が通《とお》ります。ちなみにイエスさまの十字架《じゅうじか》は、マリヤさまにとってはアロン家《け》の大願成就《たいがんじょうじゅ》なのです。悲《かな》しくも、明《あか》るいことだったのですから「不気味《ぶきみ》」とは無縁《むえん》です。

（4）⑭イエスさまのご成長《せいちょう》ぶりの明《あか》るさ

神殿《しんでん》に詣《もう》でたヨセフ一家《いっか》は、マノアの馬車《ばしゃ》でナザレに帰《かえ》りました。イエスさまの健《すこ》やかな成《せい》長《ちょう》ぶりが簡潔《かんけつ》に書《か》かれています。

「ルカ福音書《ふくいんしょ》」：2－39両親は主の律法どおりすべての事をすませたので、ガリラヤへむかい、自分の町ナザレに帰った。2－40幼な子は、ますます成長して強くなり、知恵に満ち、そして神の恵みがその上にあった。

洗礼者《せんれいしゃ》ヨハネの場合《ばあい》とは違《ちが》った明《あか》るさがあります。

物語《ものがたり》（5）「注解《ちゅうかい》」イエスさま十二歳《じゅうにさい》の迷子騒《まいごさわ》ぎ

（5）（1）毎年《まいとし》の「過越《すぎこし》の祭《まつり》」にはエルサレム詣《もう》での慣例《かんれい》

「ルカ福音書《ふくいんしょ》」：2－41さて、イエスの両親は、過越《すぎこし》の祭《まつり》には毎年エルサレムへ上っていた。2－42イエスが十二歳になった時も、慣例にしたがって祭のために上京した。2－43ところが、祭が終わって帰るとき、少年イエスはエルサレムに居残っておられたが、両親はそれに気付《づ》かなかった。2－44そして道連れの中にいることと思いこんで、一日路を行ってしまい、それから、親族や知人の中を捜しはじめたが、2－45見つからないので、捜しまわりながらエルサレムへ引返した。

「過越《すぎこし》の祭《まつり》」の詳細《しょうさい》については巻末《かんまつ》の「注解余禄《ちゅうかいよろく》（4）「過越《すぎこし》の祭《まつり》」に空《あ》いた十字架《じゅうじか》の慣例《かんれい》（285ページ）」をご覧《らん》ください。

さて、時《とき》は過《す》ぎ、イエスさまは早《はや》12歳《さい》になられました。ユダヤ人《じん》が成人《せいじん》と認《みと》められる年齢《ねんれい》です。マリヤさま24歳《さい》、ヨセフ29歳《さい》です。イエスさまの兄弟姉妹《きょうだいしまい》には触《ふ》れられていません。

ヨセフとマリヤさまとは土着《どちゃく》のユダヤ人《じん》ですから、もともと神殿《しんでん》への思《おも》い入《い》れが強《つよ》いのですが、マリヤさまはその過越《すぎこし》の祭《まつり》の日《ひ》に行《おこな》われる「罪《つみ》の贖《あがな》い」の神事《しんじ》に関《かか》わったアロン家《け》最後《さいご》の姫《ひめ》さまでした。もっともイエスさまが12歳《さい》になられた頃《ころ》にはアロン家《け》の自決事件《じけつじけん》すらもすっかり忘《わす》れられていました。だからこそヨセフは毎年《まいとし》の過越《すぎこし》の祭《まつり》の日《ひ》にはベツレヘムの実家《じっか》への帰省《きせい》を兼《か》ねて神殿詣《しんでんもう》でを欠《か》かさなかったのです。今年《ことし》は何《なん》と、その帰《かえ》りにイエスさまが迷子《まいご》になってしまわれました。「親族《しんぞく》」とはナザレの人々《ひとびと》ではなく、ベツレヘムの実家《じっか》や親戚《しんせき》それにエマオの知人《ちじん》のことでしょう。ヨセフたちがエルサレムに上京《じょうきょう》する際《さい》には、ベツレヘムの実家《じっか》やエマオの知人宅《ちじんたく》に立《た》ち寄《よ》っていたとするのは自然《しぜん》な成《な》り行《い》きです。神殿詣《しんでんもうで》は巡礼《じゅんれい》の意味合《いみあ》いがありますから徒歩《とほ》が基本《きほん》です。今回《こんかい》はその徒歩《とほ》ゆえの事件《じけん》だったかも知《し》れません。マノアの馬車《ばしゃ》ならこんなことは起《おこ》りえませんが、そのマノア夫婦《ふうふ》も契約切《けいやくぎ》れで今《いま》はいません。迷子《まいご》になったのはイエスさまではなく、ヨセフとマリヤさまの方《ほう》、と言《い》えるかも知《し》れませんが、結果《けっか》はヨセフを大安心《だいあんしん》させます。またヨセフはイエスさまの無事《ぶじ》を素直《すなお》に喜《よろこ》びます。

（5）（2）三日間《みっかかん》イエスさまを捜《さが》して神殿《しんでん》に戻《もど》った光景《こうけい》の唖然《あぜん》

「ルカ福音書《ふくいんしょ》」：2-43ところが、祭が終わって帰るとき、少年イエスはエルサレムに居残っておれたが、両親はそれに気づかなかった。2-44そして道連れの中にいることと思いこんで、**一日路**を行ってしまい、それから、親族や知人の中を捜しはじめたが、2-45見つからないので、捜しまわりながらエルサレムへ引返した。

「ルカ福音書《ふくいんしょ》」：2-46そして**三日の後**に、イエスが宮の中で教師たちのまん中にすわって、彼らの話を聞いたり質問したりしておられるのを見つけた。

まず「三日の後《みっかのち》」の検討《けんとう》です。最初《さいしょ》の1日《いちにち》は「一日路《いちにちじ》を行《い》ってしまい」のそれです。そして引《ひ》き返《かえ》すのに1日《いちにち》かかります。実質《じっしつ》イエスさまを捜《さが》したのは最後《さいご》の1日《いちにち》で、ベツレヘムとエマオでの消息《しょうそく》をお訪《たず》ねになったのです。それが最終日《さいしゅうび》となる「三日目《みっかめ》」です。絶望《ぜつぼう》と憔悴《しょうすい》のうちに2人《ふたり》は神殿《しんでん》に戻《もど》り着《つ》きました。それは主《しゅ》なる神《かみ》さまに、「大事《だいじ》なイエスを失《うしな》いました」と報告《ほうこく》するためでもあったでしょう。ところがどうでしょう、当《とう》のイエスさまがその神殿内《しんでんない》においでになるのが、お2人《ふたり》の目《め》に入《はい》ったのです。

（5）（3）「イエスさまの賢《かしこ》さ」を読《よ》み解《と》く

「ルカ福音書《ふくいんしょ》」：2-47聞く人々はみな、イエスの賢さやその答えに驚嘆していた。2-48両親はこれを見て驚き、そして母が彼に言った、「どうしてこんな事をしてくれたのです。ごらんなさい、おとう様もわたしも心配して、あなたを捜していたのです」。

「イエスさまの賢《かしこ》さやその答《こた》えに驚嘆《きょうたん》」とは、イエスさまが民衆《みんしゅう》の使《つか》うアラム語《ご》ではなく、聖職者《せいしょくしゃ》の使《つか》うヘブル語《ご》で聖書《せいしょ》（キリスト教《きょう》では旧約聖書《きゅうやくせいしょ》のこと）の問答《もんどう》に加《くわ》わっておられた、ということでなければなりません。それは大工《だいく》の息子《むすこ》がどんなに賢《かしこ》くても「ヘブル語《ご》」が使《つか》えるなどはあり得《え》ないことでした。すると、イエスさまはヘブル語《ご》を誰《だれ》かから習《なら》われたということになります。必然的《ひつぜんてき》に先生《せんせい》はマリヤさまということになりますが、ユダヤには「女《おんな》が男《おとこ》に教《おし》えてはならない」という掟《おきて》がありましたから、それが明《あき》らかになることは母子共々《ぼしともども》の「恥《はじ》」となるのです。ま、それはそれとして、イエスさまがマリヤさまから「教育《きょういく》」を受《う》けられたのは、この12歳以前《さいいぜん》から、ということの証《あかし》になります。

（5）（4）マリヤさまはイエスさまをお叱《しか》りに

「ルカ福音書《ふくいんしょ》」：2-47聞く人々はみな、イエスの賢さやその答えに驚嘆していた。2-48両親はこれを見て驚き、そして母が彼に言った、「どうしてこんな事をしてくれたのです。ごらんなさい、おとう様もわたしも心配して、あなたを捜していたのです」。

この時《とき》ばかりはさすがに、マリヤさまにはイエスさまの無事《ぶじ》を喜《よろこ》ぶどころか、つい小言《こごと》が出《で》てしまったのでした。「何《なん》てことしてくれたの、お父《とう》さまとわたしは、どんなにか心配《しんぱい》してあなたを捜《さが》し回《まわ》ったと思《おも》ってるの」と。

イエスさまご無事《ぶじ》の歓喜《かんき》を飛《と》び越《こ》えて、マリヤさまは思《おも》わずイエスさまを叱《しか》りました。だが、当《とう》のイエスさまは怪訝《けげん》な顔《かお》でお答《こた》えになりました。「どうしてお捜《さが》しになったのですか」と。

「ルカ福音書《ふくいんしょ》」：2-49するとイエスは言われた、「どうしてお捜しになったのですか。わたしが自分の父の家にいるはずのことを、ご存じなかったのですか」。2-50しかし、両親はその語られた言葉を悟ることができなかった。

あっけらかんとしたイエスさまのご返事《へんじ》にマリヤさまは開《あ》いた口《くち》がふさがりませんでした。いつもは素直《すなお》で良《よ》い子《こ》のイエスさまの言動《げんどう》が、この時《とき》ばかりはマリヤさまにも悟《さと》れなかったということでしょう。もしこの時《とき》イエスさまにご兄弟姉妹《きょうだいしまい》がおられたら、イエスさまの迷子事件《まいごじけん》は起《お》こり得《え》ません。ご兄弟《きょうだい》の誰《だれ》かが、「お兄《にい》ちゃんがいない」とご両親《りょうしん》に報告《ほうこく》されたでしょうから。

(5)(5)マリヤさまがお心《こころ》に留《と》められたことの二回目《にかいめ》

「ルカ福音書《ふくいんしょ》」：2－51それからイエスは両親と一緒にナザレに下って行き、彼らにお仕えになった。

母はこれらの事をみな心に留めていた。

今回《こんかい》を含《ふく》め、マリヤさまが「心《こころ》に留《と》め」られたことの2回目《にかいめ》は、イエスさまが神殿《しんでん》でヘブル語《ご》を使《つか》われていた場面《ばめん》をご覧《らん》になったことでしょう。そして「聞《き》く人々《ひとびと》」とは、聖職者《せいしょくしゃ》つまり、祭司《さいし》などの神殿関係者《しんでんかんけいしゃ》と思《おも》われます。「賢《かしこ》さ」とは、聖書《せいしょ》の言葉《ことば》、ヘブル語《ご》での問答《もんどう》でなければならないはずです。

次《つぎ》の、「彼《かれ》らにお仕《つか》えになった」からは、イエスさまが父《ちち》ヨセフと共《とも》に大工仕事《だいくしごと》をされるようになり、母《はは》マリヤさまの力仕事《ちからしごと》を手伝《てつだ》われるようになったことが伺《うかが》えます。またイエスさまのアロン家当主《けとうしゅ》の自覚《じかく》は今《いま》はおくとしても、本分《ほんぶん》であるはずの「聖書《せいしょ》」について、マリヤさまからの講義《こうぎ》は引《ひ》き続《つづ》き受《う》けられたとすべきでしょう。マリヤさまがイエスさまに関《かか》わることでお心《こころ》に留《と》められたのはこれで2回目《にかいめ》です。ちょっとその、1回目《いっかいめ》を思《おも》い出《だ》しましょう。

「ルカ福音書《ふくいんしょ》」：2－15御使たちが彼らを離れて天に帰ったとき、羊飼たちは「さあ、ベツレヘムへ行って、主がお知らせ下さったその出来事を見てこようではないか」と、互に語り合った。2-16そして急いで行って、マリヤとヨセフ、また飼葉おけに寝かしてある幼な子を捜しあてた。2-17彼らに会った上で、この子について自分たちに告げ知らされた事を、人々に伝えた。2-18人々はみな、羊飼たちが話してくれたことを聞いて、不思議に思った。2-19しかし、マリヤはこれらの事をことごとく心に留めて、思いめぐらしていた。

(5)(6)イエスさま十二歳《じゅうにさい》のご成人《せいじん》が、お二人《ふたり》の初夜《しょや》

「イエスさまの迷子事件《まいごじけん》」で思《おも》わされるのは、その時《とき》イエスさまには弟妹《ていまい》がおられなかったということです。つまり、イエスさまが成人《せいじん》される12歳《さい》のその時《とき》まで、お2人《ふたり》には夫婦生活《ふうふせいかつ》はなかったということです。ヨセフがそうしなかったのでしょう。マリヤさまとの悦《よろこ》びは、「イエスさまが成人《せいじん》されるまで待《ま》とう」と。そして12年《ねん》の歳月《さいげつ》が流《なが》れたのです。

ナザレに戻《もど》ってからの最初《さいしょ》の夜《よる》がヨセフとマリヤさまとの初夜《しょや》になりました。マリヤさま24歳《さい》、ヨセフ29歳《さい》の夫婦生活《ふうふせいかつ》が、この夜《よる》から始《はじ》りました。その夜《よ》、ヨセフは初《はじ》めてマリヤさまを妻《つま》として知《し》り、夫《おっと》の悦《よろこ》びを味《あじ》わいました。そしてマリヤさまは妻《つま》としてヨセフに従《したが》う悦《よろこ》びを噛《か》みしめられました。「ヨセフさま、わたしは幸《しあわ》せです」。「マリヤさま、わたしこそ」。そしてこ

の日《ひ》、マリヤさまの胎《はら》にユダ族《ぞく》ヨセフの子《こ》が宿《やど》りました。それから毎年《まいとし》、マリヤさまによってヨセフに子《こ》が授《さず》かり、ヨセフは子《こ》だくさんになりました。子供《こども》の名前《なまえ》は、「マルコによる福音書《ふくいんしょ》」に書《か》いてあります。

「マルコ福音書《ふくいんしょ》」：6-3この人は大工ではないか。マリヤのむすこで、ヤコブ、ヨセ、ユダ、シモンの兄弟ではないか。またその姉妹たちも、ここにわたしたちと一緒にいるではないか。

この「マルコによる福音書《ふくいんしょ》」では、イエスさまがヨセフではなくマリヤさまの息子《むすこ》として、また兄弟《きょうだい》の名《な》も書《か》かれています。それは、その時《とき》すでにヨセフはこの世《よ》の人《ひと》ではなかったためであり、それが広《ひろ》く知《し》られていたからです。兄弟《きょうだい》の名前《なまえ》は書《か》かれていますが、姉妹《しまい》の名前《なまえ》はありません。それは律法自身《りっぽうじしん》が「男尊女卑《だんそんじょひ》」を神《かみ》の言葉《ことば》として説《と》く時代《じだい》だったからです。「創世記《そうせいき》」の天地創造《てんちそうぞう》でアダムが先《さき》に造《つく》られ、そのアダムの一部《いちぶ》からエバが造《つく》られたとするのも、男尊女卑《だんそんじょひ》の公言《こうげん》です。ユダヤ人《じん》の旧約聖書《きゅうやくせいしょ》もエジプトが造《つく》った新約聖書《しんやくせいしょ》も「ルカによる福音書《ふくいんしょ》」を除《のぞ》いて、記者《きしゃ》に「男尊女卑《だんそんじょひ》」の影響《えいきょう》があることを忘《わす》れてはなりません。世々《よよ》の女性《じょせい》たちがマリヤさまを慕《した》うのは、マリヤさまがそうした時代《じだい》を巧《たく》みに生《い》き、使命《しめい》を全《まっと》うされた尊《とうと》さを思《おも》うからでありましょう。男《おとこ》には男《おとこ》の役割《やくわり》が女《おんな》には女《おんな》のそれがあり、それらの違《ちが》いが相和《あいわ》して結《むす》び合《あ》い、新《あたら》しい命《いのち》を生《う》み出《だ》す女性《じょせい》の尊《とうと》さを男性《だんせい》は密《ひそ》かに思《おも》いやるべきです。それを言葉《ことば》であからさまにすれば、その和《わ》は崩《くず》れます。マリヤさまと総督《そうとく》ピラトの会話《かいわ》にもその片鱗《へんりん》が見《み》られることでしょう。男《おとこ》があえて口《くち》にしないこともあります。清々《すがすが》しいです。

（5）（7）「対話《たいわ》」イエスさまは父《ちち》ヨセフの仕事《しごと》のお手伝《てつだ》い

「ルカ福音書《ふくいんしょ》」：2-52イエスはますます知恵が加わり、背たけも伸び、そして神と人から愛された。

幼児《ようじ》の面影《おもかげ》が残《のこ》る12歳《さい》からの成長《せいちょう》の様子《ようす》が追加《ついか》されました。かつて12歳《さい》のマリヤさまは御使《みつかい》ガブリエルに「恵《めぐ》まれた女《おんな》よ」と形容《けいよう》されました。イエスさまもまた母《はは》と同様《どうよう》に「恵《めぐ》まれた男《おとこ》」として成長《せいちょう》されている様子《ようす》がこの1行《ぎょう》に凝縮《ぎょうしゅく》されています。「恵《めぐ》まれた」とは今日《こんにち》の語彙《ごい》では「天才的《てんさいてき》な」とされるものでしょう。

イエスさまは大工《だいく》の父《ちち》ヨセフの仕事《しごと》を手伝《てつだ》われるようになりました。またアロン家出《けで》の母《はは》マリヤさまからはヘブル語《ご》と、そのヘブル語《ご》で書《か》かれた聖書《せいしょ》の講義《こうぎ》を継続《けいぞく》して受《う》けられました。そして、イエスさまご自身《じしん》の出自《しゅつじ》について、アロン家《け》とユダ族《ぞく》の婚姻《こんいん》について、そして「罪《つみ》の贖《あがな》い」について。アロン家《け》最後《さいご》の男女《だんじょ》がなすべきことについて、などなど。

イエスさま：お父《とう》さん、今日《きょう》からお仕事《しごと》を手伝《てつだ》います。
ヨセフ：手伝《てつだ》いは要《い》らないよイエス、おまえはお母《かあ》さんから「アロン家《け》」についていろいろと学《まな》ばなくてはならないことがあるのだよ。それがお前《まえ》のこれからの仕事《しごと》に関《かか》わることになる。それは、自《おの》ずとお前《まえ》が自覚《じかく》するであろうアロン家《け》に生《う》まれた者《もの》の使命《しめい》を果《は》たすためだ。
イエスさま：お母《かあ》さまからも教《おそ》わりますが、お父《とう》さんの仕事《しごと》も手伝《てつだ》えます。わたしはもう大人《おとな》ですから。
ヨセフ：そうかい、それほど言《い》うなら、手伝《てつだ》ってもらうとするかな。仕事《しごと》がはかどり収入《しゅうにゅう》も増《ふ》えることだろう。このナザレでの仕事《しごと》は限《かぎ》られている。カペナウムに引《ひ》っ越《こ》そうかと考《かんが》えている。マノア夫婦《ふうふ》も暇《ひま》を取《と》ってエマオに帰《かえ》って行《い》ったし、このナザレの家《いえ》と土地《とち》を売《う》れば、カペナウムでの家《いえ》を買《か》えるだろう。そこのところをお母《かあ》さんと3人《さんにん》で考《かんが》えよう。
イエスさま：はい、お父《とう》さん、わたしはお父《とう》さんとお母《かあ》さまの考《かんが》えに従《したが》います。

イエスさまの成長《せいちょう》と親孝行《おやこうこう》ぶりとが目《め》に浮《う》かぶようです。

この後《あと》、福音書《ふくいんしょ》はイエスさまが12歳《さい》から30歳《さい》にとんでしまいます。そして30歳《さい》のイエスさまが公生涯《こうしょうがい》に入《はい》られた時《とき》にはヨセフの消息《しょうそく》はありません。ですがわずかにヒントと思《おも》えるものがありますので、それを手《て》がかりにヨセフの物語《ものがたり》をさせていただきましょう。

物語《ものがたり》（6）「対話《たいわ》」ヨセフの最後《さいご》

（6）（1）ヒントは「ピラトがガリラヤ人《びと》たちの血《ち》を流《なが》し」

「ルカ福音書《ふくいんしょ》」：13－1ちょうどその時、ある人々がきて、ピラトがガリラヤ人たちの血を流し、それを彼らの犠牲の血に混ぜたことを、イエスに知らせた。13－2そこでイエスは答えて言われた、「それらのガリラヤ人が、そのような災難にあったからといって、他のすべてのガリラヤ人以上に罪が深かったと思うのか。

12章《しょう》と13章《しょう》は、訓話《くんわ》、説話《せつわ》、たとえ話《ばなし》などの羅列《られつ》ですが、この唐突《とうとつ》な「ピラトがガリラヤ人《びと》たちの血《ち》を流《なが》し」の箇所《かしょ》はヨセフの最後《さいご》を示唆《しさ》しているという気付《きづ》きになりました。このエピソードがヨセフの最後《さいご》を示唆《しさ》しているとすると、その時《とき》にはピラトはユダヤ地方《ちほう》の総督《そうとく》であり、サマリヤの北《きた》のガリラヤ地方《ちほう》の領主《りょうしゅ》はヘロデ二世《にせい》でなければならず、ならばそれはイエスさま25歳《さい》あるいは27歳《さい》ぐらいの時《とき》の事件《じけん》です。そしてその時《とき》マリヤさまに臨《のぞ》んだ嘆《なげ》きと悲《かな》しみは、イエスさま生後《せいご》1ケ月《いっかげつ》のお宮参《みやまい》りの際《さい》のシメオン老《ろう》の預言《よげん》として語《かた》られていたのです。

「ルカ福音書《ふくいんしょ》」：2-34するとシメオンは彼らを祝し、そして母マリヤに言った、「ごらんなさい、この幼な子は、イスラエルの多くの人を倒れさせたり立ちあがらせたりするために、また反対を受けるしるしとして、定められています。……2-35そして、あなた自身もつるぎで胸を刺し貫かれるでしょう。……

シメオンの言葉《ことば》の「この幼《おさ》な子《ご》」が、イエスさまでは意味《いみ》が通《とお》らないことは指摘済《してきず》みです。ヨセフならズバリ意味《いみ》が通《とお》ります。不気味《ぶきみ》な預言《よげん》をしたシメオン老《ろう》の視線《しせん》はイエスさまにではなく、ヨセフに向《む》けられていたのでした。マリヤさまにとって大事件《だいじけん》でも、それがローマ総督に関係《かんけい》したものであれば、ルカはあからさまには書《か》けなかったのです。彼《かれ》はローマ軍《ぐん》の将校《しょうこう》の僕《しもべ》ですから。しかし彼《かれ》らしいヒントは残《のこ》してくれたのです。この謎《なぞ》の解《と》き明《あ》かしを望《のぞ》む者《もの》の感性《かんせい》のために、ヨセフの消息《しょうそく》を知《し》りたいと願《ねが》う者《もの》のためのヒントを。

（6）（2）カペナウムでのヨセフ一家《いっか》の幸《しあわ》せな日常《にちじょう》

ヨセフとマリヤさまご一家《いっか》は、カペナウムで幸《しあわ》せな日々《ひび》を過《す》ごされていました。マリヤさまは「マルコ福音書《ふくいんしょ》」によれば、イエスさま以後《いご》、男子《だんし》だけでもヤコブ、ヨセ、ユダ、シモンの四人《よにん》をお産《う》みになったのです。女子《じょし》の名前《なまえ》がないのは残念《ざんねん》ですが、男尊女卑《だんそんじょひ》の時代背景《じだいはいけい》のゆえです。女子《じょし》を入れて、その末《すえ》っ子《こ》が誕生《たんじょう》した時《とき》の3人《さんにん》の年齢《ねんれい》は、ヨセフ41歳《さい》、マリヤさま34歳《さい》、イエスさま22歳《さい》ぐらいと推察《すいさつ》します。夫婦仲《ふうふなか》は良《よ》く、イエスさまを長男《ちょうなん》とする兄弟姉妹《きょうだいしまい》も仲《なか》が良《よ》く、イエスさまの大工《だいく》としての才能《さいのう》も発揮《はっき》され、仕事《しごと》の評価《ひょうか》も高《たか》く、一家《いっか》は何不自由《なにふじゆう》なく暮《くら》らしておられたのでした。そしてイエスさま25歳《さい》の頃《ころ》、一家《いっか》に転機《てんき》が訪《おとず》れました。

カペナウムを含《ふく》むガリラヤ地方《ちほう》の治安情勢《ちあんじょうせい》は極度《きょくど》に悪化《あっか》していたのです。二代目《にだいめ》ヘロデには父《ちち》のような軍事的才能《ぐんじてきさいのう》はありませんでした。そのせいもあって彼《かれ》はガリラヤの領主《りょうしゅ》に封《ふう》じられていたのでした。父《ちち》のヘロデ大王《だいおう》が懸念《けねん》していたように、大祭司《だいさいし》の家門《かもん》アロン家《け》を滅亡《めつぼう》させた後《あと》も、大祭司《だいさいし》ハスモン家《け》の精神的支柱《せいしんてきしちゅう》はゲリラからは消《き》えず、「武力闘争《ぶりょくとうそう》の継続《けいぞく》」こそが、やがてローマ皇帝《こうてい》のユダヤ占領《せんりょう》をあきらめさせることになると信《しん》じて、ローマ軍《ぐん》へのゲリラ攻撃《こうげき》を激《はげ》しくくしていたのです。

ヨセフはダビデ王《おう》の子孫《しそん》であり、職業《しょくぎょう》が大工《だいく》とはいえ人望《じんぼう》はありました。闘争《とうそう》の盟主《めいしゅ》としては最適《さいてき》と思《おも》われていましたが、ヨセフにはまったく関心《かんしん》がなかったのです。ヨセフには、マリヤさまの自覚《じかく》された「アロン家《け》の使命《しめい》」、その核《かく》となるイエスさまとマリヤさまとの「聖母子《せいぼし》」をお守《まも》りすること、それが彼《かれ》の自覚《じかく》する任務《にんむ》であり、それを誇《ほこ》りとしていたのです。「ヨセフ、マリヤを頼《たの》む、さらばじゃ」、アロン家《け》の当主《とうしゅ》エズラの声《こえ》が今《いま》も耳《みみ》に残《のこ》っているのです。そうだ、もし自分《じぶん》が武力闘争《ぶりょくとうそう》に巻《ま》き込《こ》まれれば、イエスさまにも累《るい》が及《およ》び、律法《りっぽう》の定《さだ》めたアロン家《け》による「罪《つみ》の贖《あがな》い」の道《みち》は閉《と》ざされ、マリヤさま1人《ひとり》が生《い》き延《の》びられても、処女受胎《しょじょじゅたい》によって与《あた》えられた大祭司《だいさいし》イエスさまの存在《そんざい》は闇《やみ》に消《き》えてしまう。

だが、ヨセフの抱《かか》える使命《しめい》の自覚《じかく》は公《おおやけ》にはできないのでした。ですからゲリラにして見《み》れば、ヨセフは家族《かぞく》の安穏《あんのん》しか考《かんが》えていない、そう思《おも》われてもしかたがない状況《じょうきょう》です。そこでゲリラの指導者《しどうしゃ》たちは何《なん》とかヨセフを抱《だ》き込《こ》もうと知恵《ちえ》を絞《しぼ》っていたのです。その1《ひと》つは、ヨセフがダビデ王《おう》の故郷《ふるさと》ベツレヘム出身《しゅっしん》であることを強調《きょうちょう》し、彼《かれ》が武力闘争《ぶりょくとうそう》の精神的支柱《せいしんてきしちゅう》であるとローマ軍《ぐん》に疑《うたが》わせることでした。ヨセフがそれと知《し》って身《み》の危険《きけん》を感《かん》じれば、家族《かぞく》との縁《えん》を切《き》ってゲリラに合流《ごうりゅう》する他《ほか》あるまい。だが、たとえそうでも、ヨセフがゲリラには合流《ごうりゅう》できない理由《りゆう》がヨセフの秘《ひ》めた使命《しめい》にあることには気付《きづ》かなかったのです。イエスさまがご自分《じぶん》の使命《しめい》にお気付《きづ》きになり、「人《ひと》の罪《つみ》を人《ひと》が負《お》う」というアロン家《け》においてただ1度《いちど》の神事《しんじ》を全《まっと》うされるまでは自分《じぶん》は死《し》ねない、ヨセフにはその隠《かく》された使命《しめい》のあることを。

(6)(3)総督《そうとく》ピラト、カイザリヤの軍《ぐん》を率《ひき》いガリラヤに赴《おもむ》く

「領主《りょうしゅ》ヘロデはガリラヤのゲリラを鎮圧《ちんあつ》できない」、業《ごう》を煮《に》やした総督《そうとく》ピラトはカイザリヤの軍《ぐん》を率《ひき》い、エルサレムを発《た》ってガリラヤに向《む》かいました。ガリラヤのゲリラ闘争《とうそう》にローマ軍《ぐん》が手《て》こずっていることが知《し》れ渡《わた》れば皇帝《こうてい》の威信《いしん》に傷《きず》がつきかねません。ガリラヤ地方《ちほう》の緊張《きんちょう》は一気《いっき》に高《たか》まりました。ピラトの軍勢《ぐんぜい》がカペナウムの兵営《へいえい》に到着《とうちゃく》すると、本格的《ほんかくてき》なゲリラ掃討《そうとう》作戦《さくせん》が始《はじ》まりました。ゲリラ指導者《しどうしゃ》は精神的支柱《せいしんてきしちゅう》にと期待《きたい》するヨセフとの接触《せっしょく》を試《こころ》みました。彼《かれ》らは仕事中《しごとちゅう》のヨセフを強引《ごういん》に連《つ》れ出《だ》そうとしたところをローマ兵《へい》に見《み》つかり捕縛《ほばく》されました。厳《きび》しい拷問《ごうもん》でゲリラのアジトが次々《つぎつぎ》に襲撃《しゅうげき》され、逮捕《たいほ》された指導者《しどうしゃ》たちはカペナウムに連行《れんこう》されました。ピラトは将兵《しょうへい》たちに、「彼《かれ》らに長男《ちょうなん》がいたら共《とも》に連行《れんこう》せよ」と命《めい》じました。

(6)(4)ラテン語《ご》のマリヤさま「イエスは私自身《わたしじしん》の子《こ》だ、去《さ》れ」

百卒長《ひゃくそつちょう》アウルス：ピラト閣下《かっか》、カペナウムのヨセフは自分《じぶん》はゲリラに関係《かんけい》ないと言《い》っております。大工《だいく》だそうです。おとなしそうですが、ユダ族《ぞく》でダビデの子孫《しそん》と言《い》う者《もの》もいます。

ピラト：ゲリラの精神的支柱《せいしんてきしちゅう》に祭上《まつりあ》げられようとしたのかも知《し》れんが、この際片付《さいかたづ》けておくに限《かぎ》る。長男《ちょうなん》がいたらそいつも連行《れんこう》しろ。行《い》け。

アウルスは3人《さんにん》の部下《ぶか》を連《つ》れて出《で》て行《い》きました。

近所《きんじょ》のおじさん：マリヤ、大変《たいへん》だ、ヨセフがゲリラといるところを逮捕《たいほ》された。他《ほか》の逮捕者《たいほしゃ》の長男《ちょうなん》も逮捕《たいほ》されているそうだ。イエスも危《あぶ》ないぞ。家族《かぞく》を連《つ》れて逃《に》げろ。
マリヤさま：逃《に》げてはいけない、ここにいる。イエス、わたしの側《そば》にいなさい。
百卒長《ひゃくそつちょう》アウルス：（アラム語《ご》で）おまえたちがヨセフの家族《かぞく》か、長男《ちょうなん》のイエスはどこだ。

その時《とき》、アウルスの目《め》にマリヤさまとイエスさまの顔《かお》が同時《どうじ》に映《うつ》りました。

百卒長《ひゃくそつちょう》アウルス：「（ラテン語《ご》で）おお、これはいったい……」。
マリヤさま：イエスはわたし自身《じしん》の子《こ》だ、去《さ》れ。

それは思《おも》いも寄《よ》らぬラテン語《ご》でした。その声《こえ》は百卒長《ひゃくそつちょう》を直撃《ちょくげき》しました。声《こえ》はアウルスの鼓膜《こまく》に響《ひび》き渡《わた》り、彼《かれ》は倒《たお》れました。2名《にめい》の部下《ぶか》が抱《だ》き起《おこ》すと、彼《かれ》は「撤退《てったい》」とつぶやくように命令《めいれい》しました。部下《ぶか》はアウルスを抱《かか》えて陣営《じんえい》に戻《もど》り、ピラトに撤退《てったい》を報告《ほうこく》しました。

ピラト：どうしたのだアウルス。何《なに》、撤退《てったい》した？　どういうことだ。母親《ははおや》らしき女《おんな》がラテン語《ご》で、「わたし自身《じしん》の子《こ》だ、去《さ》れ」と言《い》っただと？　何《なに》、同《おな》じ顔《がお》が2つ《ふた》あっただと？　何《なに》を言《い》っているのだ。わけが分《わ》からん。わたしをそこに案内《あんない》しろ。

ピラト：ううむ、まさに瓜二《うりふた》つだ。イエスは兄弟姉妹《きょうだいしまい》の誰《だれ》とも似《に》ず、母《はは》だけに生《い》き写《うつ》しだ。しかも、イエスにはヒゲがない。つるつるで女《おんな》のようでもある。まさに母《はは》のみから生《う》まれた者《もの》のようだ。よし、ヨセフの子《こ》でないというならイエスは連行《れんこう》せずにおけ。帰《かえ》るぞ。

陣営《じんえい》に戻《もど》る途中《とちゅう》、ピラトは気持《きもち》の変化《へんか》を感《かん》じました。

ピラト：これはどうしたことだ。心《こころ》のもやもやが晴《は》れていくのが分《わ》かる。ゲリラ掃討作戦《そうとうさくせん》も一段落《いちだんらく》した、捕縛者《ほばくしゃ》どもを連《つ》れて、エルサレムに戻《もど》るとしよう。

(6)（5）イエスさま、エルサレムでの「ヨセフの最後《さいご》をお見届《みとど》け」

イエスさま：お母《かあ》さま、お父《とう》さまたちはエルサレムに連行《れんこう》されるようです。わたしも付《つ》いて行《い》って見届《みとど》けたいと思《おも》います。

マリヤさま：そう、気《き》をつけてね。エルサレムは遠《とお》いわ、食事《しょくじ》はちゃんと摂《と》りなさい。カサをかぶって直射日光《ちょくしゃにっこう》に当《あ》たらないようにね。路銀《ろぎん》はこれをもっていきなさい。あなたの無事《ぶじ》が分《わ》かればお父《とう》さまも安心《あんしん》なさるでしょう。では行《い》きなさい。

百卒長《ひゃくそつちょう》アウルス：ピラト閣下《かっか》、あの男《おとこ》がついてきますが。
ピラト：イエスか、容貌《ようぼう》に似合《にあ》わず大胆《だいたん》なやつだな。連行《れんこう》されそうになったのに。
百卒長《ひゃくそつちょう》アウルス：それにしても、よくお許《ゆる》しになりました。
ピラト：あの母子《おやこ》には何《なに》かいわくがありそうだ。イエスを殺《ころ》してはならぬ気《き》がする。重《かさ》ねて言《い》う、彼《かれ》にはかまわずにおけ。
百卒長《ひゃくそつちょう》アウルス：承知《しょうち》しました。

（6）（6）大泣《おおな》きのマリヤさまと膝元《ひざもと》の子供《こども》たち

それから10日《とおか》ほどして、そのイエスさまがエルサレムから戻《もど》って来《こ》られました。
次男《じなん》ヤコブ：お母《かあ》さま、イエス兄《にい》ちゃんが戻《もど》ってきた。
マリヤさま：おお、お帰《かえ》りイエス、よくご無事《ぶじ》で。
イエスさま：ただいま、お母《かあ》さま、お父《とう》さまのお最後《さいご》を、ご報告《ほうこく》します。お父《とう》さまは、他《ほか》の皆《みな》さまと共《とも》にエルサレム城壁《じょうへき》の外《そと》の刑場《けいじょう》に引《ひ》き出《だ》されましたが、わたしと目《め》が合《あ》った時《とき》には安堵《あんど》の表情《ひょうじょう》をお見《み》せになり、お母《かあ》さまを頼《たの》むとの口《くち》の動《うご》きでございました。お父《とう》さまは皆《みな》さまとご一緒《いっしょ》に斬首《ざんしゅ》され、その血《ち》は桶《おけ》に受《う》けられました。そしてそれは城壁内《じょうへきない》に運《はこ》ばれ、神殿《しんでん》の「罪《つみ》の贖《あがな》い」に使《つか》う、獣《けもの》の血《ち》に混《ま》ぜられて、聖域《せいいき》に撒《ま》き散《ち》らされました。

マリヤさま：おお、おお、ヨセフさま、お兄《にい》さま、おいたわしや。おお、おお。

マリヤさまは夜《よ》を徹《てっ》して夫《おっと》ヨセフのために、お泣《な》きになり、子供《こども》たちはもらい泣《な》きしながら母《はは》の膝元《ひざもと》で寝入《ねい》ってしまいました。鶏《にわとり》の鳴《な》き声《ごえ》をお聞《き》きになったマリヤさまは泣《な》くのをお止《や》めになり、子供《こども》たちのために朝食《ちょうしょく》の準備《じゅんび》をなさいました。

マリヤさま：さあさ、みんな朝《あさ》ですよ、起《お》きなさい、ご飯《はん》をいただきましょう。みんなごめんね、母《はは》はもう泣《な》きません。安心《あんしん》して。

(6)(7) ヨセフの首検分《くびけんぶん》は総督《そうとく》ピラトと女医《じょい》オノブチ

ここで話《はなし》をカペナウムからエルサレムに移《うつ》しましょう。数日前《すうじつまえ》の斬首《ざんしゅ》の現場《げんば》です。

ピラト：オノブチよ、斬首《ざんしゅ》したヨセフという名《な》の、この男《おとこ》の表情《ひょうじょう》をなんと見《み》る。

女医《じょい》オノブチ：なんと申《もう》しますか、とてつもなく大《おお》きな安堵《あんど》がもたらした表情《ひょうじょう》のように思《おも》われます。かつてヘロデ大王《だいおう》の検死《けんし》に立《た》ち会《あ》いましたが、その時《とき》の大王《だいおう》の表情《ひょうじょう》はまるで母《はは》の懐《ふところ》に抱《だ》かれた幼子《おさなご》の安堵《あんど》の表情《ひょうじょう》そのものでした。大王《だいおう》はアロン家《け》の10歳《さい》くらいの小娘《こむすめ》の逃亡《とうぼう》を聞《き》き、かまわずにおけと申《もう》されたとか。このたびピラトさまには誰《だれ》かをお許《ゆる》しになりましたか？

ピラト：誰《だれ》かを許《ゆる》したという覚《おぼ》えはないが、ヨセフの長男《ちょうなん》のはずのイエスについて、その母《はは》が「自分自身《じぶんじしん》の子《こ》だ」とラテン語《ご》で叫《さけ》んだとか。捕《と》らえにいった者《もの》がそれを聞《き》いたとたん混乱《こんらん》に陥《おちい》ったのだ。そうか、ヨセフの子《こ》でないなら、イエスにはかまわずにおけ、とは言《い》ったが。

女医《じょい》オノブチ：ヨセフの表情《ひょうじょう》の謎《なぞ》はそれだと思《おも》われます。ヨセフはイエスが無事《ぶじ》だと知《し》って安堵《あんど》したのでしょう。しかし、その安堵《あんど》は常軌《じょうき》を逸《いっ》したもののように思《おも》われます。

ピラト：部下《ぶか》の報告《ほうこく》を不審《ふしん》に思《おも》ってわしもヨセフの家《いえ》に2人《ふたり》を見《み》に行《い》ったが、まさに瓜二《うりふた》つの母子《おやこ》であった。「わたし自身《じしん》の子《こ》」の意味《いみ》は分《わ》からなかったが、それが2人《ふたり》の酷似《こくじ》の原因《げんいん》と思《おも》われた。イエスにはユダヤ人《じん》の特徴《とくちょう》とも言《い》える口《くち》ひげがなかった。長髪《ちょうはつ》であったし、ユダヤ人《じん》の男《おとこ》とするには違和感《いわかん》があった。この先《さき》、何《なに》かやらかすにしても、それは治安《ちあん》を乱《みだ》すものではないと思《おも》われたのだ。

女医《じょい》オノブチ：それは良《よ》いことをなさいました。閣下《かっか》ご自身《じしん》にも何《なに》か良《よ》いことがございましたか？　気持《きも》ちが洗《あら》われるといったような。

ピラト：そうだな、雑念《ざつねん》がふっと消《き》えて、すがすがしい気持《きも》ちになったのを覚《おぼ》えている。

不思議《ふしぎ》なことだった。

物語《ものがたり》（7）「注解《ちゅうかい》」洗礼者《せんれいしゃ》ヨハネとその時代背景《じだいはいけい》

（7）（1）紀元《きげん》30年《ねん》、ヨルダン川《がわ》に罪《つみ》を洗《あら》う者《もの》、ヨハネ現《あらわ》る

「ルカ福音書《ふくいんしょ》」：3-1皇帝テベリオ在位の第十五年、ポンテオ・ピラトがユダヤの総督、ヘロデがガリラヤの領主、その兄弟ピリポがイツリヤ・テラコニテ地方の領主、ルサニヤがアビレネの領主、3-2アンナスとカヤパとが大祭司であったとき、神の言が荒野でザカリヤの子ヨハネに臨んだ。3-3彼はヨルダンのほとりの全地方に行って、罪のゆるしを得させる悔改めのバプテスマを宣べ伝えた。

祭司《さいし》ザカリヤはかつて、エリザベツが産《う》んだわが子《こ》について、このように預言《よげん》しました。

「ルカ福音書《ふくいんしょ》」：1-76幼な子よ、あなたは、いと高き者の預言者と呼ばれるであろう。主のみまえに先立って行き、その道を備え、1-77罪のゆるしによる救いをその民に知らせるのであるから。

預言者《よげんしゃ》は、主《しゅ》の言葉《ことば》を預《あず》かったにすぎませんから、その言葉《ことば》の意味《いみ》を知《し》らないことが多《おお》いのです。この「主《しゅ》のみまえに」の主《しゅ》とは、レビ人《びと》の主家《しゅか》であるアロン家《け》の当主《とうしゅ》、この場合《ばあい》「イエ

スさま」とするのが正《ただ》しいでしょう。「その道《みち》を備《そな》え」とは、「人《ひと》が人《ひと》の罪《つみ》を負《お》う」というアロン家《け》究極《きゅうきょく》の神事《しんじ》の成就《じょうじゅ》が個々人《ここじん》に及《およ》ぶことを指《さ》します。洗礼者《せんれいしゃ》ヨハネはユダヤの人々《ひとびと》に対《たい》し本来目《ほんらいめ》には見《み》えない「罪《つみ》」を「水《みず》で洗《あら》う」ことで可視化《かしか》したのです。しかしイエスさまに対《たい》して、「その道《みち》」を備《そな》えた者《もの》には、彼《かれ》ヨハネの他《ほか》にもポンテオ・ピラトとカヤパら大祭司《だいさいし》たちがいたのです。まだ少《すこ》し先《さき》のことになりますが、「苦杯《くはい》」で生贄《いけにえ》となった者《もの》がすぐさま屠《ほふ》られるためには、彼《かれ》らの存在《そんざい》は欠《か》かせませんでした。そのヒントは「恩赦《おんしゃ》」と「空《あ》いた十字架《じゅうじか》」です。

その苦杯《くはい》こそは、ヨハネの水《みず》よりも強力《きょうりょく》であり、罪《つみ》という「見《み》えざるもの」を肉体《にくたい》に顕在化《けんざいか》させる手段《しゅだん》となるのです。霊《れい》は見《み》えないままでは処分《しょぶん》できませんが、人《ひと》の肉体《にくたい》に顕在化《けんざいか》できれば処分《しょぶん》できます。しかし、罪《つみ》が肉体《にくたい》に注入《ちゅうにゅう》される「おぞましさ」と苦痛《くつう》とは想像《そうぞう》を絶《ぜっ》するものがあり、並《な》みの者《もの》に臨《のぞ》めば耐《た》え切《き》れずに「狂《くる》い死《じ》に」してしまうでしょう。その恐《おそ》ろしいものが「苦杯《くはい》」であり、処分《しょぶん》の手段《しゅだん》が釘《くぎ》が肉体《にくたい》を貫《つらぬ》く「十字架《じゅうじか》」です。ヨハネによる「罪《つみ》」を「水《みず》で洗《あら》う」その罪《つみ》の可視化《かしか》とイエスさまに臨《のぞ》む「苦杯《くはい》」による罪《つみ》が肉体《にくたい》に染《し》み渡《わた》る顕在化《けんざいか》とでは異次元《いじげん》の違《ちが》いのあることを、あらかじめ指摘《してき》させていただきました。

(7)(2)十字架《じゅうじか》に関《かか》わる人物《じんぶつ》、総督《そうとく》ピラト、大祭司《だいさいし》はカヤパたち二名《にめい》

テベリオはアウグストの次《つぎ》の皇帝《こうてい》です。この名《な》のあることで記事《きじ》の歴史上《れきしじょう》の年代《ねんだい》が分《わ》かります。続《つづ》けて、ピラトがユダヤの総督《そうとく》、ヘロデ二世《にせい》がガリラヤの領主《りょうしゅ》と書《か》いてあります。初代《しょだい》ヘロデがイスラエルの王《おう》だったのに対《たい》し、2代目《にだいめ》は地方《ちほう》の領主《りょうしゅ》に格下《かくさ》げされています。そしてピラトがユダヤ地方《ちほう》を直々《じきじき》に治《おさ》めていました。ユダヤとガリラヤはサマリヤで隔《へだ》てられています。

また、「アンナスとカヤパとが大祭司《だいさいし》であった」からは、大祭司《だいさいし》の称号《しょうごう》を持《も》つ者《もの》が、もはや「ハスモン家《け》」の者《もの》でも「アロン家《け》」の者《もの》でもないことが伺《うかが》えます。両家《りょうけ》は大祭司《だいさいし》の家門《かもん》だったのであり、その地位《ちい》は世襲《せしゅう》ですから、大祭司《だいさいし》は常《つね》に1名《いちめい》でした。どちらの家柄《いえがら》でもない彼《かれ》らアンナスとカヤパとは2人《ふたり》ともヘロデ大王《だいおう》の息《いき》のかかった祭司《さいし》たちの中《なか》から、互選《ごせん》でその地位《ちい》を得《え》たのです。だから、大祭司《だいさいし》を輩出《はいしゅつ》する仕組《しく》みは、祭司《さいし》たちで構成《こうせい》する「管理組合《かんりくみあい》」となったのであり世襲《せしゅう》の家門《かもん》ではなくなりました。彼《かれ》らは、ハスモン家《け》に付属《ふぞく》した国政《こくせい》とかアロン家《け》が関《かか》わることが定《さだ》めの「罪《つみ》の贖《あがな》い」については無頓着《むとんちゃく》です。彼《かれ》らの無能《むのう》こそは、ヘロデ王朝《おうちょう》が枕《まくら》を高《たか》くして眠《ねむ》れる「安心《あんしん》」を与《あた》えてくれるのです。

さて、これで「十字架《じゅうじか》の物語《ものがたり》」の成立《せいりつ》に欠《か》かせない人物《じんぶつ》が出揃《でそろ》いました。ピラトと2人《ふたり》の大祭司《だいさいし》、彼《かれ》らの存在《そんざい》が奇《く》しくもイエスさまを、「人《ひと》の罪《つみ》を人《ひと》が負《お》い」の「見《み》えざる罪《つみ》」を

「苦杯《くはい》」により顕在化《けんざいか》し、その整《ととの》えられた生贄《いけにえ》を、贖《あがな》いのために屠《ほふ》る十字架《じゅうじか》へと導《みちび》くのです。そのためにこそ祭《まつり》の恒例《こうれい》となっていた恩赦《おんしゃ》により「空《あ》くはずの十字架《じゅうじか》」が思《おも》われるのです。アロン家《け》の悲願達成《ひがんたっせい》は、祭司長《さいしちょう》たちの「空《あ》いた十字架《じゅうじか》」の活用《かつよう》による、イエスさま殺害計画《さつがいけいかく》が上首尾《じょうしゅび》を遂《と》げることに他《ほか》なりません。

(7)(3) ザカリヤの子《こ》ヨハネは「洗礼者《せんれいしゃ》」の名声《めいせい》

「ルカ福音書《ふくいんしょ》」：神の言が荒野でザカリヤの子ヨハネに臨んだ。3-3彼はヨルダンのほとりの全地方に行って、罪のゆるしを得させる悔改めのバプテスマを宣べ伝えた。

この時《とき》のヨハネの年齢《ねんれい》は、イエスさまと同《おな》じ30歳《さい》くらいです。ヨハネとイエスさまは親戚《しんせき》です。ヨハネの母《はは》エリザベツはアロン家《け》の娘《むすめ》の1人《ひとり》でしたし、マリヤさまはアロン家《け》最後《さいご》の姫《ひめ》さまでしたから、両家《りょうけ》の関係《かんけい》から、ヨハネの出自《しゅつじ》もわたしたちはすでに知《し》っているのです。ヨハネが祭司《さいし》ザカリヤの子《こ》であることは世間《せけん》に知《し》られていましたので、彼《かれ》の「罪《つみ》」に関《かか》わる言動《げんどう》がエルサレムに届《とど》いても、それは大祭司《だいさいし》たちには大目《おおめ》に見《み》られました。ヨハネは人《ひと》が抱《かか》える「罪《つみ》」の意識《いしき》を水《みず》で洗《あら》い落《お》とすというデモンストレーションで世《よ》に出《で》ました。舞台《ぶたい》はパレスチナ地方《ちほう》のヨルダン川《がわ》です。「目《め》には見《み》えないが故《ゆえ》に解決《かいけつ》できない罪《つみ》」を「水《みず》」で可視化《かしか》するアイデアは大成功《だいせいこう》を収《おさ》め、彼《かれ》は一躍大《いちやくだい》スターになりました。そしてヨハネの名前《なまえ》には「洗礼者《せんれいしゃ》」が冠《かん》されました。しかし、その名声《めいせい》が災《わざわ》いして、気《き》が高《たか》ぶった彼《かれ》はヘロデ二世《にせい》の悪口《わるぐち》を言《い》ったために投獄《とうごく》されてしまうのです。

「ルカ福音書《ふくいんしょ》」：3－18こうしてヨハネはほかにもなお、さまざまの勧めをして、民衆に教えを説いた。3－19ところが領主ヘロデは、兄弟の妻ヘロデヤのことで、また自分がしたあらゆる悪事について、ヨハネから非難されていたので、3－20彼を獄に閉じ込めて、いろいろな悪事の上に、もう一つこの悪事を重ねた。

多《おお》くの人《ひと》は1度《いちど》名声《めいせい》を得《え》ると舞《ま》い上《あ》がってしまいます。さも自分《じぶん》に力《ちから》があるように錯覚《さっかく》してしまうのです。ヨハネには従順《じゅうじゅん》な民衆《みんしゅう》が、あたかも自分《じぶん》の子分《こぶん》のように見《み》え、万一自分《まんいちじぶん》がヘロデに投獄《とうごく》でもされようものなら彼《かれ》らが許《ゆる》すはずがないと信《しん》じていました。だが実際《じっさい》に自分《じぶん》が投獄《とうごく》されてみると、民衆《みんしゅう》はヘロデを恐《おそ》れて動《うご》かず、民衆《みんしゅう》の支持《しじ》が錯覚《さっかく》だったことが分《わ》かったのです。酷《こく》な言《い》い方《かた》ですが、「後《あと》の祭《まつり》」とはこのことです。

物語《ものがたり》（8）「注解《ちゅうかい》」「わたしの心《こころ》にかなう者《もの》」の真意《しんい》

（8）（1）イエスさま誕生《たんじょう》から30年《ねん》、再《ふた》び天《てん》の異象《いしょう》

マリヤさまがお心《こころ》にとめられた、1つ目《ひとつめ》のイエスさまにまつわる不思議《ふしぎ》な「天《てん》の異象《いしょう》」を思《おも》い出《だ》してみましょう。それを目撃《もくげき》したのは羊飼《ひつじかい》たちでした。

「ルカ福音書《ふくいんしょ》」：2-8さて、この地方で羊飼たちが夜、野宿しながら羊の群れの番をしていた。2-9すると主の御使が現れ、主の栄光が彼らをめぐり照らしたので、彼らは非常に恐れた。2-10御使は言った。「恐れるな。見よ、すべての民に与えられる大きな喜びを、あなたがたに伝える。2-11きょう**ダビデの町**に、あなたがたのために救主がお生まれになった。このかたこそ主なるキリストである。2-12あなたがたは、幼な子が布にくるまって**飼葉おけの中に寝かしてある**のを見るであろう。それが、あなたがたに与えられるしるしである」。

イエスさまご誕生《たんじょう》のあの時《とき》は、野《の》にいた羊飼《ひつじかい》たちが天《てん》の異象《いしょう》を目撃《もくげき》し、また天空《てんくう》に轟《とどろ》く声《こえ》を聞《き》き、「ダビデの町《まち》」のベツレヘムにやってきて、「飼《か》い葉《ば》おけ」のある厩《うまや》を探《さが》しました。赤《あか》

ちゃんの泣《な》き声《ごえ》を聞《き》いた羊飼《ひつじかい》たちは、その厩《うまや》を探《さが》し当《あ》て、飼《か》い葉《ば》おけの「幼《おさ》な子《ご》」がしるしの救主《すくいぬし》を拝《はい》したことを町《まち》の人々《ひとびと》に話《はな》しました。イエスさまがダビデの子《こ》ナタンの子孫《しそん》のヨセフの子《こ》であることがベツレヘムの人々《ひとびと》に印象付《いんしょうづ》けられたのです。その不思議《ふしぎ》をマリヤさまは心《こころ》に留《と》められたのでした。しかし羊飼《ひつじかい》たちの話《はなし》はベツレヘムの外《そと》で語《かた》られることはありませんでした。ヘロデ大王《だいおう》が亡《な》くなって2年《にねん》経《た》っていましたが、代《か》わってエルサレムにはヘロデ二世《にせい》がいましたので、それはそれで好都合《こうつごう》でした。

あれから30年《ねん》の歳月《さいげつ》が流《なが》れ、まずヨハネが、個々人《ここじん》の「罪《つみ》を水《みず》で洗《あら》う」というバプテスマのパフォーマンスで世《よ》に出《で》ました。そして、それに呼応《こおう》するかのようにイエスさまは、自《みずか》らの使命《しめい》を全《まっと》うすべく公生涯《こうしょうがい》に入《はい》る決意《けつい》をされたのです。その公生涯《こうしょうがい》のゴールが過越《すぎこし》の祭《まつり》であり、その理由《りゆう》が「総督ピラトの恩赦《おんしゃ》による空《あ》くはずの十字架《じゅうじか》」であることが既定《きてい》の事実《じじつ》としてマリヤさまにも伝《つた》わっていました。公生涯《こうしょうがい》の旅《たび》には、マリヤさまとそのご家族《かぞく》も同行《どうこう》されます。イエスさまは人々《ひとびと》には今《いま》もなおユダ族《ぞく》ヨセフの子《こ》です。しかし、公生涯《こうしょうがい》の中身《なかみ》はユダヤの王《おう》になることではなく「アロン家《け》」の使命達成《しめいたっせい》のためなのです。そしてその目的《もくてき》のためには、処女《しょじょ》受胎《じゅたい》による「アロン家《け》」はあくまで秘《ひ》められていなければならないのです。では本題《ほんだい》に戻《もど》りましょう。

イエスさまご誕生《たんじょう》から30年《ねん》が経《た》っています。ユダ族《ぞく》イエスさまの活動《かつどう》には「人《ひと》の罪《つみ》を人《ひと》が負《お》う」の「罪《つみ》の贖《あがな》い」の「アロン家《け》」の使命《しめい》は隠《かく》されていて、人々《ひとびと》はユダ族《ぞく》のイエスさまがユダヤ人《じん》の王《おう》となる道《みち》を歩《あゆ》みだされたと思《おも》ったのです。そしてその思《おも》いの「ねじれ」こそはイエスさまを十字架《じゅうじか》に誘《いざな》うのです。すなわち王《おう》ならヘロデ王朝《おうちょう》が、律法違反《りっぽういはん》なら祭司長《さいしちょう》たちが黙《だま》ってはいないのです。そして総督《そうとく》ピラトの、イエスさまに臨《のぞ》むであろう十字架《じゅうじか》は偶然《ぐうぜん》ではないのです。

「ルカ福音書《ふくいんしょ》」：3－21さて、民衆がみなバプテスマを受けたとき、イエスもバプテスマを受けて祈っておられると、天が開けて、3－22聖霊がはとのような姿をとってイエスの上に下り、そして天から声がした、「あなたはわたしの愛する子、わたしの心にかなう者である」。

今回《こんかい》のイエスさまに関《かか》わる情景《じょうけい》の目撃者《もくげきしゃ》はマリヤさまご自身《じしん》です。まだ弟子《でし》も奉仕《ほうし》の女性《じょせい》たちもいない状況《じょうきょう》ですからそうなります。イエスさまの受洗《じゅせん》については、ヨハネからとは書《か》いてありません。たとえそうでも、イエスさまもその他大勢《たおおぜい》の1人《ひとり》に過《す》ぎませんから、ヨハネがイエスさまに敬意《けいい》を払《はら》うことはなかったでしょう。ところがこの時《とき》は局地的《きょくちてき》に雷雨《らいう》が発生《はっせい》して、その雲《くも》と雨《あめ》とが突如天《とつじょてん》から下《くだ》るように見《み》えたのです。この日《ひ》の天《てん》の異象《いしょう》こそは、30年前《ねんまえ》のベツレヘムの出来事《できごと》の再現《さいげん》とも言《い》えるもので、マリヤさまには感慨深《かんがいぶか》いことに違《ちが》いありません。そして大音響《だいおんきょう》がありました。本書《ほんしょ》はそれを特殊《とくしゅ》な雷鳴《らいめい》だったとします。

（8）（2）天《てん》の声《こえ》「わたしの心《こころ》にかなう者《もの》」の真意《しんい》

天《てん》の声《こえ》の言《い》う、「あなたはわたしの愛《あい》する子《こ》、わたしの心《こころ》にかなう者《もの》である」こそはイエスさまに「人《ひと》の罪《つみ》」が負《お》える資質《ししつ》があることの認定《にんてい》です。この天《てん》からの声《こえ》は、イエスさまの門出《かどで》を祝福《しゅくふく》しているように見《み》えますが、実《じつ》は「おまえは罪《つみ》の贖《あがな》いの生贄《いけにえ》にふさわしい」と言《い》われているのです。この言葉《ことば》の真意《しんい》が生贄《いけにえ》であり、それが自分《じぶん》のことだと分《わ》かれば、並《な》みの者《もの》なら恐怖《きょうふ》のあまり卒倒《そっとう》してしまうでしょう。だが、聖母子《せいぼし》にとって、その天《てん》の声《こえ》こそはアロン家《け》の悲願達成《ひがんたっせい》のための号砲《ごうほう》です。今年《ことし》の「過越《すぎこし》の祭《まつり》」の日《ひ》をゴールとする歯車《はぐるま》が回《まわ》り始《はじ》めたのです。でもどうしたら人《ひと》を、この場合《ばあい》アロン家《け》の大祭司《だいさいし》イエスさまを生贄《いけにえ》に仕立《した》てられるのか、それはこの時点《じてん》では、マリヤさまにもイエスさまにもお分《わ》かりではありません。

（8）（3）「過越《すぎこし》の祭《まつり》」の恒例《こうれい》、「空《あ》くはずの十字架《じゅうじか》」への思惑《おもわく》

「過越《すぎこし》の祭《まつり》」がゴールの必然《ひつぜん》、それは、その日《ひ》にはピラトが与《あた》える恩赦《おんしゃ》で、十字架《じゅうじか》が1本空《いっぽんから》に

なるのです。その空《から》の十字架《じゅうじか》に、あらかじめ生贄《いけにえ》にされたイエスさまが掛《か》けられなければならないのです。そのためにはイエスさまがユダヤ人《じん》の宗教的指導者《しゅうきょうてきしどうしゃ》たちから憎《にく》まれ、そして宗教裁判《しゅうきょうさいばん》で死刑《しけい》を宣告《せんこく》され、処刑《しょけい》のためにピラトに渡《わた》される必要《ひつよう》があります。ピラトに訴《うった》える罪状《ざいじょう》は「反皇帝《はんこうてい》、民衆《みんしゅう》の扇動《せんどう》」とします。ですが、合理的《ごうりてき》な考《かんが》えを持《も》つローマ人《じん》のピラトが渡《わた》されたイエスさまを即刻処刑《そっこくしょけい》するとは思《おも》えません。一旦投獄《いったんとうごく》して、調書《ちょうしょ》をとり、処刑《しょけい》を掲示《けいじ》し、その執行《しっこう》を周知《しゅうち》してからになるでしょう。へたをすると、処刑《しょけい》は来年《らいねん》の「過越《すぎこし》の祭《まつり》」になるかも知《し》れません。そこで祭司長《さいしちょう》たちにはピラトから恩赦《おんしゃ》を引《ひ》き出《だ》すという知恵《ちえ》が働《はたら》きます。そして何《なに》が何《なん》でも恩赦《おんしゃ》で空《あ》く十字架《じゅうじか》にイエスさまを掛《か》けさせるのです。どうしたら彼《かれ》らにそこまでさせるほど、イエスさまを憎《にく》ませることができるのか、それは聖母子《せいぼし》の思案《しあん》になるでしょう。「奴《やつ》の律法違反《りっぽういはん》がユダヤ人解体《じんかいたい》を促《うなが》す」そのようなことでしょうか。

それにはまずイエスさまが有名《ゆうめい》になって支持者《しじしゃ》を増《ふ》やすこと、次《つぎ》に合理性《ごうりせい》のある「律法違反《りっぽういはん》」をそこそこやって、宗教指導者《しゅうきょうしどうしゃ》たちを苛立《いらだ》たせ、「律法違反《りっぽういはん》だ」と殺意《さつい》を増幅《ぞうふく》させることです。そのような手順《てじゅん》を口《くち》で言《い》うのは簡単《かんたん》ですが、それらを順《じゅん》を追《お》って成《な》し遂《と》げるのは至難《しなん》の業《わざ》です。そしてチャンスは今年《ことし》1回《いっかい》だけ、もしピラトがユダヤ総督《そうとく》でなくなれば、恩赦《おんしゃ》もなくなり、「空《あ》いた十字架《じゅうじか》」もなくなります。生贄《いけにえ》を屠《ほふ》る手段《しゅだん》を練《ね》り直《なお》さねばなりませんが、そのような「アロン家《け》のお2人《ふたり》に都合《つごう》のいいこと」など2度《にど》とあるはずがないのです。
何《なに》より活動資金《かつどうしきん》が底《そこ》をつきます。今年《ことし》の過越《すぎこし》までの資金《しきん》、それこそは、ヨセフとイエスさまが大工仕事《だいくしごと》で稼《かせ》いだ金《かね》であり、マリヤさまがこの日々《ひび》のためにとって置《お》かれたものです。加《くわ》えて、マノア夫婦《ふうふ》がナザレを去《さ》る時《とき》、エズラさまから託《たく》されたものだと、マリヤさまに渡《わた》した相当額《そうとうがく》のお金《かね》です。その資金《しきん》があればこそ、弟子《でし》を持《も》ち、奉仕《ほうし》の女性《じょせい》たちの費用《ひよう》が賄《まかな》えるのです。

そして今《いま》、天《てん》の声《こえ》をお聞《き》きになったマリヤさまの心情《しんじょう》はいかばかり、
「おお、お父《とう》さま、
この子《こ》はわたしです。わたしはこの子《こ》です。
わたしたちの覚悟《かくご》はできています。時《とき》がきました」。

（8）（4）イエスさまの出自《しゅつじ》の世間体《せけんてい》はユダ族《ぞく》ヨセフの子《こ》

「ルカ福音書《ふくいんしょ》」：3-23イエスが宣教をはじめられたのは、年およそ三十歳の時であって、人々の考えによれば、ヨセフの子であった。

イエスさまはユダ族《ぞく》ヨセフの子《こ》です。ヨセフの実家《じっか》はベツレヘムにあり、ベツレヘムはダビデ王《おう》の町《まち》です。ヨセフはそのダビデの子孫《しそん》ですから、当然《とうぜん》イエスさまもそうなります。このように書《か》かれています。「人々《ひとびと》の考《かんが》えによれば」とは、まさか「処女受胎《しょじょじゅたい》によるアロン家《け》の者《もの》」とは言《い》えるはずもなく、人々《ひとびと》のせいではありません。

アロン家最後《けさいご》の姫《ひめ》、マリヤさまに臨《のぞ》んだ「処女受胎《しょじょじゅたい》」こそは、アロン家《け》の大祭司《だいさいし》として、イエスさまに「罪《つみ》のゆるし」をとりなす資格《しかく》がある一方《いっぽう》、ユダ族《ぞく》のヨセフの子《こ》として認知《にんち》されているイエスさまが「罪《つみ》の贖《あがな》い」に関《かか》わられることは律法違反《りっぽういはん》の重罪《じゅうざい》になるのです。この2《ふた》つの対立《たいりつ》する立場《たちば》を持《も》つイエスさまにこそ、「人《ひと》の罪《つみ》を人《ひと》が負《お》い」のアロン家《け》の宿願《しゅくがん》が臨《のぞ》むにあたって、ローマの十字架《じゅうじか》が総仕上《そうしあ》げの役《やく》を果《は》たすのです。つまり、首尾《しゅび》よくイエスさまが生贄《いけにえ》となられたら、時《とき》をおかず屠《ほふ》られるための筋書《すじがき》きは、イエスさまがユダ族《ぞく》の故《ゆえ》となるのです。そして、その生贄《いけにえ》を待《ま》つのが、「過越《すぎこし》の祭《まつり》」に現《あらわ》れるはずの「空《あ》いた十字架《じゅうじか》」なのです。以上《いじょう》のように、「空《あ》いた十字架《じゅうじか》」が待《ま》つ生贄《いけにえ》には複雑《ふくざつ》な要件《ようけん》が渾然一体《こんぜんいったい》となってからみあっています。しかし一番《いちばん》の決《き》め手《て》は、「あなたはわたしの愛《あい》する子《こ》、わたしの心《こころ》にかなう者《もの》である」という天《てん》の声《こえ》です。その言葉《ことば》の真意《しんい》は、イエスさまが生贄《いけにえ》にふさわしいかどうかの資格認定《しかくにんてい》であり、イエスさまと母《はは》マリヤさまの双方《そうほう》に、その自覚《じかく》と覚悟《かくご》があればこそ、アロン家《け》の悲願達成《ひがんたっせい》への道《みち》は拓《ひら》けるのです。それはお2人《ふたり》の決意《けつい》の上《うえ》に整《ととの》えられていく道《みち》すじなのです。

（8）（5）ユダ族《ぞく》にしてダビデの子孫《しそん》、イエスさまの父《ちち》ヨセフの系図《けいず》

イエスさまが公生涯《こうしょうがい》に身《み》を投《とう》じられるに際《さい》して、人々《ひとびと》の耳目《じもく》を集《あつ》めるのに必要《ひつよう》なのは第1《だいいち》に出自《しゅつじ》である家系《かけい》です。イエスさまはヨセフの子《こ》でありダビデの子孫《しそん》と宣伝《せんでん》する必要《ひつよう》があったのです。母《はは》はアロン家《け》の姫《ひめ》では、「何《なん》だそれ」と無視《むし》されてしまうでしょう。だからこの際《さい》、母《はは》マリヤさまの出自《しゅつじ》には触《ふ》れないでおくのが無難《ぶなん》です。イエスさまの「（言葉《ことば》の）力《ちから》」を見《み》てユダヤ人《じん》の王《おう》にと思《おも》ってくれるためには、ダビデ王《おう》の子孫《しそん》でなければなりません。また第2《だいに》には、エルサレムの宗教指導者《しゅうきょうしどうしゃ》たちに、自《みずか》らの存在《そんざい》が届《とど》くような民衆《みんしゅう》の注目度《ちゅうもくど》を上《あ》げる必要《ひつよう》があります。そのためにはイエスさま個人《こじん》ではなく「団体《だんたい》」のリーダーである方《ほう》がより目立《めだ》ちます。つまり「弟子《でし》」が必要《ひつよう》です。その一方《いっぽう》、イエスさまに声《こえ》を掛《か》けられた方《ほう》にしてみれば、ダビデの子孫《しそん》の「家来《けらい》」になったと受《う》け止《と》めるはずです。そこにも歪《ひずみ》が生《しょう》じています。弟子《でし》たちは、イエスさまがユダヤの王《おう》になられたら、自分《じぶん》たちは大臣《だいじん》になれると思《おも》い込《こ》むでしょう。それも無理《むり》からぬことです。

「ルカ福音書《ふくいんしょ》」：ヨセフはヘリの子、3-24それから、さかのぼって、マタテ、レビ、メルキ、ヤンナイ、ヨセフ、3-25マタテヤ、アモス、ナホム、エスリ、ナンガイ、3-26マハテ、マタテヤ、シメイ、ヨセク、ヨダ、3-27ヨハナン、レサ、**ゾロバベル**、サラテル、ネリ、3-28メルキ、アデイ、コサム、エルマダム、エル、3-29ヨシュア、エリエゼル、ヨリム、マタテ、レビ、3-30シメオン、ユダ、ヨセフ、ヨナム、エリヤキム、3-31メレヤ、メナ、マタタ、**ナタン**、**ダビデ**、3-32エッサイ、オベデ、ボアズ、サラ、ナアソン、3-33アミナダブ、アデミン、アルニ、エスロン、パレス、ユダ、3-34ヤコブ、イサク、アブラハム、テラ、ナホル、3-35セルグ、レウ、ペレグ、エベル、サラ、3-36カイナン、アルパクサデ、セム、ノア、ラメク、3-37メトセラ、エノク、ヤレデ、マハラレル、カイナン、3-38エノス、セツ、アダム、そして神にいたる。

このヨセフの系図《けいず》は、懐《なつ》かしい夫《おっと》ヨセフの遺品《いひん》としてマリヤさまがお持《も》ちだったものです。ヨセフの先祖《せんぞ》は、ダビデの子《こ》ナタンの氏族《しぞく》になります。ゾロバベルはバビロン捕囚《ほしゅう》からの帰還《きかん》時代《じだい》のリーダーの1人《ひとり》です。聖書《せいしょ》にその名《な》があります。

「ハガイ書」：**2-1**ダリヨス王の二年の七月二十一日に、主の言葉が預言者ハガイに臨んだ。2-2「シャルテルの子、ユダの総督**ゼルバベル**と、ヨザダクの子、大祭司ヨシュア、および残りのすべての民に告げて言え、2-3『あなたがた残りの者のうち、以前の栄光に輝く主の家を見た者はだれか。あなたがたは今、この状態をどう思うか。これはあなたがたの目には、無にひとしいではないか。2-4主は言われる、ゼルバベルよ、勇気を出せ。ヨザダクの子、大祭司ヨシュアよ、勇気を出せ。主は言われる。この地のすべての民よ、勇気を出せ。働け。わたしはあなたがたと共にいると、万軍の主は言われる。

ゼルバベルとゾロバベルは同《おな》じ人物《じんぶつ》です。2つ《ふた》の文書《ぶんしょ》、それぞれの訳《やく》でよろしいと思《おも》います。またナタンの名《な》もあります。

ナタンの家《いえ》の氏族《しぞく》

「ゼカリヤ書《しょ》」：12-10わたしはダビデの家およびエルサレムの住民に、恵みと祈の霊とを注ぐ。彼らはその刺した者を見る時、ひとり子のために嘆くように彼のために嘆き、ういごのために悲しむように、彼のためにいたく悲しむ。12-11その日には、エルサレムの嘆きは、メギドの平野にあったハダデ・リンモンのための嘆きのように大きい。12-12国じゅう、氏族おのおの別れて嘆く。すなわちダビデの家の氏族は別れて嘆き、その妻たちも別れて嘆く。**ナタンの家の氏族**は別れて嘆き、その妻たちも別れて嘆く。12-13レビの家の氏族は別れて嘆き、その妻たちも別れて嘆く。12-14その他の氏族も皆別れて嘆き、その妻たちも別れて嘆くのである。

この「ナタンの家《いえ》の氏族《しぞく》」の祖《そ》はダビデの息子《むすこ》だと思《おも》いますが、ウリヤの妻《つま》バテシバとの不倫《ふりん》を諫《いさ》めた預言者《よげんしゃ》の名《な》もナタンです。「サムエル記下《きげ》」11章《しょう》2節《せつ》から5節《せつ》まで（不倫《ふりん》）、11章《しょう》26節《せつ》から12章《しょう》14節《せつ》まで（預言者《よげんしゃ》ナタンがダビデに主《しゅ》の怒《いか》りを告《つ》げる）。

さて「マタイによる福音書《ふくいんしょ》」にも系図《けいず》がありますが、最大《さいだい》の違《ちが》いは、ダビデの子《こ》の名前《なまえ》です。「マタイ福音書《ふくいんしょ》」ではダビデの子《こ》は有名《ゆうめい》な「ソロモン」になっています。「ルカ福音書《ふくいんしょ》」では誰《だれ》も聞《き》いたことのないような「ナタン」です。どちらがヨセフの先祖《せんぞ》なのかを考《かんが》えましょう。

まず、ソロモンの家系《かけい》を見《み》ますと、ダビデ王国《おうこく》を継《つ》いだのはソロモンです。彼の死後《しご》、王国《おうこく》は南北《なんぼく》に分裂《ぶんれつ》してしまいます。ソロモンの家系《かけい》は南王国《みなみおうこく》に縮小《しゅくしょう》して続《つづ》きましたが、バビロンに滅《ほろ》ぼされます。その時《とき》、その王朝《おうちょう》の子孫《しそん》は根絶《ねだ》やしにされています。ですからソロモンの子孫《しそん》がヨセフにまで続《つづ》いている家系図《かけいず》は「ウソ」であり存在《そんざい》しないはずです。一方《いっぽう》、ナタンの家系《かけい》は、ソロモン王朝《おうちょう》の王族《おうぞく》ではなく貴族《きぞく》にすぎなかったため、バビロンの警戒《けいかい》を受《う》けませんでした。ですから、ナタンの方《ほう》がヨセフの先祖《せんぞ》として信憑性《しんぴょうせい》があります。

ちなみに「マタイによる福音書《ふくいんしょ》」を書《か》いたのは何度《なんど》も申《もう》しますが、エジプトのアレキサンドリヤ教会《きょうかい》の司教《しきょう》です。執筆者《しっぴつしゃ》の奴隷《どれい》たちは「ルカによる福音書《ふくいんしょ》」を参照《さんしょう》しましたが、ナタンのような地味《じみ》な名前《なまえ》を退《しりぞ》け、有名《ゆうめい》なソロモンに書《か》き換《か》えたのです。執筆《しっぴつ》という「仕事《しごと》」をしたのは奴隷《どれい》です。聖職者《せいしょくしゃ》ではありません。ちなみに、その「マタイ福音書《ふくいんしょ》」は、4世紀《よんせいき》の新約聖書《しんやくせいしょ》の編纂《へんさん》に先立《さきだ》ち、東方《とうほう》のアレキサンドリヤ司教《しきょう》が、ご機嫌《きげん》をとるために、西方《せいほう》のローマ司教《しきょう》に贈《おく》ったものです。この話題《わだい》については巻末《かんまつ》の「新約聖書《しんやくせいしょ》の由緒《ゆいしょ》」で、もう少《すこ》し詳《くわ》しくお話《はなし》します（315ページ）。では次《つぎ》に進《すす》みましょう。

（8）（6）「悪魔《あくま》の試《こころ》み」は人《ひと》の「罪《つみ》」を負《お》う「苦杯《くはい》」へのキックオフ

「ルカ福音書《ふくいんしょ》」：4－1さて、イエスは聖霊に満ちてヨルダン川から帰り、4－2荒野を四十日のあいだ御霊にひきまわされて、悪魔の試みにあわれた。そのあいだ何も食べず、その日数がつきると、空腹になられた。（中略）4－13悪魔はあらゆる試みをしつくして、一時イエスを離れた。

イエスさまが洗礼《せんれい》を受《う》けられたその時《とき》、マリヤさまは「あなたはわたしの心《こころ》にかなう者《もの》」との天《てん》からの声《こえ》をお聞《き》きになりました。そしてイエスさまは、聖霊《せいれい》に満《み》たされて、ヨルダン川《がわ》から戻《もど》られる際《さい》の荒野《あらの》で、ご自身《じしん》に臨《のぞ》んだ御霊《みたま》に引《ひ》き回《まわ》されたのでした。その情景《じょうけい》を具体的《ぐたいてき》に述《の》べるなら、イエスさまは「狂人《きょうじん》」となられたの方《ほう》が的《まと》を射《い》ているでしょう。だが、イエスさまの、大事《だいじ》な出発点《しゅっぱつてん》に、取《と》って付《つ》けたように置《お》かれたこの「悪魔《あくま》の試《こころ》み」の出来事《できごと》は、いかなることか、著者《ちょしゃ》「まさよし」にとってこの箇所《かしょ》は不可解《ふかかい》で難関《なんかん》を覚悟《かくご》する場面《ばめん》でした。しかしペン先《さき》（キーボードのこと）がこの箇所《かしょ》に触《ふ》れた瞬間《しゅんかん》、ふと、「これはキックオフのサインではないだろうか」との気付《きづ》きがありました。それは、これに続《つづ》くゴールこそは「苦杯《くはい》」であり、父《ちち》の杯《さかずき》に満《み》たされるものこそは、この時《とき》イエスさまに臨《のぞ》んだ「狂気《きょうき》」であるはずです。この荒野《あらの》の試《こころ》みの場面《ばめん》は、イエスさまの「狂気《きょうき》」の大《おお》きさと「制御能力《せいぎょのうりょく》」について書《か》いてあるのです。これが「まさよし」の著作物《ちょさくぶつ》における「狂気《きょうき》という名《な》の罪《つみ》」の語源《ごげん》です。「狂気《きょうき》」の付加《ふか》こそは、漠然《ばくぜん》とした「罪《つみ》」の解釈《かいしゃく》に、時代《じだい》の推移《すいい》に伴《ともな》う語彙《ごい》の拡大《かくだい》に資《し》するものとなるでしょう。

「人《ひと》の罪《つみ》を人《ひと》が負《お》う」が具体的《ぐたいてき》にイエスさまに臨《のぞ》むとき、神事《しんじ》としてのそれは誰《だれ》の罪《つみ》なのか、その答《こた》えが、今《いま》スタートラインに立《た》たれたイエスさまの不可解《ふかかい》な情景《じょうけい》にあったのです。イエスさまの様子《ようす》はマリヤさまが目撃《もくげき》されていなければならず、この時《とき》のイエスさまはマリヤさまの目《め》にも、まさに「狂人《きょうじん》」と映《うつ》ったことでしょう。そしてその荒《あ》れ狂《くる》う魂《たましい》を律法《りっぽう》を引用《いんよう》して自制《じせい》されたイエスさまこそは、「人《ひと》」の罪《つみ》を負《お》い、贖《あがな》いのための生贄《いけにえ》とされる「人《ひと》」、アロン家《け》の大祭司《だいさいし》にふさわしいと、マリヤさまはお思《おも》いになったことでしょう。

（8）（7）わたしを拝《おが》むなら

「ルカ福音書《ふくいんしょ》」：4-5それから、悪魔はイエスを高い所へ連れて行き、またたくまに世界のすべての国々を見せて4-6言った、「これらの国々の権威と栄華とをみんな、あなたにあげましょう。それらはわたしに任せられていて、だれでも好きな人にあげてよいのですから。4-7それで、もしあなたがわたしの前にひざまずくなら、これを全部あなたのものにしてあげましょう」。4-8イエスは答えて言われた、「『主なるあなたの神を拝し、ただ神にのみ仕えよ』と書いてある」。

ところで悪魔《あくま》の試《こころ》みは3つ紹介《しょうかい》されているのですが、これは2つ《ふた》目《め》の試《こころ》みです。悪魔《あくま》とは「智《ち》の支配者《しはいしゃ》」の別名《べつめい》です。「ヨハネによる福音書《ふくいんしょ》」を書《か》いた者《もの》たち、具体的《ぐたいてき》にはエジプトのアレキサンドリヤ教会《きょうかい》の奴隷《どれい》たちが頭《あたま》で考《かんが》えた「神《かみ》」の別名《べつめい》でもあります。自分《じぶん》が他《た》に抜《ぬ》きん出《で》た才能《さいのう》があることを自覚《じかく》した者《もの》は、まさにその才能《さいのう》が囁《ささや》く声《こえ》を聞《き》くのです。「わたしの前《まえ》にひざまずくなら」と。そして名声《めいせい》を得《え》るがそれは一時的《いちじてき》であり、世間《せけん》から忘《わす》れられる恐怖《きょうふ》から無理《むり》を重《かさ》ね、「いい薬《くすり》があるよ」と勧《すす》められた薬物中毒《やくぶつちゅうどく》で身《み》を滅《ほろ》ぼします。そして「神《かみ》などいない」と神《かみ》を呪《のろ》います。その呪《のろい》の言葉《ことば》こそは悪魔《あくま》が酔《よ》いしれる美酒《びしゅ》なのです。自分《じぶん》の才能《さいのう》に生《い》きるか、あるいは自覚《じかく》したアロン家《け》の使命《しめい》を全《まっと》うするのか、「人《ひと》が人《ひと》の罪《つみ》を負《お》う」などは愚《おろ》かなことではないのか、イエスさまにそういう葛藤《かっとう》があったであろう事《こと》こそ、わたしたちにも十字架《じゅうじか》の愚《おろ》かさが胸《むね》に迫《せま》り、狂気《きょうき》という名《な》の罪《つみ》が贖《あがな》われることに、深《ふか》い謝意《しゃい》の念《ねん》が湧《わ》くのです。

4-8イエスは答《こた》えて言《い》われた、「『主《しゅ》なるあなたの神《かみ》を拝《はい》し、ただ神《かみ》にのみ仕《つか》えよ』と書《か》いてある」。

さて1《ひと》つ目《め》は、「石《いし》に命《めい》じてみなさい」ですが、これは自惚《うぬぼ》れの戒《いまし》めでしょう。1度《いちど》名声《めいせい》を博《はく》すと、人《ひと》は舞《ま》い上《あ》がってしまいます。土台無理《どだいむり》なことを言《い》うようになると破滅《はめつ》が待《ま》っています。洗礼者《せんれいしゃ》ヨハネは武力《ぶりょく》を持《も》つ領主《りょうしゅ》ヘロデに悪口《わるくち》を公言《こうげん》してしまいました。無謀《むぼう》でした。

3《みっ》つ目《め》は、「飛《と》び降《お》りてみなさい」ですが、この誘惑《ゆうわく》は誰《だれ》にでも起《お》こりえます。高《たか》い崖《がけ》の上《うえ》に立《た》ったりするとついフラフラと崖《がけ》っぷちに誘《さそ》われる心地《ここち》がするのです。その魂《たましい》の弱《よわ》さこそは人《ひと》が機械装置《きかいそうち》でない証《あかし》です。イエスさまの言葉《ことば》の背景《はいけい》にはユダヤ人《じん》の律法《りっぽう》があります、言葉《ことば》を紡《つむ》ぐだけの無力《むりょく》な哲学《てつがく》ではありません。

物語《ものがたり》（9）「注解《ちゅうかい》」贖罪《しょくざい》の十字架《じゅうじか》がゴールの公生涯《こうしょうがい》スタート

（9）（1）第二《だいに》の故郷《ふるさと》、ローマ軍《ぐん》の駐屯地《ちゅうとんち》、カペナウムの町《まち》にて

「ルカ福音書《ふくいんしょ》」：4－31それから、イエスはガリラヤの町カペナウムに下って行かれた。そして安息日になると、人々をお教えになったが、4－32その言葉に権威があったので、彼らはその教えに驚いた。4－33すると、汚れた悪霊につかれた人が会堂にいて、大声で叫びだした、4－34「ああ、ナザレのイエスよ、あなたはわたしたちとなんの係わりがあるのです。わたしたちを滅ぼしにこられたのですか。あなたがどなたであるか、わかっています。神の聖者です」。4－35イエスはこれをしかって、「黙れ、この人から出て行け」と言われた。すると悪霊は彼を人なかに投げ倒し、傷は負わせずに、その人から出て行った。4－36みんなの者は驚いて、互いに語り合って言った、「これは、いったい、なんという言葉だろう。権威と力とをもって汚れた霊に命じられると、彼らは出て行くのだ」。4－37こうしてイエスの評判が、その地方のいたる所にひろまっていった。

カペナウムの町《まち》は、田舎町《いなかまち》ナザレからそう遠《とお》くないところにあります。ローマ軍《ぐん》が駐屯《ちゅうとん》していたおかげで栄《さか》えていた町《まち》です。そして、そこにはヨセフとマリヤさまご一家《いっか》がナザレから移《うつ》

り住《す》んだ家《いえ》がありました。これはその町《まち》でのエピソードです。また、ローマ軍《ぐん》が駐屯《ちゅうとん》していたことで、その軍関係者《ぐんかんけいしゃ》と、イエスさまとマリヤさまとの「顔見知《かおみし》り」の関係《かんけい》も重要《じゅうよう》になってきます。ですがそのカペナウムこそはヨセフがゲリラ闘争《とうそう》に巻《ま》き込《こ》まれた所《ところ》であり、ゲリラの一味《いちみ》と共《とも》に逮捕《たいほ》されてエルサレムに護送《ごそう》され、斬首《ざんしゅ》の最後《さいご》を遂《と》げたのでした。あやうくイエスさまも巻《ま》き込《こ》まれるところでしたがマリヤさまの機転《きてん》で助《たす》かったのでした。ピラトはカイザリヤの軍《ぐん》を率《ひき》いてやって来《き》たのですが、このカペナウムにもローマ軍《ぐん》は駐屯《ちゅうとん》していました。この後《あと》には、イエスさまに褒《ほ》められた百卒長主従《ひゃくそつちょうしゅじゅう》のエピソードもあります。ルカはその僕《しもべ》ですから、イエスさまをよく知《し》っていました。

公生涯《こうしょうがい》に入《はい》られた時《とき》のイエスさまの住居《じゅうきょ》はカペナウムです。マルコにはこう書《か》かれています。

「マルコによる福音書《ふくいんしょ》」：2-1幾日かたって、**イエスがまたカペナウムにお帰りになった**とき、家におられるといううわさが立ったので、2-2多くの人々が集まってきて、もはや戸口のあたりまでも、すきまが無いほどになった。そして、イエスは御言を彼らに語っておられた。2-3すると、人々がひとりの中風の者を四人の人に運ばせて、イエスのところに連れてきた。

（9）（2）イエスさまの言葉《ことば》の権威《けんい》

権威《けんい》は、命令《めいれい》に不従順《ふじゅうじゅん》な者《もの》を罰《ばっ》する裏《うら》づけを具備《ぐび》しているものに与《あた》えられます。たとえば、悪霊《あくれい》に対《たい》して「この人《ひと》から出《で》て行《い》け」は命令《めいれい》であり、言《い》われた悪霊《あくれい》がそれを無視《むし》して居座《いすわ》り続《つづ》けたら、その命令《めいれい》はむなしいことになります。だが、命令者《めいれいしゃ》が、命令《めいれい》に背《そむ》いた悪霊《あくれい》を厳《きび》しく罰《ばっ》する手段《しゅだん》を持《も》っていたら、たとえばクラッシュ（踏《ふ》み潰《つぶ》してしまう）する能力《のうりょく》があれば、躊躇《ちゅうちょ》なくそれは実行《じっこう》されるでしょう。すなわち、その悪霊《あくれい》は踏《ふ》み潰《つぶ》されて、跡形《あとかた》もなくなります。その様子《ようす》を見《み》ていた他《ほか》の悪霊《あくれい》たちは恐怖《きょうふ》におののきます。すると、次《つぎ》の命令《めいれい》には残《のこ》った悪霊《あくれい》は服従《ふくじゅう》するようになる、そこに権威《けんい》が生《しょう》じます。

「汚《けが》れた悪霊《あくれい》」とは、本書《ほんしょ》のテーマである「狂気《きょうき》と言《い》う名《な》の罪《つみ》」の擬人化《ぎじんか》です。イエスさまにその解決《かいけつ》の力《ちから》があることを暗《あん》にほのめかすものです。イエスさまは、律法《りっぽう》の定《さだ》めたアロン家《け》最後《さいご》の男子《だんし》であり、生《う》まれながらの大祭司《だいさいし》です。その自覚《じかく》はイエスさまにあったとせねばならないでしょう。なぜならゴールの見通《みとお》しのない始《はじ》まりはないのですから。マリヤさまがイエスさまに何《なに》も話《はな》されなかったとは思《おも》われません。ですが、男尊女卑《だんそんじょひ》の著《いちじる》しいユダヤ人社会《じんしゃかい》で、マリヤさまが表《おもて》に出《で》られることはイエスさまの恥《はじ》になります。ユダヤ人社会《じんしゃかい》での「聖母《せいぼ》マリヤ」はありえないのです。それはマリヤさまが一番気《いちばんき》にかけておられたことです。処女受胎《しょじょじゅたい》の及《およ》ぼす驚異的《きょういてき》な容貌《ようぼう》と所作《しょさ》の酷似《こくじ》、その影響回避《えいきょうかいひ》のため、マリヤさまは普段《ふだん》はベールで顔《かお》を深《ふか》く覆《おお》い隠《かく》しておられたのです。女《おんな》と容貌《ようぼう》が似《に》ている、それさえも差別《さべつ》の原因《げんいん》となり得《え》たユダヤ人《じん》社会《しゃかい》でした。

このようにして、イエスさまの活動《かつどう》が開始《かいし》されましたが、漠然《ばくぜん》と時《とき》が過《す》ぎて良《よ》いわけではありません。アロン家《け》の嗣業《しぎょう》、「罪《つみ》の贖《あがな》い」の神事《しんじ》が、従来《じゅうらい》の「人《ひと》の罪《つみ》を獣《けもの》に移《うつ》し」の反復《はんぷく》から、「人《ひと》の罪《つみ》を人《ひと》（大祭司《だいさいし》）が負《お》い」への転換《てんかん》、しかもそれが大祭司自《だいさいしみずか》らの身《み》を用《もち》い、しかも1度《いちど》きりのチャンスしかなく、それが今年《ことし》の「過越《すぎこし》の祭《まつり》」で実現《じつげん》するかどうか、ユダヤ人《じん》から忘《わす》れ去《さ》られて久《ひさ》しいアロン家《け》の「罪《つみ》の贖《あがな》い」の神事《しんじ》の永遠化《えいえんか》、そのすべてがそこに凝縮《ぎょうしゅく》されねばなりません。時間《じかん》は限《かぎ》られているのです。

(9) (3)「彼《かれ》らがそこにすわっていた」の不気味《ぶきみ》

「ルカ福音書《ふくいんしょ》」：5−17ある日のこと、イエスが教えておられると、ガリラヤやユダヤの方々の村から、また**エルサレムからきた**パリサイ人や律法学者（りっぽうがくしゃ）たちが、**そこにすわっていた。**主の力が働いて、イエスは人々をいやされた。

「そこにすわっていた」とは、なにやら不気味《ぶきみ》な匂《にお》いがします。パリサイ人《びと》との「人《びと》」とは、人種《じんしゅ》や国家《こっか》の区分《くぶん》ではなく「あだ名《な》」であり、パリサイ人《びと》とは律法《りっぽう》に厳《きび》しく忠実《ちゅうじつ》に生活《せいかつ》しているユダヤ人《じん》のことです。そのためにこそ彼《かれ》らは律法《りっぽう》に詳《くわ》しいのが自慢《じまん》です。律法違反《りっぽういはん》は厳《きび》しく「知《し》りませんでした」では通《とお》りません。ちなみに律法《りっぽう》の命令《めいれい》はモーセの十戒《じっかい》だけではありません。モーセ四書《よんしょ》からそれと思《おぼ》しきものを数《かぞ》えてみますと、ざっと1200ぐらいあるのです。もう過去《かこ》のものとなったものも多《おお》くあるとはいえ、とても覚《おぼ》え切《き》れません。また、律法学者《りっぽうがくしゃ》とは、聖書《せいしょ》に精通《せいつう》した人々《ひとびと》で、ユダヤ人社会《じんしゃかい》のエリートです。その彼《かれ》らがはるばる150キロメートルも離《はな》れたエルサレムからもやって来《き》て、一般《いっぱん》の聴衆《ちょうしゅう》と共《とも》に座《すわ》っているのです。彼《かれ》らはイエスさまの話《はなし》を「教《おし》え」として聞《き》こうとしているのではありません。イエスさまの言動《げんどう》の中《なか》に律法違反《りっぽういはん》の証拠《しょうこ》がないかどうかを探《さぐ》っているのです。もちろん、マリヤさまもイエスさまも、そのことは百《ひゃく》も承知《しょうち》のことです。「やっと来《き》たか」かも知《し》れません。

（9）（4）「あなたの罪《つみ》はゆるされた」の危《あや》うさ

「ルカ福音書《ふくいんしょ》」：5－18その時、ある人々が、ひとりの中風（ちゅうぶ）をわずらっている人を床（とこ）にのせたまま連れてきて、家の中に運び入れ、イエスの前に置こうとした。5－19ところが、群衆のためにどうしても運び入れる方法がなかったので、屋根にのぼり、瓦をはいで、病人を床ごと群衆のまん中につりおろして、イエスの前においた。5-20イエスは彼らの信仰をみて、「人よ、あなたの罪はゆるされた」と言われた。5-21すると律法学者とパリサイ人たちとは、「神を汚すことを言うこの人は、いったい、何者だ。神おひとりのほかに、だれが罪をゆるすことができるか」と言って論じはじめた。

「人《ひと》よ、あなたの罪《つみ》はゆるされた」だと、しめた、こいつは律法違反《りっぽういはん》を口《くち》にした。そこにすわっていた連中《れんちゅう》は、はるばるエルサレムからやって来《き》たかいがあったと思《おも》ったことでしょう。「神《かみ》おひとりのほかに、だれが罪《つみ》をゆるすことができるか」とは、ユダ族《ぞく》のお前《まえ》が口《くち》にできる言葉《ことば》ではない、と言《い》っているのです。イエスさまは、「人《ひと》よ、あなたの罪《つみ》はゆるされた」と言《い》われましたが、イエスさまは罪《つみ》のゆるしをとりなされたのであって、自《みずか》らの権威《けんい》でゆるされたのではありません。イエスさまにとって、それはまさに律法《りっぽう》に定《さだ》められたアロン家《け》の大祭司《だいさいし》の「業務《ぎょうむ》」の一環《いっかん》でしかなかったのです。律法《りっぽう》の監視者《かんししゃ》たちとイエスさまの認識《にんしき》には大《おお》きなギャップがありますが、その更《さら》なる高《たか》まりこそが、今年《ことし》も空《あ》くであろう十字架《じゅうじか》につながって行《い》くのです。

「ルカ福音書《ふくいんしょ》」：5-22イエスは彼らの論議を見ぬいて、「あなたがたは心の中で何を論じているのか。

5-23あなたの罪はゆるされたと言うのと、起きて歩けと言うのと、どちらがたやすいか。5-24し
かし、人の子は地上で罪をゆるす権威を持っていることが、あなたがたにわかるために」と彼らに
対して言い、中風の者にむかって、「あなたに命じる。起きよ、床を取り上げて家に帰れ」と言われ
た。5-25すると病人は即座にみんなの前で起きあがり、寝ていた床を取りあげて、神をあがめなが
ら家に帰って行った。5-26みんなの者は驚嘆してしまった。そして神をあがめ、おそれに満たされ
て、「きょうは驚くべきことを見た」と言った。

イエスさまの発《はっ》せられた言葉《ことば》、「あなたに命《めい》じる。起《お》きよ、床《とこ》を取《と》り上《あ》げて家《いえ》に帰《かえ》れ」、その言葉《ことば》の威力《いりょく》には座《すわ》っていた連中《れんちゅう》も驚《おどろ》いたことでしょう。「このユダ族《ぞく》の大工《だいく》、あなどれぬ、事《こと》は慎重《しんちょう》に運《はこ》ばねば」と。

ところで、イエスさまはその最初《さいしょ》の頃《ころ》に1人《ひとり》の「らい病人《びょうにん》」を癒《いや》されています。「重《おも》い皮膚《ひふ》病《びょう》」では「何《なん》だそれ」で終《お》わってしまうようなエピソードです。ルカとマルコの記事《きじ》ですが、「イエスは深《ふか》くあわれみ」と書《か》かれたマルコの方《ほう》です。

「マルコによる福音書《ふくいんしょ》」：1-21それから、彼らはカペナウムに行った。そして安息日にすぐ、イエ

スは会堂にはいって教えられた。1-22人々は、その教えに驚いた。律法学者たちのようにではなく、権威ある者のように、教えられたからである。

(中略)

1-40ひとりのらい病人が、イエスのところに願いにきて、ひざまずいて言った、「みこころでしたら、きよめていただけるのですが」。1-41イエスは深くあわれみ、手を伸ばして彼にさわり、「そうしてあげよう、きよくなれ」と言われた。1-42すると、らい病が直ちに去って、その人はきよくなった。1-43イエスは彼をきびしく戒めて、すぐにそこを去らせ、こう言い聞かせられた、1-44「何も人に話さないように、注意しなさい。ただ行って、自分のからだを祭司に見せ、それから、モーセが命じた物をあなたのきよめのためにささげて、人々に証明しなさい」。

この「らい病人《びょうにん》」はベタニヤのシモンです。そして、マルタとマリヤの姉妹《しまい》の父《ちち》です。詳《くわ》しくは、巻末《かんまつ》の**「注解余録《ちゅうかいよろく》(10)マルタとマリヤ姉妹《しまい》の家庭環境《かていかんきょう》を考察《こうさつ》(父《ちち》は、らい病人《びょうにん》シモン)」**をご覧《らん》ください(306ページ)。

物語《ものがたり》（10）「注解《ちゅうかい》」弟子《でし》の召命《しょうめい》・最初《さいしょ》にペテロの組織造《そしきづく》り

（10）（1）教会組織《きょうかいそしき》のための人材確保《じんざいかくほ》、まず漁師《りょうし》のペテロたち

話《はなし》を少《すこ》し戻《もど》します。イエスさまが弟子《でし》をお抱《かか》えになる最初《さいしょ》の場面《ばめん》です。イエスさまは弟子《でし》をお抱《かか》えになりますが、その理由《りゆう》は2つ考《かんが》えられます。まず1つ目《ひとつめ》ですが、弟子《でし》がいるとイエスさまの活動《かつどう》が賑々《にぎにぎ》しくなります。イエスさまの言動《げんどう》に目《め》を留《と》めた祭司長《さいしちょう》たちのいらだちをさらに増幅《ぞうふく》させる効果《こうか》があります。そしてもう1つ《ひと》、それは組織《そしき》の持《も》つ永続性《えいぞくせい》です。イエスさまとマリヤさまとのアロン家《け》の活動《かつどう》が個人的《こじんてき》に成《な》されると、お2人《ふたり》が落命《らくめい》されれば、それで終《お》わりです。アロン家《け》の存在《そんざい》はユダヤ人《じん》がとっくに忘《わす》れ去《さ》っていることですし、せっかくの「人《ひと》の罪《つみ》を人《ひと》（この場合《ばあい》、アロン家《け》の大祭司《だいさいし》）が負《お》い」の神事《しんじ》の完成《かんせい》も無駄《むだ》になります。しかし、その活動《かつどう》が組織《そしき》に移《うつ》れば、永続性《えいぞくせい》が生《しょう》じるのです。「しかし、そのために、どうしたら」はひとまず置《お》きましょう。ちゃんとカトリック教会《きょうかい》が引《ひ》き継《つ》いでいますから心配《しんぱい》ご無用《むよう》です。

しかし、組織造《そしきづく》りには資金《しきん》が必要《ひつよう》です。その必要性《ひつようせい》については、「（8）（3）「過越《すぎこし》の祭《まつり》の恒例《こうれい》、空《あ》くはずの十字架《じゅうじか》への思惑《おもわく》」で軽《かる》く指摘《してき》しましたが、もう少《すこ》し詳《くわ》しく考《かんが》えてみましょ

う（123ページ）。組織《そしき》が自《みずか》ら資金調達《しきんちょうたつ》ができるようになるまで当座《とうざ》の持《も》ち合《あ》わせが必要《ひつよう》なのです。それを担当《たんとう》されたのがマリヤさまです。夫《おっと》ヨセフとイエスさまの稼《かせ》ぎだけでは、家族《かぞく》も多《おお》くなりましたから、貯蓄《ちょちく》も多《おお》くはできなかったことでしょう。イエスさまが仕事《しごと》をやめられたらそれこそ収入《しゅうにゅう》はゼロになります。次男《じなん》のヤコブは17歳《さい》ぐらいでしょうか、大工《だいく》の仕事《しごと》を始《はじ》めていたとしても、弟《おとうと》と妹《いもうと》たちとを養《やしな》うには収入《しゅうにゅう》が足《た》りないでしょう。でもみんな賢《かしこ》そうだから、自分《じぶん》にできる仕事《しごと》やアルバイトをした可能性《かのうせい》はあります。そこで思《おも》うのは、マノア夫妻《ふさい》が契約期限《けいやくきげん》が過《す》ぎて自分《じぶん》の家《いえ》に帰《かえ》る時《とき》にアロン家《け》の財産《ざいさん》として当主《とうしゅ》エズラから預《あず》かっていた相当《そうとう》額《がく》の金銀《きんぎん》を置《お》いていった可能性《かのうせい》があることです。とにかく、何《なに》がしかの活動資金《かつどうしきん》をマリヤさまがお持《も》ちだったことに言及《げんきゅう》して、お話《はなし》を先《さき》に進《すす》めましょう。

「ルカ福音書《ふくいんしょ》」：5-6そしてそのとおりにしたところ、おびただしい魚の群れがはいって、網が破れ
そうになった。5-7そこで、もう一そうの舟にいた仲間に、加勢に来るよう合図をしたので、彼ら
がきて魚を両方の舟いっぱいに入れた。そのために、舟が沈みそうになった。5-8これを見てシモ
ン・ペテロは、イエスのひざもとにひれ伏して言った、「主よ、わたしから離れてください。わたし
は罪深い者です」。5-9彼も一緒にいた者たちもみな、取れた魚がおびただしいのに驚いたからであ
る。5-10シモンの仲間であったゼベダイの子ヤコブとヨハネも、同様であった。すると、イエスが

シモンに言われた、「恐れることはない。今からあなたは人間をとる漁師になるのだ」。5-11そこで彼らは舟を陸に引き上げ、いっさいを捨ててイエスに従った。

イエスさまの最初《さいしょ》の弟子《でし》となったのは、シモン・ペテロ、ゼベダイの子《こ》ヤコブとヨハネの、3人《さんにん》の漁師《りょうし》たちでした。というか、イエスさまの呼《よ》びかけに反応《はんのう》したのがこの3人《さんにん》です。

(10)(2) 取税人《しゅぜいにん》の「レビ」とは誰《だれ》、なぜ十二使徒中《じゅうにしとちゅう》にその名《な》がないの

このような書《か》き方《かた》をするのは、イエスさまが次《つぎ》に声《こえ》を掛《か》けられたのは取税人《しゅぜいにん》の「レビ」なのですが、その後《あと》に書《か》かれた12使徒《しと》の名前《なまえ》には「レビ」がないからです。おかしいでしょ。

「ルカ福音書《ふくいんしょ》」：5-27そののち、イエスが出て行かれると、**レビという名の取税人**が収税所にすわっているのを見て、「わたしに従ってきなさい」と言われた。5-28すると、彼はいっさいを捨てて立ちあがり、イエスに従ってきた。

イエスさまが声《こえ》を掛《か》けられた取税人《しゅぜいにん》の名前《なまえ》は、「ルカによる福音書《ふくいんしょ》」と「マルコによる福音書《ふくいんしょ》」ではレビです。「ヨハネによる福音書《ふくいんしょ》」ではそもそも「取税人《しゅぜいにん》」という言葉《ことば》がありま

せんし、使徒《しと》はピリポとトマスが主軸《しゅじく》です。問題外《もんだいがい》です。「マタイによる福音書《ふくいんしょ》」では、レビではなくマタイですが、信用性《しんようせい》はゼロです。ちなみに「マタイによる福音書《ふくいんしょ》」はエジプトのアレキサンドリヤ教会《きょうかい》の奴隷《どれい》が司教《しきょう》に命じられて「ルカによる福音書《ふくいんしょ》」を参考《さんこう》に書《か》いたものです。この際《さい》ですから、比較《ひかく》してみましょう。

⑽（２）（１）取税人《しゅぜいにん》マタイの場合《ばあい》

「マタイ福音書《ふくいんしょ》」：９-９さてイエスはそこから進んで行かれ、マタイという人が収税所にすわっているのを見て、「わたしに従ってきなさい」と言われた。すると彼は立ちあがって、イエスに従った。９-10それから、イエスが家で食事の席についておられた時のことである。多くの取税人や罪人たちがきて、イエスや弟子たちと共にその席に着いていた。９-11**パリサイ人たちはこれを見て、弟子たちに言った、「なぜ、あなたがたの先生は、取税人や罪人などと食事を共にするのか」**。９-12イエスはこれを聞いて言われた、「丈夫な人には医者はいらない。いるのは病人である。９-13『わたしが好むのは、あわれみであって、いけにえではない』とはどういう意味か、学んできなさい。わたしがきたのは、義人を招くためではなく、罪人を招くためである」。

これは、「ルカによる福音書《ふくいんしょ》」のエピソード「エリコの取税人《しゅぜいにん》のかしらザアカイ」を崩《くず》したものです。とても味気《あじけ》ないです。ただの取税人《しゅぜいじん》が多《おお》くの人《ひと》たちを食事《しょくじ》に招《まね》く家《いえ》もお金《かね》もあるはずがありません。ザアカイは「かしら（親分《おやぶん》）」ですからそれができたのです。

（10）（2）（2）取税人《しゅぜいにん》のかしらザアカイの場合《ばあい》

「ルカによる福音書《ふくいんしょ》」：19-1さて、イエスはエリコにはいって、その町をお通りになった。19-2ところが、そこにザアカイという名の人がいた。この人は取税人のかしらで、金持であった。（中略）19-5イエスは、その場所にこられたとき、上を見あげて言われた、「ザアカイよ、急いで下りてきなさい。きょう、あなたの家に泊ることにしているから」。19-6そこでザアカイは急いでおりてきて、よろこんでイエスを迎え入れた。19-7**人々はみな、これを見てつぶやき、「彼は罪人の家にはいって客となった」と言った。**

ですから、「ルカによる福音書《ふくいんしょ》」と「マルコによる福音書《ふくいんしょ》」だけから取税人《しゅぜいにん》レビが使徒《しと》の中《うち》の誰《だれ》かを考《かんが》えます。ともかく、「レビ」を含《ふく》めるとイエスさまの弟子《でし》は4人《よにん》になりました。福音書《ふくいんしょ》の12人《にん》の中《なか》に「レビ」は、いるのでしょうか。

⑩（２）（３）「ルカによる福音書《ふくいんしょ》」の十二使徒《じゅうにしと》

「ルカ福音書《ふくいんしょ》」：６‐12このころ、イエスは祈るために山へ行き、夜を徹して神に祈られた。６‐13夜が明けると、弟子たちを呼び寄せ、その中から十二人を選び出し、これに使徒という名をお与えになった。６‐14すなわち、①ペテロとも呼ばれたシモンとその兄弟②アンデレ、ゼベダイの子「③ヤコブと④ヨハネ」、⑤ピリポと⑥バルトロマイ、６‐15⑦マタイと⑧トマス、アルパヨの子⑨ヤコブと、(アルパヨの子であり）**熱心党と呼ばれた⑩シモン**（のレビ）、６‐16ヤコブの子⑪ユダ、それからイスカリオテの⑫ユダ。このユダが裏切者となったのである。

福音書《ふくいんしょ》には、最初《さいしょ》の４人以外《よにんいがい》のエピソードはありません。エピソードは重要《じゅうよう》ではないと言《い》うことでしょう。改《あらた》めて読《よ》んでみたら、12人《にん》の使徒《しと》の中《なか》にレビという名《な》はありませんでした。その訳《わけ》を考《かんが》えようとしたら面倒《めんどう》くさくなりました。それでもしかたなく思案《しあん》していると、ふと、あるいは人々《ひとびと》から罪人《つみびと》とされ軽蔑《けいべつ》されている「取税人《しゅぜいにん》」と尊敬《そんけい》されるべき「使徒《しと》」とを結《むす》びつけることに抵抗《ていこう》があったのではと「まさよし」は気付《きづ》きました。その発端《ほったん》は、先《さき》ほどご紹介《しょうかい》した、エリコのザアカイのエピソードです。ザアカイは「取税人《しゅぜいにん》のかしら」であったと書《か》かれています。使徒《しと》の中《なか》に取税人《しゅぜいにん》がいなければ成立《せいりつ》しなかったエピソードです。そのエピソードではイエスさまが木《き》の上《うえ》のザアカイに、「ザアカイ」と声《こえ》をかけておられますが、イエスさまが彼《かれ》の名《な》をご存知《ぞんじ》だったとは思《おも》えません。取税人《しゅぜいにん》の間《あいだ》では「知《し》る人《ひと》ぞ知《し》る」のその名《な》をイエスさまに教《おし》えたのは取税人《しゅぜいにん》である使徒《しと》の1人《ひとり》に違《ちが》いありません。だから取税人《しゅぜいにん》の使徒《しと》はいます。

一方《いっぽう》「マルコによる福音書《ふくいんしょ》」では、「レビはアルパヨの子《こ》」とのヒントがあります。ちょっと苦《くる》しいところはありますが、この際《さい》、それは熱心党《ねっしんとう》のシモンであると断定《だんてい》します。わざわざ「熱心党《ねっしんとう》」などと、はぐらかすような書《か》き方《かた》が、むしろ怪《あや》しいと思《おも》いませんか。

「マルコ福音書《ふくいんしょ》」：2-14また途中で、**アルパヨの子レビ**が収税所にすわっているのをごらんになって、「わたしに従ってきなさい」と言われた。すると彼は立ちあがって、イエスに従った。

(10)(2)(4)「マルコによる福音書《ふくいんしょ》」の十二使徒《じゅうにしと》

「マルコ福音書《ふくいんしょ》」：3-16こうして、この十二人をお立《た》てになった。そしてシモンに①ペテロという名をつけ、3-17またゼベダイの子②ヤコブと、ヤコブの兄弟③ヨハネ、彼らにはボアネルゲ、すなわち、雷の子という名をつけられた。3-18つぎに④アンデレ、⑤ピリポ、⑥バルトロマイ、⑦マタイ、⑧トマス、**アルパヨの子**⑨ヤコブ、⑩タダイ、（アルパヨの子であり）**熱心党の⑪シモン**（と呼ばれたレビ）、3-19それからイスカリオテの⑫ユダ。

このように、取税人《しゅぜいにん》レビは、**熱心党《ねっしんとう》のシモン**と結論付《けつろんづ》けました。

物語《ものがたり》（11）「注解《ちゅうかい》」カペナウムの百卒長《ひゃくそつちょう》の褒《ほ》められ方《かた》

（11）（1）言葉《ことば》に権威《けんい》と力《ちから》

「ルカ福音書《ふくいんしょ》」：4－35イエスはこれをしかって、「黙れ、この人から出て行け」と言われた。すると悪霊は彼を人なかに投げ倒し、傷は負わせずに、その人から出て行った。4－36みんなの者は驚いて、互いに語り合って言った、「これは、いったい、なんという言葉だろう。権威と力とをもって汚れた霊に命じられると、彼らは出て行くのだ」。4－37こうしてイエスの評判が、その地方のいたる所にひろまっていった。

これはイエスさまの自宅《じたく》のあるカペナウムでのエピソードです。言葉《ことば》に権威《けんい》と力《ちから》とが備《そな》わる者《もの》、それこそは苦杯《くはい》に臨《のぞ》む者《もの》が具備《ぐび》しているべき資質《ししつ》あるいは能力《のうりょく》でしょう。哲学的《てつがくてき》な言葉《ことば》、すなわち頭《あたま》で考《かんが》え出《だ》したもの、「智《ち》」は苦杯《くはい》の前《まえ》には無力《むりょく》です。引《ひ》き続《つづ》き同《おな》じ町《まち》、カペナウムでの「百卒長《ひゃくそつちょう》と僕《しもべ》」のエピソードです。僕《しもべ》は危篤状態《きとくじょうたい》との設定《せってい》です。

（11）（2）百卒長《ひゃくそつちょう》はお金持《かねも》ち

「ルカ福音書《ふくいんしょ》」：7-1イエスはこれらの言葉をことごとく人々に聞かせてしまったのち、カペナウムに帰ってこられた。7-2ところが、ある百卒長の頼みにしていた僕（しもべ）が、病気になって死にかかっていた。7-3この百卒長はイエスのことを聞いて、ユダヤ人の長老たちをイエスのところにつかわし、自分の僕を助けにきてくださるようにと、お願いした。7-4彼らはイエスのところにきて、熱心に願って言った、「あの人はそうしていただくねうちがございます。7-5わたしたちの国民を愛し、わたしたちのために会堂を建ててくれたのです」。

このエピソードの最大《さいだい》の特徴《とくちょう》は、出来事《できごと》のあった町《まち》の名《な》がはっきりと「カペナウム」と書《か》いてあることです。さて、ユダヤ人《じん》が礼拝《れいはい》するための会堂《かいどう》を建《た》ててやったこの百卒長《ひゃくそつちょう》はお金持《かねも》ちです。普通《ふつう》の将校《しょうこう》がお金持《かねも》ちというのは極《きわ》めて稀《まれ》ですから、この将校《しょうこう》は軍事物資《ぐんじぶっし》を扱《あつか》う兵站《へいたん》の担当《たんとう》だったのでしょう。優秀《ゆうしゅう》な執事《しつじ》のルカのおかげで彼《かれ》は稀《まれ》に見《み》るお金持《かねも》ちになったのです。年齢《ねんれい》は50歳《さい》くらいでしょうか、軍人《ぐんじん》としては高齢《こうれい》でしょう。家族《かぞく》はいなかったとしましょう。僕《しもべ》のルカがむしろ家族《かぞく》のようなものでした。その資産《しさん》がマリヤさまのローマ宣教《せんきょう》を通《とお》しての教会組織《きょうかいそしき》を誕生《たんじょう》させる原動力《げんどうりょく》となるのです。後日《ごじつ》、ローマに会堂《かいどう》よりもはるかに大《おお》きな教会《きょうかい》が建《た》ちます。ここでこの百卒長《ひゃくそつちょう》の名《な》を先取《さきど》りさせていただきます。彼《かれ》の名《な》は最終章《さいしゅうしょう》の「エマオ村《むら》に向《む》かう2人《ふたり》の弟子《でし》」のエピソードで「クレオパ」と明《あ》かされます。

（11）（3）百卒長《ひゃくそつちょう》の信仰《しんこう》の証《あかし》

「ルカ福音書《ふくいんしょ》」：7-6そこで、イエスは彼らと連れだってお出かけになった。ところが、その家からほど遠くないあたりまでこられたとき、百卒長は友だちを送ってイエスに言わせた、「主よ、どうぞ、ご足労くださいませんように。わたしの屋根の下にあなたをお入れする資格は、わたしにはございません。7-7それですから、自分でお迎えにあがるねうちさえないと思っていたのです。ただ、お言葉をください。そして、わたしの僕（しもべ）をなおしてください。

イエスさまの言葉《ことば》には権威《けんい》がある、百卒長《ひゃくそつちょう》はそれを確信《かくしん》しています。「ただ、お言葉《ことば》をください」、それが百卒長《ひゃくそつちょう》の実《み》のある信仰《しんこう》の証《あかし》です。イエスさまの十字架《じゅうじか》の情報《じょうほう》に接《せっ》した時《とき》、彼《かれ》はエルサレムの宿《やど》にルカとユダヤ人《じん》の長老《ちょうろう》を派遣《はけん》します。それがマリヤさまとの会見《かいけん》として実現《じつげん》し、マリヤさまのローマ宣教《せんきょう》の招聘《しょうへい》へと続《つづ》きます。

（11）（4）教会《きょうかい》がピラミッド型組織《がたそしき》の必然《ひつぜん》

「ルカ福音書《ふくいんしょ》」：7-8わたしも権威の下に服している者ですが、わたしの下にも兵卒がいまして、ひとりの者に『行け』と言えば行き、ほかの者に『こい』と言えばきますし、また、僕（しもべ）に『これをせよ』と言えば、してくれるのです」。

これは軍《ぐん》のピラミッド型組織《がたそしき》のことを言《い》っています。ローマ・カトリック教会《きょうかい》がピラミッド型組織《がたそしき》であることと無縁《むえん》ではないでしょう。彼《かれ》が教会設立《きょうかいせつりつ》の立役者《たてやくしゃ》とする必然性《ひつぜんせい》があります。

⑾（5）キリスト教《きょう》をローマに導《みちび》いたこと

「ルカ福音書《ふくいんしょ》」：7－9イエスはこれを聞いて非常に感心され、ついてきた群衆の方に振り向いて言われた、「あなたがたに言っておくが、これほどの信仰は、イスラエルの中でも見たことがない」。7－10使いにきた者たちが家に帰ってみると、僕（しもべ）は元気になっていた。

イエスさまの褒《ほ》め言葉《ことば》は、キリスト教《きょう》がイスラエルすなわちユダヤ人《じん》には向《む》かわずローマで開花《かいか》したことを顕彰《けんしょう》しているのです。アロン家《け》の「人《ひと》の罪《つみ》を人《ひと》が負《お》う」の具現《ぐげん》が苦杯《くはい》による罪《つみ》の肉体《にくたい》への顕在化《けんざいか》であり、その生贄《いけにえ》となられたイエスさまを屠《ほふ》って「人《ひと》の罪《つみ》を贖《あがな》う」ための十字架《じゅうじか》に行《い》き着《つ》き、「罪《つみ》の贖《あがな》い」が成就《じょうじゅ》します。その福音《ふくいん》はイスラエルすなわちユダヤ人《じん》にではなくローマ市民《しみん》に向《む》かいました。その目的《もくてき》のために軍《ぐん》を辞《じ》したクレオパがマリヤさまをローマに招聘《しょうへい》したことを指《さ》して、イエスさまは「これほどの信仰《しんこう》は、イスラエルの中《なか》でも見《み》たことがない」と褒《ほ》められたのです。

このエピソードこそは、「ルカによる福音書《ふくいんしょ》」のもう1つ《ひと》の物語《ものがたり》の存在《そんざい》を示唆《しさ》するものだったのです。つまり、イエスさまによる十字架《じゅうじか》の福音《ふくいん》が埋《う》もれてしまうことなくローマで開花《かいか》したのは、この百卒長《ひゃくそつちょう》のゆえであり、ペテロでもパウロでもなく、またマリヤさま単独《たんどく》でも成《な》し得《え》なかったことなのです。この百卒長《ひゃくそつちょう》とマリヤさまとの出会《であ》い、それこそが「狂気《きょうき》という名《な》の罪《つみ》の贖《あがな》い」がローマで語《かた》られ、永続性《えいぞくせい》のある教会組織《きょうかいそしき》が誕生《たんじょう》するきっかけとなったと、本書《ほんしょ》はするのです。ペテロを筆頭《ひっとう》とする弟子《でし》たちの召命《しょうめい》も無駄《むだ》ではなくなりました。カトリック教会《きょうかい》の今日《こんにち》あるのは「マリヤさま」の名《な》のゆえでありましょう。

⑾（6）その人物《じんぶつ》の名《な》はクレオパ

この「ある百卒長《ひゃくそつちょう》」の名前《なまえ》は先《さき》ほどご紹介《しょうかい》しましたクレオパです。ですが、その名《な》は漠然《ばくぜん》と「ルカ福音書《ふくいんしょ》」を読《よ》んだだけの読者《どくしゃ》にはお分《わ》かりになりません。著者《ちょしゃ》の場合《ばあい》、この百卒長《ひゃくそつちょう》の名前《なまえ》は、主従《しゅじゅう》「2人《ふたり》」の、2という数《かず》で2度《にど》導《みちび》かれました。まず「テオピロ閣下《かっか》とルカ」の関係《かんけい》からテオピロが導《みちび》かれましたが、テオピロは匿名《とくめい》でした。それを収穫《しゅうかく》として終《お》わるかに見《み》えましたが、この原稿作成《げんこうさくせい》の過程《かてい》で、24章《しょう》の「エマオ村《むら》に向《む》かう2人《ふたり》の弟子《でし》」のエピソードに新《あら》たな気付《きづ》きがありました。2人《ふたり》の弟子《でし》の内《うち》、1人《ひとり》の名前《なまえ》だけがさりげなく「クレオパ」と呼《よ》ばれたことから、それがテオピロの実名《じつめい》だと察《さっ》したのです。もう1人《ひとり》の方《ほう》はもちろんルカです。

「ルカ福音書《ふくいんしょ》」：24-13この日、ふたりの弟子が、エルサレムから七マイル（1.6×7=11Km）ばかり離れたエマオという村へ行きながら、24-14このいっさいの出来事について互いに語り合っていた。（中略）24-17イエスは彼らに言われた、「歩きながら互いに語り合っているその話は、なんのことなのか」。彼らは悲しそうな顔をして立ちどまった。24-18そのひとりの**クレオパ**という者が、答えて言った、「あなたはエルサレムに泊まっていながら、あなただけが、この都でこのごろ起ったことをご存じないのですか」。

この福音書《ふくいんしょ》の「僕《しもべ》」とは奴隷《どれい》のことですが、当時《とうじ》のローマ社会《しゃかい》には奴隷制度《どれいせいど》があり、奴隷《どれい》売買《ばいばい》も合法化《ごうほうか》されていました。そしてあらゆる階層《かいそう》で仕事《しごと》するのは奴隷《どれい》でした。ローマ社会《しゃかい》は奴隷《どれい》が支《ささ》えていたのです。奴隷《どれい》は商品《しょうひん》にすぎず、奴隷《どれい》の命《いのち》のことで主人《しゅじん》が気遣《きづか》うなどはあり得《え》ないことでした。それを知《し》れば、この「百卒長《ひゃくそつちょう》と僕《しもべ》」のエピソードの特異性《とくいせい》がお分《わ》かりになります。まるで親子関係《おやこかんけい》とでもいったようなものでもなければ……とても。

物語《ものがたり》（12）「注解《ちゅうかい》」荒浪《あらなみ》、野原《のはら》でパン、モーセの山《やま》

有名《ゆうめい》な3つ《みっ》の奇跡《きせき》の「なあんだ」の「種明《たねあ》かし」をします。

（12）（1）風《かぜ》と荒浪《あらなみ》とをおしかりになると

自然現象《しぜんげんしょう》とイエスさまとの関《かか》わりが書《か》いてあります。風《かぜ》や荒浪《あらなみ》すらもイエスさまの言葉《ことば》に従《したが》うのです。しかし、それはイエスさまの「アロン家《け》の大祭司《だいさいし》」であることを理解《りかい》しない者《もの》による劇場化《げきじょうか》のための誇張《こちょう》です。

「ルカ福音書《ふくいんしょ》」：8－22ある日のこと、イエスは弟子たちと舟に乗り込み、「湖の向こう岸へ渡ろう」と言われたので、一同が船出した。8－23渡って行く間に、イエスは眠ってしまわれた。すると突風が湖に吹きおろしてきたので、彼らは水をかぶって危険になった。8－24そこで、みそばに寄ってきてイエスを起し、「先生、先生、わたしたちは死にそうです」と言った。**イエスは起き上がって、風と荒浪とをおしかり**になると、止んでなぎになった。8－25イエスは彼らに言われた、「あなたがたの信仰は、どこにあるのか」。彼らは恐れ驚いて互に言い合った、「いったい、このかたはだれだろう。

お命じになると、風も水も従うとは」。

舟《ふね》に乗《の》った弟子《でし》たちの少《すく》なくとも3人《さんにん》は漁師《りょうし》です。慣《な》れた湖《みずうみ》です。それがどうしたわけかパニックに陥《おちい》りました。絶体絶命《ぜったいぜつめい》です。しかし、イエスさまは、弟子《でし》たちの意表《いひょう》をついて、つまり弟子《でし》たちを励《はげ》まさず、風《かぜ》と荒浪《あらなみ》とをおしかりになったのでした。すると、弟子《でし》たちのパニックは静《しず》まり、漁師《りょうし》としての平常心《へいじょうしん》を取《と》り戻《もど》したのです。風《かぜ》と荒浪《あらなみ》とは自分《じぶん》たちの生死《せいし》に関《かか》わる問題《もんだい》ではなくなったのです。これは「狂気《きょうき》という罪《つみ》の贖《あがな》い」のきわめて特殊《とくしゅ》なケースです。身《み》の回《まわ》りで起《おこ》るどのような事態《じたい》でも、パニックを起《お》こさなければ活路《かつろ》が見出《みいだ》せることがイエスさまは示《しめ》されたのです。

(12)(2)「寂《さび》しい所《ところ》」でのパンの奇跡《きせき》

「ルカ福音書《ふくいんしょ》」：9-12それから日が傾きかけたので、十二弟子がイエスのもとにきて言った、「群衆を解散して、まわりの村々や部落へ行って宿を取り、食物を手にいれるようにさせてください。わたしたちはこんな寂しい所にきているのですから」。9-13しかしイエスは言われた、「あなたがたの手で食物をやりなさい」。彼らは言った、「わたしたちにはパン五つと魚二ひきしかありません、この大ぜいの人のために食物を買いに行くかしなければ」。9-14というのは、男が五千人ばかりいたからである。しかしイエスは弟子たちに言われた、「人々をおおよそ五十人ずつの組にして、すわらせなさい」。9-15彼らはそのとおりにして、みんなをすわらせた。9-16**イエスは五つのパンと二ひきの魚とを手に取り**、天を仰いでそれを祝福してさき、弟子たちにわたして群衆に配らせた。9-17みんなの者は食べて満腹した。そして、その余りくずを集めたら、十二かごあった。

男《おとこ》だけで5000人《にん》の集団《しゅうだん》に「5《いつ》つのパンと2《に》ひきの魚《うお》」を元手《もとで》にしたパンと魚《うお》とを配《くば》りその「余《あま》りくず」が12かごあったなど、イエスさまはまるで手品師《てじなし》のようです。しかし、この謎解《なぞと》きはとても簡単《かんたん》なことなのです。ユダヤ人《じん》は食事《しょくじ》の前《まえ》には手《て》を良《よ》く洗《あら》うという習慣《しゅうかん》がありました。それは元々《もともと》は衛生上《えいせいじょう》の理由《りゆう》があったのでしょうが、いつのまにか形骸化《けいがいか》し、単《たん》に律法《りっぽう》に基《もと》づく掟《おきて》になっていたのです。この「寂《さび》しい所《ところ》」には手《て》を洗《あら》う水《みず》がありませんでした。それではたとえ皆《みな》が弁当《べんとう》を持《も》っていても食《た》べられないのです。そこでイエスさまはご自身《じしん》の「洗《あら》わない手《て》」でパンと魚《うお》とを頭上《ずじょう》に掲《かか》げ、それらを順次《じゅんじ》に裂《さ》いて、弟子《でし》たちに配《くば》らせるデモンストレーションをされたのです。するとそれを見《み》た群集《ぐんしゅう》は、掟《おきて》を忘《わす》れて、持参《じさん》していた弁当《べんとう》を取《と》り出《だ》して食《た》べ始《はじ》めたのです。皆《みな》が「洗《あら》わない手《て》」のことから開放《かいほう》されたのです。これもまた「贖《あがな》い」なのでしょう。その様子《ようす》を見《み》ていたヘロデの斥候《せっこう》たちはイエスさまの機転《きてん》と賢《かしこ》さとに驚嘆《きょうたん》したのでした、「さすがイエスはダビデの子孫《しそん》にしてあのヨセフの子《こ》だ。大衆《たいしゅう》を動員《どういん》する力《ちから》がある」と。

⑫（3）その山《やま》のヒントは「モーセ」と「み衣《ころも》の輝《かがや》き」

「ルカ福音書《ふくいんしょ》」：9-28これらのことを話された後、八日ほどたってから、イエスはペテロ、ヨハネ、ヤコブを連れて、祈るために山に登られた。9-29祈っておられる間に、み顔の様が変わり、**み衣がまばゆいほど**に白く輝いた。9-30すると見よ、ふたりの人がイエスと語り合っていた。それは**モーセとエリヤ**であったが、9-31栄光の中に現れて、**イエスがエルサレムで遂げようとする最期のこと**について話していたのである。

（中略）

9-35すると雲の中から声があった、「これはわたしの子、わたしの選んだ者である。これに聞け」。9-36そして声が止んだとき、イエスがひとりだけになっておられた。弟子たちは沈黙を守って、自分たちが見たことについては、そのころだれにも話さなかった。

「山《やま》に登《のぼ》られた」とありますが、どこの山《やま》でしょう。手《て》がかりが見当《みあ》たりません。しかし、ルカの場合、ヒントは必《かなら》ずあります。まず、「8日《ようか》ほどたってから」もヒントです。結構《けっこう》な距離《きょり》を歩《ある》いておられます。「過越《すぎこし》の祭《まつり》」に間《ま》に合《あ》うように歩《ある》いておられたのであれば、エルサレムは近《ちか》いでしょう。また、モーセが登場《とうじょう》したということはその山《やま》はモーセにゆかりがあるのです。「み衣《ころも》がまばゆいほどに白《しろ》く輝《かがや》いた」これも「まばゆい」がヒントで、たとえば水面《すいめん》からの「照り返し」の「まばゆさ」だとすると、近《ちか》くに大《おお》きな河《かわ》や池《いけ》のようなものがあるのです。また、この後《あと》、ザアカイのエピソードでエリコの町《まち》ができてきますので、山《やま》はエリコの近《ちか》くだと思《おも》われます。モーセゆかりの山《やま》、近《ちか》くに大《おお》きな水面《すいめん》のある山《やま》、エリコに近《ちか》い山《やま》、ヒントが出揃《でそろ》いました。

⑿（3）（1）モーセゆかりのネボ山《やま》の記事《きじ》は「申命記《しんめいき》」

「申命記《しんめいき》」：34－1モーセはモアブの平野からネボ山（802メートル）に登り、エリコの向かいのピスガ（710メートル）の頂へ行った。そこで主は彼にギレアデの全地をダンまで示し、34－2ナフタリの全部、エフライムとマナセの地およびユダの全地を西の海まで示し、34－3ネゲブと低地、すなわち、しゅろの町エリコの谷をゾアルまで示された。34－4そして主は彼に言われた、「わたしがアブラハム、イサク、ヤコブに、これをあなたの子孫に与えると言って誓った地はこれである。わたしはこれをあなたの目に見せるが、あなたはそこへ渡って行くことはできない」。34－5こうして主のしもべモーセは主の言葉のとおりにモアブの地で死んだ。

申命記《しんめいき》に照《て》らすと、その山《やま》の名《な》は「ネボ山《やま》（802メートル）」です。近《ちか》くにある大《おお》きな水面《すいめん》としては海抜《かいばつ》マイナス400メートルの塩湖《えんこ》、死海《しかい》があります。その山《やま》の（ピスガの頂《いただき》）から西《にし》を望《のぞ》めば、エルサレムのあるユダの山々《やまやま》が見渡《みわた》せます。イエスさまはその山《やま》の頂《いただき》からエルサレムの方角《ほうがく》を遠望《えんぼう》されたのです。ロマンがあります。弟子《でし》を3人《さんにん》に限定《げんてい》されたのは、残《のこ》った弟子《でし》たちで、奉仕《ほうし》の女性《じょせい》たちや荷物《にもつ》を強盗《ごうとう》から守《まも》る用心《ようじん》のためです。この山《やま》を西《にし》に下《くだ》るとエリコの町《まち》があります。エルサレムに向《む》かうにはその町《まち》を通《とお》らねばなりません。これは遠回《とおまわ》りです。この山《やま》に登《のぼ》るためにこそ、今回《こんかい》イエスさまはいつもの道《みち》とは違《ちが》う道《みち》を通《とお》っておられるのです。マリヤさまも山《やま》の途中《とちゅう》まで奉仕《ほうし》の女性《じょせい》たちと登《のぼ》られたことと思《おも》います。

なお、この「モーセとエリヤの山《やま》」の記事《きじ》を劇場化《げきじょうか》させた「高《たか》い山《やま》」が、「マタイによる福音書《ふくいんしょ》」と「マルコによる福音書《ふくいんしょ》」にありますので、巻末《かんまつ》の**「注解余録《ちゅうかいよろく》（7）マタイ福音書《ふくいんしょ》とマルコ福音書《ふくいんしょ》の山《やま》は「高《たか》い山《やま》」」**に置《お》きましたのでごらんください（294ページ）。「モーセゆかりの山《やま》、近《ちか》くに大《おお》きな水面《すいめん》のある山《やま》、エリコに近《ちか》い山《やま》」のどれにも当《あ》てはまりません。その高《たか》い山《やま》はカペナウムのずーっと北《きた》に位置《いち》する「ヘルモン山《ざん》」です。

（12）（3）（2）「これはわたしの子《こ》」の「わたし」とは誰《だれ》でしょう

「ルカ福音書」：9-35すると**雲の中から声**があった、「これはわたしの子、わたしの選んだ者である。

これに聞け」。9-36そして声が止んだとき、イエスがひとりだけになっておられた。

この文章《ぶんしょう》は「ルカによる福音書《ふくいんしょ》」にだけあります。かつてイエスさまが洗礼《せんれい》を受《う》けられた時《とき》の天《てん》の声《こえ》と符合《ふごう》します。思《おも》い出《だ》しましょう。

「ルカ福音書《ふくいんしょ》」：3-21さて、民衆がみなバプテスマを受けたとき、イエスもバプテスマを受けて祈っておられると、天が開けて、3-22聖霊がはとのような姿をとってイエスの上に下り、そして**天から声**がした、「あなたはわたしの愛する子、わたしの心にかなう者である」。

「雲《くも》の中《なか》から声《こえ》」、「天《てん》から声《こえ》」、これらも「エリヤ?」なのです。エリヤが預言者以外《よげんしゃいがい》に「天《てん》、あるいは神《かみ》」にも使《つか》われたと分《わ》かれば福音書《ふくいんしょ》の矛盾《むじゅん》が1《ひと》つ解消《かいしょう》です。

(12)(3)(3) 神《かみ》とエリヤの混交《こんこう》

「ルカ福音書《ふくいんしょ》」：それはモーセとエリヤであったが、9-31栄光の中に現れて、イエスがエルサレムで遂げようとする最期のことについて話していたのである。

しかしなぜモーセの相手《あいて》がエリヤなのでしょうか。エリヤは一介《いっかい》の預言者《よげんしゃ》に過《す》ぎません。エリヤのことは「列王紀上《れつおうきじょう》17章《しょう》」に書《か》いてあります。彼《かれ》が生《い》きた時代《じだい》、ダビデの王国《おうこく》は南北《なんぼく》に分裂《ぶんれつ》していました。北王国《きたおうこく》は「イスラエル」を名乗《なの》り、領土《りょうど》は「サマリヤ」でした。王《おう》はバアルなどの像《ぞう》を御神体《ごしんたい》として民《たみ》に拝《おが》ませ、エルサレムの神《かみ》を忘《わす》れさせようとしました。預言者《よげんしゃ》たちはその偶像崇拝《ぐうぞうすうはい》を批判《ひはん》する立場《たちば》をとったので、王《おう》から命《いのち》を狙《ねら》われました。

「列王紀上《れつおうきじょう》」：18-17アハブは**エリヤ**を見たとき、彼に言った、「イスラエル（北王国のこと）を悩ます者よ、あなたはここにいるのですか」。18-18彼は答えた、「わたしがイスラエルを悩ますのではありません。あなたと、あなたの父の家が悩ましたのです。あなたが主の命令を捨て、バアルに従ったためです。18-19それで今、人をつかわしてイスラエルのすべての人およびバアルの預言者四百五十人、ならびにアシラの預言者四百人、イゼベルの食卓で食事する者たちをカルメル山に集めて、わたしの所にこさせなさい」。

「列王紀下《れつおうきげ》」：2-11彼らが進みながら語っていた時、火の車と火の馬があらわれて、ふたりを隔てた。そして**エリヤ**はつむじ風に乗って天にのぼった。2-12エリシャはこれを見て「わが父よ、わが父よ、イスラエルの戦車よ、その騎兵よ」と叫んだが、再び彼を見なかった。

これが北王国《きたおうこく》イスラエルの預言者《よげんしゃ》エリヤです。モーセとこの預言者《よげんしゃ》エリヤとを同列《どうれつ》に扱《あつか》うのでは格《かく》が違《ちが》いすぎます。モーセと語《かた》り合《あ》っていたエリヤが預言者《よげんしゃ》のことではなく神《かみ》であるとすると格《かく》が逆転《ぎゃくてん》して良《い》い感《かん》じです。イエスさまの臨終《りんじゅう》の場面《ばめん》に、「エリヤ」の受《う》け止《と》め方《かた》が神《かみ》とエリヤに分《わ》かれる混交《こんこう》が見《み》られます。詳細《しょうさい》は巻末《かんまつ》の**「注解余録《ちゅうかいよろく》（8）エリとエロイが「わが神《かみ》」と「エリヤ」の混交《こんこう》」**をご覧《らん》ください（296ページ）。

ですから「それはモーセとエリヤであったが、9-31栄光の中に現れて」と、モーセが話《はな》していた相手《あいて》のエリヤは預言者《よげんしゃ》ではなく「神《かみ》」だったのです。

それからもう1《ひと》つ、モーセと主《しゅ》なる神《かみ》との場面《ばめん》に思《おも》い至《いた》りました。モーセが、神《かみ》の山《やま》ホレブで先祖《せんぞ》の神《かみ》の声《こえ》を聞《き》いたのです。この神《かみ》がエリヤだとすると話《はなし》が通《とお》ります。2023/1/20

「出《しゅつ》エジプト記《き》」：3-1モーセは妻の父、ミデヤンの祭司エテロの羊の群れを飼っていたが、その群れを荒野の奥に導いて、神の山ホレブにきた。3-2ときに主の使は、しばの中の炎のうちに彼に現れた。彼が見ると、しばは火に燃えているのに、そのしばはなくならなかった。3-3モーセは言った、「行ってこの大きな見ものを見、なぜしばが燃えてしまわないのかを知ろう」。3-4主は彼がきて見定めようとするのを見、神はしばの中から彼を呼んで、「モーセよ、モーセよ」と言われた。彼は「ここにいます」と言った。3-5神は言われた、「ここに近づいてはいけない。足からくつを脱ぎなさい。あなたが立っているその場所は聖なる地だからである」。3-6また言われた、「わたしは、あなたの先祖の神、アブラハムの神、イサクの神、ヤコブの神である」。モーセは神を見ることを恐れたので顔を隠した。

このホレブ山《やま》の神《かみ》がエリヤだとすると、北王国《きたおうこく》がヤコブの別名《べつめい》であるイスラエルの名《な》を僭称《せんしょう》したように、北《きた》の預言者《よげんしゃ》は、「神《かみ》の名《な》あるいは別名《べつめい》であるエリヤ」を僭称《せんしょう》したことになります。「エリヤは神《かみ》か預言者《よげんしゃ》か」、わたしたち異邦人《いほうじん》の混乱《こんらん》はそのためでした。

お話《はなし》を「ネボ山《やま》」に戻《もど》しましょう。

「ルカ福音書《ふくいんしょ》」：9-30すると見よ、ふたりの人がイエスと語り合っていた。それはモーセとエリヤであったが、9-31栄光の中に現れて、イエスがエルサレムで遂げようとする最期のことについて話していたのである。

イエスさまが語《かた》られていた相手《あいて》は、神《かみ》とモーセであり、その内容《ないよう》はイエスさまが遂《と》げようとされているアロン家《け》の使命《しめい》です。「人《ひと》の罪《つみ》を人《ひと》が負《お》い」の具現《ぐげん》は、罪《つみ》という見《み》えないものを人《ひと》の身体《からだ》に顕在化《けんざいか》させ、その見《み》える罪《つみ》を木《き》に掛《か》けて贖《あがな》うことです。具体的《ぐたいてき》にはそれがイエスさまの十字架《じゅうじか》です。「イエスがエルサレムで遂《と》げようとする最期《さいご》のこと」とは、まさにアロン家《け》のイエスさまによる「罪《つみ》の贖《あがな》い」の総仕上《そうしあ》げです。イエスさまとマリヤさまとは遠《とお》くモーセとご先祖《せんぞ》の神《かみ》（エリヤ）に思《おも》いをはせエルサレムを遠望《えんぼう》されたのです。これで「山《やま》」の話《はなし》は終《お》わりです。

物語《ものがたり》（13）「注解《ちゅうかい》」マルタ姉妹《しまい》、過激発言《かげきはつげん》、エリコのザアカイ

（13）（1）マルタ姉妹《しまい》の家《いえ》がある村《むら》の名前《なまえ》は

「ルカ福音書《ふくいんしょ》」：10-38一同が旅を続けているうちに、イエスが**ある村**へはいられた。するとマルタという名の女がイエスを家に迎え入れた。10-39この女にマリヤという妹がいたが、主の足もとにすわって、御言に聞き入っていた。10-40ところが、マルタは接待のことで忙しくて心をとりみだし、イエスのところにきて言った、「主よ、妹がわたしだけに接待をさせているのを、なんともお思いになりませんか。わたしの手伝いをするように妹におっしゃってください」。

例《れい》によって、彼女《かのじょ》らの村《むら》の名前《なまえ》がありません。このエピソードでは妹《いもうと》のマリヤだけが褒《ほ》められています。イエスさまらしくないなさりようです。そもそもこの姉妹《しまい》のエピソードは何《なん》のためなのでしょうか。その詳細《しょうさい》は巻末《かんまつ》の**「注解余録《ちゅうかいよろく》（10）マルタとマリヤ姉妹《しまい》の家庭環境《かていかんきょう》を考察《こうさつ》（父《ちち》は、らい病人《びょうにん》シモン）」**をご覧《らん》ください（306ページ）。端的《たんてき》に言《い》いますと、彼女《かのじょ》らの父《ちち》の名《な》は、らい病人《びょうにん》シモンであり、場所《ばしょ》はベタニヤです。それは補完関係《ほかんかんけい》にある「マルコによる福音書《ふくいんしょ》」に書《か》かれていました。「ナルドの香油《こうゆ》」をイエスさまの頭《あたま》に注《そそ》ぎかけた女《おんな》は妹《いもうと》のマ

リヤです。イエスさまに父《ちち》の業病《ごうびょう》をきよめていただいた、言葉《ことば》に言《い》い尽《つ》くせぬ感謝《かんしゃ》の気持《きも》ちを、「戴冠《たいかん》」の儀式《ぎしき》に込《こ》めたのです。父《ちち》は、イエスさまが公生涯《こうしょうがい》に入《はい》られてまだ日《ひ》の浅《あさ》い時《とき》に、カペナウムに来《き》ていて、イエスさまの評判《ひょうばん》を聞《き》きつけ、らい病《びょう》をきよめてもらったのです。忙《いそが》しく立《た》ち回《まわ》る姉《あね》のマルタと、イエスさまを見《み》つめる妹《いもうと》のマリヤ、２人《ふたり》の短《みじか》いエピソードの背後《はいご》にある「物語《ものがたり》」を読《よ》み解《と》きました。使徒《しと》の名《な》のリストから「取税人《しゅぜいにん》レビ」の名《な》が隠《かく》されたように、姉妹《しまい》の父《ちち》の名《な》は「らい病《びょう》」のゆえに隠《かく》されたのです。それらは当時《とうじ》のユダヤ人《じん》の「罪《つみ》」の意識《いしき》のゆえです。

⒀（2）イエスさまの過激発言《かげきはつげん》が炸裂《さくれつ》

次《つぎ》のエピソードでは、イエスさまはパリサイ人《びと》の家《いえ》に招《まね》かれ、客《きゃく》となられるのですが、その家《いえ》の場所《ばしょ》はマルタ姉妹《しまい》の家《いえ》と同様《どうよう》に不明《ふめい》です。とにかくイエスさまはマルタ姉妹《しまい》の家《いえ》での穏《おだ》やかな態度《たいど》とは一変《いっぺん》し、過激発言《かげきはつげん》を炸裂《さくれつ》なさいます。

「ルカ福音書《ふくいんしょ》」：11−37イエスが語っておられた時、あるパリサイ人が、自分の家で食事をしていただきたいと申し出たので、はいって食卓につかれた。11−38ところが、食前にまず洗うことをなさらなかったのを見て、そのパリサイ人が不思議に思った。

ユダヤ人《じん》は「食前《しょくぜん》に手《て》を洗《あら》う」、読者《どくしゃ》は「⑫（2）パンの奇跡《きせき》」を思《おも》われることでしょう（158ページ）。

「ルカ福音書《ふくいんしょ》」：11-53イエスがそこを出て行かれると、律法学者やパリサイ人は、激しく詰め寄り、いろいろな事を問いかけて、11-54イエスの口から何か言いがかりを得ようと、ねらいはじめた。

食事《しょくじ》の前《まえ》に手《て》を洗《あら》うことはユダヤ人《じん》にとっては律法《りっぽう》の定《さだ》める絶対的《ぜったいてき》な掟《おきて》なのです。エルサレムの祭司長《さいしちょう》たちから派遣《はけん》された彼《かれ》らはイエスさまの律法無視《りっぽうむし》を認定《にんてい》し、除《のぞ》かれるべき者《もの》だと報告《ほうこく》することでしょう。それをイエスさまとマリヤさまとは百《ひゃく》も承知《しょうち》でなければなりません。言《い》わば敵《てき》の本拠地《ほんきょち》のあるエルサレムに乗《の》り込《こ》まれるわけですから。でも、イエスさまがこのような単《たん》に喧嘩《けんか》を売《う》るような中身《なかみ》の無《な》い発言《はつげん》（省略《しょうりゃく》）をなさったのかには疑問符《ぎもんふ》です。

⑬（3）イエスさまの旅《たび》の目的《もくてき》を劇場型《げきじょうがた》に変更《へんこう》

「ルカ福音書《ふくいんしょ》」：13-22さてイエスは教えながら町々村々を通り過ぎ、エルサレムへと旅を続けられた。（中略）13-33しかし、きょうもあすも、またその次の日も、わたしは進んで行かねばならない。預言者がエルサレム以外の地で死ぬことは、あり得ないからである。

イエスさまは今《いま》どのあたりにおられるのでしょうか、漠然《ばくぜん》としすぎです。このあたりを書《か》いた者《もの》は、なぜイエスさまが過越《すぎこし》の祭《まつり》に間《ま》に合《あ》うようにエルサレムを目指《めざ》しておられるのかが分《わ》かっていないのです。エルサレムで殺《ころ》されることが既知《きち》のこととしてのイエスさまの発言《はつげん》ですから意味不明《いみふめい》です。14章《しょう》から17章《しょう》あたりは「たとえ」話《ばなし》とか訓話《くんわ》の類《たぐい》なので省《はぶ》きます。

「ルカ福音書《ふくいんしょ》」：18－31イエスは十二弟子を呼び寄せて言われた、「見よ、わたしたちはエルサレムへ上って行くが、人の子について預言者たちがしるしたことは、すべて成就するであろう。18－32人の子は異邦人に引きわたされ、あざけられ、はずかしめを受け、つばきをかけられ、18－33また、むち打たれてから、ついに殺され、そして三日目によみがえるであろう」。

この記事《きじ》は、まさにエジプトのアレキサンドリヤ司教《しきょう》の好《この》む、「劇場型《げきじょうがた》の文書《ぶんしょ》」そのものです。イエスさまに迫《せま》り来《く》る死《し》の原因《げんいん》が旧約聖書《きゅうやくせいしょ》の「預言《よげん》」にあるとしています。そして、実際《じっさい》の出来事《できごと》と似《に》たようなことをイエスさまに予告《よこく》させています。イエスさまは異邦人《いほうじん》に引《ひ》き渡《わた》され、そして殺《ころ》されるというのです。そして異邦人《いほうじん》すなわち総督《そうとく》ピラトを一方的《いっぽうてき》に悪《わる》く書《か》いています。その目的《もくてき》は、「罪《つみ》の贖《あがな》い」のような地味《じみ》なものを廃《はい》し、聴衆《ちょうしゅう》をわくわくさせるような劇場型《げきじょうがた》にするためです。

アレキサンドリヤ司教《しきょう》が挿入《そうにゅう》させたこれらの記事《きじ》は、「罪《つみ》の贖《あがな》い」の完成《かんせい》を転《てん》じて、神《かみ》の御子《みこ》、あるいは当時《とうじ》あった「人《ひと》の子《こ》」思想《しそう》に由来《ゆらい》する「空想《くうそう》」にゆがめたのです。ローマ・カトリック教会《きょうかい》の、神父《しんぷ》が告悔《こっかい》の信徒《しんと》に言《い》う、「子《こ》よ、あなたの罪《つみ》はゆるされた」が告悔《こっかい》の信徒《しんと》に与《あた》える平安《へいあん》を骨抜《ほねぬ》きにしたのです。それら劇場型《げきじょうがた》に改編《かいへん》の作業《さぎょう》は「新約聖書《しんやくせいしょ》」の全《すべ》ての文書《ぶんしょ》に及《およ》んでいます。それは、実際《じっさい》にはエジプトのアレキサンドリヤ教会《きょうかい》の奴隷《どれい》たちの「智的《ちてき》労働《ろうどう》」の賜物《たまもの》とします。福音書《ふくいんしょ》にはそうしたたくさんのゴミが混《ま》じっているということです。「新約聖書《しんやくせいしょ》」の詳細《しょうさい》については、巻末《かんまつ》の**「特典《とくてん》「1」「新約聖書《しんやくせいしょ》」の由緒《ゆいしょ》」**をご覧《らん》ください（315ページ）。

⑬（4）エリコにて、取税人《しゅぜいにん》のかしらザアカイ

イエスさまがネボ山《やま》に登《のぼ》られ、モーセとエリヤと話《はな》されたエピソードの後《あと》の方《ほう》に、このエリコの町《まち》のエピソードがあります。イエスさま一行《いっこう》の今回《こんかい》のエルサレム詣《もう》での道《みち》すじは、イエスさまご一家《いっか》の、いつもとは違《ちが》い、ヨルダン川《がわ》を東《ひがし》に渡《わた》るなど、ずいぶん遠回《とおまわ》りされています。

それはモーセゆかりのネボ山《やま》に登《のぼ》り、今回《こんかい》をアロン家《け》の使命達成《しめいたっせい》の千載一遇《せんざいいちぐう》のチャンスとすべく、遠《とお》くエルサレムを望《のぞ》みたいという感慨《かんがい》があったのでしょう。その使命《しめい》とは、大祭司《だいさいし》による「人《ひと》の罪《つみ》を獣《けもの》に移《うつ》し」の反復《はんぷく》を改《あらた》め、ただ1度《いちど》きりの「人《ひと》の罪《つみ》を人《ひと》が負《お》う」を具現《ぐげん》させることであり、「罪《つみ》の贖《あがな》い」の課題《かだい》を永久解決《えいきゅうかいけつ》することです。一行《いっこう》にはマリヤさまもおいでです。そして下山《げざん》し、その後《あと》の道筋《みちすじ》としてエルサレムに上《のぼ》るためエリコの町《まち》を通過《つうか》しようとされているのです。

「ルカ福音書《ふくいんしょ》」：19-1さて、イエスはエリコにはいって、その町をお通りになった。19-2ところが、
そこにザアカイという名の人がいた。この人は**取税人のかしら**で、**金持**であった。19-3彼は、イエ
スがどんな人か見たいと思っていたが、背が低かったので、群衆にさえぎられて見ることができな
かった。19-4それでイエスを見るために、前の方に走って行って、いちじく桑の木に登った。そこ
を通られるところだったからである。19-5イエスは、その場所にこられたとき、上を見あげて言わ
れた、「ザアカイよ、急いで下りてきなさい。きょう、あなたの家に泊ることにしているから」。19-
6そこでザアカイは急いでおりてきて、よろこんでイエスを迎え入れた。19-7人々はみな、これを
見てつぶやき、「彼は罪人の家にはいって客となった」と言った。19-8ザアカイは立って主に言った、
「主よ、わたしは誓って自分の財産の半分を貧民に施します。また、もしだれかから不正な取立てを

していましたら、それを四倍にして返します」。19-9イエスは彼に言われた、「きょう、救がこの家にきた。この人もアブラハムの子なのだから。19-10**人の子**がきたのは、失われたものを尋ね出して救うためである」。

イエスさまがザアカイの名前《なまえ》を呼《よ》ばれたのは、使徒《しと》の中《なか》に彼《かれ》を知《し》る取税人《しゅぜいにん》がいたからです。ザアカイは取税人《しゅぜいにん》のかしらであり、取税人《しゅぜいにん》の「レビ」はザアカイと知《し》り合《あ》いだったのです。このエピソードは、「マタイによる福音書《ふくいんしょ》」のマタイの召命《しょうめい》の箇所《かしょ》に引用《いんよう》されています。取税人《しゅぜいにん》マタイがイエスさまを自宅《じたく》に招《まね》き、人々《ひとびと》から「なぜ罪人《つみびと》と食事《しょくじ》を共《とも》にするのか」と言《い》われた場面《ばめん》です。しかし、一介《いっかい》の取税人《しゅぜいにん》風情《ふぜい》が大勢《おおぜい》の人《ひと》を食事《しょくじ》に招《まね》くほどの金《かね》を持《も》っているとは思《おも》えません。税《ぜい》をピンはねしたくらいで貯金《ちょきん》はできないでしょう。ザアカイならお金《かね》を持《も》っていそうです。それにしても「人《ひと》の子《こ》がきたのは」の「人《ひと》の子《こ》」とは、アレキサンドリヤ司教《しきょう》の十八番《おはこ》です。「人《ひと》の子《こ》」のある箇所《かしょ》はルカのオリジナルではない、修正《しゅうせい》あるいは追加《ついか》があるのです。

（13）（5）エルサレム近くのオリブ山沿《やまぞ》いの村《むら》にてロバの子《こ》を調達《ちょうたつ》

ネボ山《やま》から、エリコ、ベタニヤ、オリブ山《やま》の麓《ふもと》をたどり、賑々《にぎにぎ》しいイエスさまの一行《いっこう》は、いつもの巡礼《じゅんれい》の道《みち》とは異《こと》なり、東側《ひがしがわ》の神殿《しんでん》に近《ちか》いほうの門《もん》から城壁都市《じょうへきとし》エルサレムに入城《にゅうじょう》されようとしています。

「ルカ福音書《ふくいんしょ》」：19－28イエスはこれらのことを言ったのち、先頭に立ち、エルサレムへ上って行かれた。19－29そしてオリブという山に沿ったベテパゲと**ベタニヤ**に近づかれたとき、ふたりの弟子をつかわして言われた、19－30「向こうの村へ行きなさい。そこにはいったら、まだだれも乗ったことのないろばの子がつないであるのを見るであろう。それを解いて、引いてきなさい。19－31もしだれかが『なぜ解くのか』と問うたら、『主がお入り用なのです』と、そう言いなさい」。

ベタニヤ、そのロバの子《こ》は、らい病人《びょうにん》（だった）シモンのものです。シモンがイエスさまにプレゼントしたのです。娘《むすめ》の「ナルドの香油《こうゆ》」と言《い》い、ロバの子《こ》と言《い》い、シモン一家《いっか》のイエスさまへの感謝《かんしゃ》の程《ほど》が伝《つた》わります。

「ルカ福音書《ふくいんしょ》」：19－36そして進んで行かれると、人々は自分たちの上着を道に敷いた。19－37いよいよオリブ山の下り道あたりに近づかれると、大ぜいの弟子たちはみな喜んで、彼らが見たすべての力あるみわざについて、声高らかに神をさんびして言いはじめた、19－38「主の御名によってきたる王に、祝福あれ。天には平和、いと高きところには栄光あれ」。

祭司長《さいしちょう》たちから命《いのち》を狙《ねら》われているのを知《し》りながら、イエスさまは「わたしはやって来《き》た」と言《い》わんばかりに賑々《にぎにぎ》しく、難攻不落《なんこうふらく》のエルサレムに入城《にゅうじょう》されました。

(13)(6) イエスさま側《がわ》からの宣戦布告《せんせんふこく》

「ルカ福音書《ふくいんしょ》」:19-45それから宮にはいり、商売人たちを追い出しはじめて、19-46彼らに言われた、『わが家は祈の家であるべきだ』と書いてあるのに、あなたがたはそれを盗賊の巣にしてしまった」。19-47イエスは毎日、宮で教えておられた。祭司長、律法学者また民衆の重立った者たちはイエスを殺そうと思っていたが、19-48民衆がみな熱心にイエスに耳を傾けていたので、手のくだしようがなかった。

このイエスさまの言動《げんどう》が事実《じじつ》だとしたら、イエスさまは祭司長《さいしちょう》たちに喧嘩《けんか》を売《う》られたことになります。相手《あいて》の祭司長《さいしちょう》は大祭司《だいさいし》でもあり宗教国家《しゅうきょうこっか》ユダヤの言《い》わば元首《げんしゅ》です。今《いま》はローマの属州扱《ぞくしゅうあつか》いのユダヤですが、それ以前《いぜん》のおよそ100年間《ねんかん》は、ハスモン家《け》の大祭司《だいさいし》を国家元首《こっかげんしゅ》とする独立国《どくりつこく》だったのですから。でもイエスさまのこの劇場型《げきじょうがた》の言動《げんどう》はルカが記《しる》したものではありません。人々《ひとびと》は神殿《しんでん》には貢物《ささげもの》をするためにお参《まい》りします。だからそれを売《う》ってくれるお店《みせ》が必要《ひつよう》です。ヨセフに伴《とも》なわれたマリヤさまが、生後《せいご》1ヶ月《いっかげつ》のイエスさまを抱《だ》いて宮参《みやまい》りされた時《とき》には、ご両親《りょうしん》は「やまバト」の奉《ささ》げ物《もの》を奉納《ほうのう》されています。初子《ういご》は神《かみ》のものであり、それを奉《ささ》げ物《もの》を奉納《ほうのう》して取《と》り戻《もど》すのです。それを提供《ていきょう》しているお店《みせ》を「盗賊《とうぞく》の巣《す》」とはあまりにも過激《かげき》な発言《はつげん》です。イエスさまの地味《じみ》な活動《かつどう》を否定《ひてい》し劇場型《げきじょうがた》にしています。

⒀（7）二者択一《にしゃたくいつ》の難問《なんもん》「カイザルへの貢《みつぎ》」

「ルカ福音書《ふくいんしょ》」：20-20そこで、彼らは機会をうかがい、義人を装うまわし者どもを送って、イエスを総督の支配と権威とに引き渡すため、その言葉じりを捕えさせようとした。20-21彼らは尋ねて言った、「先生、わたしたちは、あなたの語り教えられることが正しく、また、あなたは分け隔てをなさらず、真理に基いて神の道を教えておられることを、承知しています。20-22ところで、カイザルに貢を納めてよいでしょうか、いけないでしょうか」。

カイザルとはローマ皇帝《こうてい》のことです。祭司長《さいしちょう》たちはイエスさまに、ローマ皇帝《こうてい》に税金《ぜいきん》を払《はら》って「いい」か、「わるい」かを質問《しつもん》したのです。もしイエスさまが「いい」と答《こた》えられたら、民衆《みんしゅう》の心《こころ》はイエスさまから離《はな》れてしまうでしょう。「わるい」と答《こた》えられると、総督《そうとく》ピラトが黙《だま》っていません。さすがのイエスさまもこの質問《しつもん》にはピンチのはずでした。しかし、イエスさまのご返事《へんじ》は、「いい」でも「わるい」でもありませんでした。彼《かれ》らの意表《いひょう》を突《つ》いて、通貨《つうか》の「デナリを見《み》せなさい」と言《い》われたのです。「え？」。

「ルカ福音書《ふくいんしょ》」：20-23イエスは彼らの悪巧（わるだく）みを見破って言われた、20-24「デナリを見せなさい。それにあるのは、だれの肖像（しょうぞう）、だれの記号なのか」。「カイザルのです」と、彼らが答えた。20-25するとイエスは彼らに言われた、「それなら、カイザルのものはカイザルに、神のものは神に返しなさい」。20-26そこで彼らは、民衆の前でイエスの言葉じりを捕えることができず、その答えに驚嘆して、黙ってしまった。

通貨《つうか》のデナリには皇帝《カイザル》の肖像《しょうぞう》が鋳《い》てありました。それを用《もち》いたイエスさまのご返事《へんじ》に祭司長《さいしちょう》たちは舌《した》を巻《ま》きました。ローマへの税金《ぜいきん》と同《おな》じように神殿《しんでん》への献金《けんきん》にもその通貨《つうか》が使《つか》われていたからです。

物語《ものがたり》（14）「注解《ちゅうかい》」一行《いっこう》の滞在先《たいざいさき》は民家《みんか》ではなく安宿《やすやど》

（14）（1）宣教《せんきょう》の旅《たび》は極貧生活《ごくひんせいかつ》の覚悟《かくご》では成《な》り立《た》たない、巡礼者《じゅんれいしゃ》の宿《やど》

「ルカ福音書《ふくいんしょ》」：21－37イエスは昼のあいだは宮で教え、夜には出て行ってオリブという山で夜をすごしておられた。21－38民衆はみな、み教を聞こうとして、いつも朝早く宮に行き、イエスのもとに集まった。

イエスさまのエルサレムでの日常《にちじょう》が書《か》かれています。忙《いそが》しそうです。ここだけ読《よ》むと、イエスさまたちはお金《かね》がなくて夜《よる》は野宿《のじゅく》しておられたのだろうかと思《おも》いますね。一行《いっこう》の生活《せいかつ》は貧《ひん》の極《きわ》みと言《い》うべきです。ですがそれは悲観的《ひかんてき》すぎます。結論《けつろん》から言《い》えば、「一行《いっこう》は巡礼者《じゅんれいしゃ》の宿《やど》に泊《と》まっていた」が合理的《ごうりてき》です。奉仕《ほうし》の女性《じょせい》たちもいますしね。野宿《のじゅく》はいけません。

「巡礼者《じゅんれいしゃ》の宿《やど》」のヒントは、「使徒行伝《しとぎょうでん》」と「コロサイ人《びと》への手紙《てがみ》」にあります。それらによれば、まずマルコの母《はは》マリヤの家《いえ》は大《おお》ぜいの人《ひと》が集《あつ》まれる大《おお》きさだったのです。それが個人《こじん》の邸宅《ていたく》とは考《かんが》えにくいです。次《つぎ》にバルナバはクプロ（島《しま》の名前《なまえ》）生《う》まれのレビ人《びと》です。そして、

マルコはそのバルナバと「いとこ」です。これらから推《お》して、その大《おお》きな家《いえ》とは巡礼者向《じゅんれいしゃむ》けの「宿《やど》」だったのです。端的《たんてき》に言《い》うと安宿《やすやど》です。

はるばるガリラヤ地方《ちほう》からエルサレムに出《で》て来《き》て泊《と》まったのが個人《こじん》の大《おお》きな家《いえ》というのは、急《きゅう》な人気《にんき》のイエスさまの名声《めいせい》をもってしても無理《むり》があります。マルコの母《はは》は宿《やど》の女主人《おんなしゅじん》とすべきです。そして彼女《かのじょ》はバルナバと同《おな》じレビ人《びと》です。レビ人《びと》は12部族《ぶぞく》に分散《ぶんさん》している特殊《とくしゅ》な任務《にんむ》を持《も》つ部族《ぶぞく》で、一般的《いっぱんてき》な「労働《ろうどう》」はしなくていい身分《みぶん》です。宿《やど》は営業目的《えいぎょうもくてき》というよりも巡礼者《じゅんれいしゃ》への安価《あんか》な宿泊場所《しゅくはくばしょ》の提供《ていきょう》だったと考《かんが》えられます。ですから宿《やど》の経営者《けいえいしゃ》は男《おとこ》ではなく、「女主人《おんなしゅじん》」なのであり、未亡人《みぼうじん》というわけではないのです。そして、レビ人《びと》は、「出《しゅつ》エジプト」の頃《ころ》はアロン家《け》のアシスタントと位置《いち》づけられ、組立式《くみたてしき》の幕屋《まくや》の神殿《しんでん》の組《く》み立《た》て、解体《かいたい》、運搬《うんぱん》、そしてアロン家《け》の大祭司《だいさいし》を補佐《ほさ》して神殿《しんでん》での神事《しんじ》に従事《じゅうじ》したのです。

今《いま》ではユダヤ人《じん》にさえ忘《わす》れられた「アロン家《け》」ですが、この女主人《おんなしゅじん》はマリヤさまがアロン家《け》最後《さいご》の姫《ひめ》であることを知《し》り、歓喜《かんき》したのです。そして急遽《きゅうきょ》、宿《やど》を「貸《か》しきり」にしました。バルナバなどの親族《しんぞく》を除《のぞ》いて常連《じょうれん》の巡礼者《じゅんれいしゃ》もシャットアウトされました。そしてこの家《いえ》こそは、「過越《すぎこし》の食事《しょくじ》」のメニューの夕食《ゆうしょく》、俗《ぞく》に言《い》う「最後《さいご》の晩餐《ばんさん》」の家《いえ》でなくてはなりません。そのメニューの目的《もくてき》は、「慰労会《いろうかい》」だったはずですから焼肉《やきにく》のご馳走《ちそう》です。その訳《わけ》は、後《のち》ほどお分《わ》かりになります。では、今《いま》お話《はなし》した聖書《せいしょ》の3ケ所《さんかしょ》の文面《ぶんめん》をごらんください。

「使徒行伝《しとぎょうでん》」：12－12ペテロはこうとわかってから、マルコと呼ばれているヨハネ（マルコのこと）の母マリヤの家に行った。その家には大ぜいの人が集まって祈っていた。

この「大《おお》ぜいの人《ひと》が集《あつ》まれる家《いえ》」こそは個人《こじん》の邸宅《ていたく》ではなく「宿《やど》」でなければなりません。しかも大《おお》ぜいの人《ひと》が集《あつ》まれるのは、広間《ひろま》があるからです。雑魚寝《ざこね》もできる広間《ひろま》がある、それは「巡礼者《じゅんれいしゃ》のための宿《やど》（安宿《やすやど》）」の特徴《とくちょう》です。その宿《やど》はマルコの母《はは》が経営者《けいえいしゃ》です。

「使徒行伝《しとぎょうでん》」：4－36クプロ生まれのレビ人で、使徒たちにバルナバ（「慰めの子」の意）と呼ばれていたヨセフは、4－37自分の所有する畑を売り、その代金を持ってきて、使徒たちの足もとに置いた。

クプロは島《しま》の名前《なまえ》です。出身地《しゅっしんち》だとすると彼《かれ》は「離散《りさん》のユダヤ人《じん》」です。

「コロサイ人《びと》への手紙《てがみ》」：4－10わたしと一緒に捕われの身となっているアリスタルコとバルナバのい

とこマルコとが、あなたがたによろしくと言っている。

バルナバとマルコは親戚《しんせき》なのです。だからバルナバは「最後《さいご》の晩餐《ばんさん》」の席《せき》にもいた可能性《かのうせい》があります。イエスさまご一行《いっこう》が投宿《とうしゅく》されたのは、巡礼者《じゅんれいしゃ》向《む》けの「宿《やど》」、との気付《きづ》きは、「最後《さいご》の晩餐《ばんさん》」のメニューのイメージを根本的《こんぽんてき》に変《か》えました。すなわち、「晩餐《ばんさん》」の内容《ないよう》は、個人《こじん》の家《いえ》ならパンとぶどう酒《しゅ》だけの粗食《そしょく》もやむをえませんが宿《やど》なら話《はなし》は別《べつ》です。「過越《すぎこし》の食事《しょくじ》」のメニューは、焼肉《やきにく》がメインの料理《りょうり》です。宿《やど》なら大人数《おおにんずう》での焼肉料理《やきにくりょうり》の提供《ていきょう》はむしろ仕事《しごと》のうちですから問題《もんだい》ありません。そしてその費用《ひよう》、宿代《やどだい》の資金《しきん》こそは、マリヤさまの日頃《ひごろ》の貯蓄《ちょちく》の賜物《たまもの》でしょう。夫《おっと》ヨセフとイエスさまが働《はたら》いておられた頃《ころ》には、子《こ》だくさんでも、家計《かけい》に余裕《よゆう》があったのです。そしてその貯蓄《ちょちく》こそは、今回《こんかい》の旅《たび》の資金《しきん》なのです。また、旅《たび》の途中《とちゅう》に催《もよお》した集会《しゅうかい》では女《おんな》たちは唄《うた》を歌《うた》い、踊《おど》りを披露《ひろう》し、弟子《でし》たちが献金《けんきん》を募《つの》ったことでしょう。さらにはマノア夫婦《ふうふ》が暇《いとま》を取《と》って去《さ》る際《さい》にアロン家《け》の当主《とうしゅ》エズラから預《あず》かった金《かね》を置《お》いていった可能性《かのうせい》にも言及《げんきゅう》しました。事業《じぎょう》をするには「資金《しきん》」が必要《ひつよう》です。

そして「オリブという山《やま》で夜《よ》をすごし」の日々《ひび》には、祭司長《さいしちょう》たちにとって、イエスさま捕縛《ほばく》に都合《つごう》の良《い》い状況《じょうきょう》、「人気《ひとけ》の無《な》い場所《ばしょ》と時刻《じこく》を提供《ていきょう》する目的《もくてき》がある」とします。

（14）（2）過越《すぎこし》の祭《まつり》には「空《あ》いた」十字架《じゅうじか》の胸算用《むなざんよう》それぞれ

「ルカ福音書《ふくいんしょ》」：22－1さて、過越といわれている除酵祭が近づいた。22－2祭司長たちや律法学者たちは、どうかしてイエスを殺そうと計っていた。民衆を恐れていたからである。

ここだけ読《よ》めば、祭司長《さいしちょう》たちはいかにも能無《のうな》しです。しかし、彼《かれ》らには「今年《ことし》も空《あ》くはずの十字架《じゅうじか》」が念頭《ねんとう》にあるのです。そしてイエスさまの周《まわ》りに民衆《みんしゅう》のいない「場所《ばしょ》」と「時刻《じこく》」でイエスさまを捕縛《ほばく》する。ただちに、宗教裁判《しゅうきょうさいばん》を強行《きょうこう》し、速《すみ》やかに「死罪《しざい》」を宣告《せんこく》する。仕上《しあ》げは治安《ちあん》に関《かん》する罪状《ざいじょう》でピラトの十字架《じゅうじか》に渡《わた》す。具体的《ぐたいてき》には、今回《こんかい》の祭《まつり》に処刑《しょけい》される3人《さんにん》の内《うち》の1人《ひとり》にピラトの恩赦《おんしゃ》を引《ひ》き出《だ》して、それで空《あ》く十字架《じゅうじか》の有効活用《ゆうこうかつよう》です。さらに言《い》えば、イエスさまの始末《しまつ》に自分《じぶん》たちの手《て》を染《そ》めるのではなく、総督《そうとく》ピラトの仕業《しわざ》にできれば最高《さいこう》です。つまり、その空《あ》いた十字架《じゅうじか》にイエスさまを掛《か》けるように仕向《しむ》けるのです。そのための綿密《めんみつ》な計画《けいかく》はすでに練《ね》られているのです。

イエスさまがわざわざ過越《すぎこし》の祭《まつり》にエルサレムに来《こ》られるとは、まさに「飛《と》んで火《ひ》に入《い》る夏《なつ》の虫《むし》」というわけです。イエスさまの十字架《じゅうじか》は偶然《ぐうぜん》の成《な》り行《い》きではなく、祭司長側《さいしちょうがわ》による計画的《けいかくてき》なものなのです。しかもそれはピラトに悟《さと》られてはならないのです。そして、その上《うえ》にイエスさまが果《は》たされるべき、アロン家《け》による「罪《つみ》の贖《あがな》い」の永遠化《えいえんか》に資《し》するご計画《けいかく》はあるのです。それが「父《ちち》よ、彼《かれ》らをおゆるしください」との勝利宣言《しょうりせんげん》につながります。

(14)(3) イスカリオテのユダの胸算用《むなざんよう》

「ルカ福音書《ふくいんしょ》」: 22-3そのとき、十二弟子のひとりで、イスカリオテと呼ばれていたユダに、サタンがはいった。22-4すなわち、彼は祭司長たちや宮守がしらたちのところへ行って、どうしてイエスを彼らに渡そうかと、その方法について協議した。22-5彼らは喜んで、ユダに金を与える取決めをした。22-6ユダはそれを承諾した。そして、群衆のいないときにイエスを引き渡そうと、機会をねらっていた。

「イスカリオテ」とは、もう1人《ひとり》のユダと区別《くべつ》するためのもので「出身地《しゅっしんち》」なのでしょう。ルネサンス期《き》の巨匠《きょしょう》レオナルド・ダ・ビンチが「ビンチ村《むら》のレオナルド」の意味《いみ》であるのと同《おな》じようにです。このユダはイエスさまを祭司長《さいしちょう》たちに売《う》った張本人《ちょうほんにん》とされ、キリスト教世界《きょうせかい》では極悪人《ごくあくにん》として取《と》り扱《あつか》われています。しかし、弟子《でし》のうちではエリートの彼《かれ》が、わずかばかりの金《かね》がほしくてイエスさまを売《う》ったとは考《かんが》えにくいです。彼《かれ》は他《ほか》の弟子《でし》たちと同《おな》じく、ダビデの子孫《しそん》であるイエスさまがヘロデたちをやっつけてユダヤ人《じん》の王《おう》となり、ローマの支配《しはい》から開放《かいほう》するであろう英雄《えいゆう》を期待《きたい》していたのです。しかしイエスさまには、一向《いっこう》にそのような気配《けはい》が見《み》られません。そこでこの際《さい》、祭司長《さいしちょう》たちを利用《りよう》して、イエスさまの優柔不断《ゆうじゅうふだん》な態度《たいど》の白黒《しろくろ》をはっきりさせようとしたのではないでしょうか。つまりイエスさまの前《まえ》に突如捕縛者《とつじょほばくしゃ》が現《あらわ》れたら、「人《ひと》の子《こ》としての神《かみ》の力《ちから》を発揮《はっき》されるに違《ちが》いない」、とユダは信《しん》じたかったのでしょう。もちろんその意図《いと》は祭司長《さいしちょう》たちに知《し》られてはならず、金《かね》で売《う》り渡《わた》すことに同意《どうい》したのです。エリートの陥《おちい》りやすい衝動《しょうどう》です。その点《てん》、ユダと同《おな》じようなイエスさまへの不安《ふあん》はあったにしても、漁師《りょうし》たちはのんきでした。イエスさまが王《おう》になられることを前提《ぜんてい》に大臣《だいじん》の席順《せきじゅん》でもめていました。

ユダはイエスさまが毎夜《まいよ》オリブ山《やま》で夜《よ》を明《あ》かしておられることを知《し》っていました。それは祭司長《さいしちょう》たちのイエスさま捕縛条件《ほばくじょうけん》の「人気《ひとけ》のない場所《ばしょ》と時刻《じこく》」にぴったりなのでした。「イエスさま危《あぶ》ないじゃないですか」と忠告《ちゅうこく》したくなるでしょうが、それはよけいなお世話《せわ》なのです。

⒁（4）過越《すぎこし》の食事《しょくじ》と「除酵祭《じょこうさい》」の薀蓄《うんちく》

「ルカ福音書《ふくいんしょ》」：22-7さて、過越の小羊をほふるべき除酵祭の日がきたので、22-8イエスはペテロとヨハネとを使いに出して言われた、「行って、過越の食事ができるように準備をしなさい」。

「過越《すぎこし》の小羊《こひつじ》をほふるべき」とは、エジプトを脱出《だっしゅつ》するエジプト最後《さいご》の夜《よる》のメニューに小羊《こひつじ》の「焼肉《やきにく》」を用意《ようい》することを意味《いみ》します。家族《かぞく》みんなでスタミナ料理《りょうり》をたらふく食《た》べて、砂漠《さばく》を行進《こうしん》するための腹《はら》ごしらえをしておくのです。その過越《すぎこし》の食事《しょくじ》は、神《かみ》の託宣《たくせん》を受《う》けたモーセの命令《めいれい》としてエジプトを脱出《だっしゅつ》する全家族《ぜんかぞく》に徹底《てってい》させました。また、除酵祭《じょこうさい》の除酵《じょこう》とは膨《ふく》らし粉《こ》の「イースト菌《きん》」を混《ま》ぜない、発酵《はっこう》させて膨《ふく》らませていないパンのことです。硬《かた》いパンですが日持《ひも》ちします。発酵《はっこう》させたパンでは日持《ひも》ちしません。エジプトから逃《に》げるために砂漠《さばく》を何日《なんにち》も行進《こうしん》しなくてはならないのですから、ふわふわ柔《やわ》らかいパンではなく、固《かた》くて薄《うす》いパンをできるだけたくさん用意《ようい》するようにとモーセは命《めい》じたのです。

⒁（5）過越《すぎこし》と除酵祭《じょこうさい》の関係《かんけい》

この後《あと》の話《はなし》を先取《さきど》りしますと、イエスさまがピラトの裁判《さいばん》にかけられ、ユダヤ人《じん》の手《て》で十字架《じゅうじか》に掛《か》けられ、落命《らくめい》されたのは過越《すぎこし》の日《ひ》の午後《ごご》3時《さんじ》ごろです。そしてその日《ひ》の過越《すぎこし》の夕《ゆう》べから続《つづ》く次《つぎ》の日《ひ》が除酵祭《じょこうさい》の安息日《あんそくび》です。安息日《あんそくび》は絶対《ぜったい》で、ユダヤ人《じん》は一切《いっさい》の「労働《ろうどう》」ができません。それが解除《かいじょ》されるのは、「十字架《じゅうじか》の日《ひ》の日没《にちぼつ》」から、次《つぎ》の日《ひ》の「日中《にっちゅう》（除酵祭《じょこうさい》）」を経《へ》て、夜《よる》へと続《つづ》き、その次《つぎ》の「日《ひ》の出《で》」になります。「安息《あんそく》」が解《と》かれ、労働《ろうどう》が可能《かのう》になる、それが

3日目《みっかめ》の朝《あさ》なのです。

そう考《かんが》えると、「過越《すぎこし》の小羊《こひつじ》をほふるべき除酵祭《じょこうさい》の日《ひ》」の記述《きじゅつ》は、実際《じっさい》には過越《すぎこし》の翌日《よくじつ》が除酵祭《じょこうさい》ですから的外《まとはず》れになってしまいます。つまり、イエスさまが、過越《すぎこし》の食事《しょくじ》のタイミングを言《い》い間違《まちが》えられたのではなく、この部分《ぶぶん》を書《か》いた者《もの》が「過越《すぎこし》」と「除酵祭《じょこうさい》」の位置関係《いちかんけい》を知《し》らなかったということです。もう少《すこ》し言及《げんきゅう》するなら、「行《い》って、過越《すぎこし》の食事《しょくじ》ができるように準備《じゅんび》をしなさい」と言《い》われたイエスさまによる「最後《さいご》の晩餐《ばんさん》」は、十字架事件《じゅうじかじけん》のあった過越《すぎこし》の日《ひ》のさらに前日《ぜんじつ》の夕食《ゆうしょく》のことになります。ですから、その過越《すぎこし》の食事《しょくじ》は「暦《こよみ》の過越《すぎこし》」のことではなく「過越《すぎこし》のメニュー」であるとしたほうが理《り》に叶《かな》うでしょう。

(14)(6)「二階《にかい》の広間《ひろま》」があるのは「巡礼者《じゅんれいしゃ》の宿《やど》」

「ルカ福音書《ふくいんしょ》」：22-9彼らは言った、「どこに準備をしたらよいのですか」。22-10イエスは言われた、「市内にはいったら、水がめを持っている男に出会うであろう。その人がはいる家までついて行って、22-11その家の主人に言いなさい、『弟子たちと一緒に過越の食事をする座敷はどこか、と先生が言っておられます』。22-12すると、その主人は席の整えられた二階の広間を見せてくれるから、そこに用意をしなさい」。22-13弟子たちは出て行ってみると、イエスが言われたとおりであったので、過越の食事の用意をした。22-14時間になったので、イエスは食卓につかれ、使徒たちも共に席についた。

ずいぶんまわりくどい書《か》き方《かた》ですが、「その主人《しゅじん》は席《せき》の整《ととの》えられた2階《にかい》の広間《ひろま》を見《み》せてくれるから」の、その広間《ひろま》こそが安宿《やすやど》の特徴《とくちょう》であり、「巡礼者《じゅんれいしゃ》の宿《やど》」とします。本来《ほんらい》は雑魚寝《ざこね》したり、大勢《おおぜい》が1度《いちど》に食事《しょくじ》したりする広間《ひろま》なのでしょう。その日《ひ》、その広間《ひろま》に整《ととの》えられたのが、「過越《すぎこし》の食事《しょくじ》のメニュー」の料理《りょうり》であれば、パンとぶどう酒《しゅ》だけの「お粗末《そまつ》なもの」ではなく、小羊《こひつじ》の焼肉《やきにく》がメインのご馳走《ちそう》です。その席《せき》にはイエスさまと使徒《しと》たちの他《ほか》に、他《た》の弟子《でし》やマリヤさまと奉仕《ほうし》の女性《じょせい》たち、それにバルナバやマルコなど、女主人《おんなしゅじん》の身内《みうち》の者《もの》たちも集《あつ》っていたとしなければなりません。過越《すぎこし》の食事《しょくじ》は家族《かぞく》みんなでいただくものだからです。それほどの規模《きぼ》の食事《しょくじ》の用意《ようい》は民家《みんか》では不可能《ふかのう》です。宿《やど》ならそれは仕事《しごと》のうちです。

宿《やど》の場所《ばしょ》は水汲《みずく》み場《ば》の近《ちか》く

「ルカ福音書《ふくいんしょ》」：22-9彼らは言った、「どこに準備をしたらよいのですか」。22-10イエスは言われた、「市内にはいったら、**水がめを持っている男**に出会うであろう」。

それから「水《みず》がめを持《も》っている男《おとこ》」の意味《いみ》は、宿《やど》の場所《ばしょ》を示唆《しさ》しています。その男《おとこ》は宿《やど》の従業員《じゅうぎょういん》で、シロアムの池《いけ》の近《ちか》くの水汲《みずく》み場《ば》から宿《やど》に帰《かえ》るところです。つまり宿《やど》はシロアムの池《いけ》の近《ちか》くの「下町《したまち》」にあるのです。池《いけ》は巡礼者《じゅんれいしゃ》が身《み》を清《きよ》める共用施設《きょうようしせつ》であり、池《いけ》を起点《きてん》に神殿《しんでん》に延《の》びる参道《さんどう》には、宿《やど》が軒《のき》を連《つら》ねていたことでしょう。各都市《かくとし》の言語《げんご》が飛《と》び交《か》う下町《したまち》の宿屋街《やどやがい》の風情《ふぜい》が目《め》に浮《う》かぶようです。

（14）（7）過越《すぎこし》のメニューの食事《しょくじ》は長旅《ながたび》の打《う》ち上《あ》げ

「ルカ福音書《ふくいんしょ》」：22-15イエスは彼らに言われた、「わたしは苦しみを受ける前に、あなたがたとこの過越の食事をしようと、切に望んでいた。22-16あなたがたに言って置くが、神の国で過越が成就する時までは、わたしは二度と、この過越の食事をすることはない」。

「苦《くる》しみを受《う》ける前《まえ》」とはいかにも劇場型《げきじょうがた》です。その苦《くる》しみとは何《なに》か、たいていは「十字架《じゅうじか》のそれ」で片付《かたづ》けられてしまいます。が、しかし、イエスさまが十字架《じゅうじか》に掛《か》けられるかどうか、この時《とき》はまだ何《なに》も確定《かくてい》していないのです。「神《かみ》の国《くに》で過越《すぎこし》」とは、イエスさまの場合《ばあい》それは、罪《つみ》の奴隷《どれい》となっている者《もの》たちが、大挙《たいきょ》してその「贖《あがな》い」の新天地《しんてんち》を目指《めざ》せるようになること、すなわち「人《ひと》の罪《つみ》を人《ひと》（イエスさま）が負《お》って」贖《あがな》いの生贄《いけにえ》となり、十字架《じゅうじか》に掛《か》けられ、「贖《あがな》いのとりなし」が実現《じつげん》することを言《い》っているのです。宴《うたげ》の席《せき》でイエスさまが忌《い》み言葉《ことば》である「十字架《じゅうじか》」を口《くち》にされるはずはありません。これはイエスさまが苦杯《くはい》のことを言《い》っておられるとすべきです。イエスさまが苦《くる》しまれたのは十字架《じゅうじか》ではなく、罪《つみ》を飲《の》んで身体《からだ》に顕在化《けんざいか》させる、おぞましい苦杯《くはい》だったからです。

また、この豪華《ごうか》な「焼肉《やきにく》」の食事《しょくじ》は、イエスさまとマリヤさまとによる、弟子《でし》たちへの感謝《かんしゃ》を込《こ》めた長旅《ながたび》の打《う》ち上《あ》げであり、「慰労会《いろうかい》」とすべきです。まもなくこの旅《たび》の総括《そうかつ》として「人《ひと》が人《ひと》の罪《つみ》を負《お》う」が実現《じつげん》し、贖《あがな》いのための生贄《いけにえ》となること、それに続《つづ》く「生贄《いけにえ》の屠《ほふ》り」のために、その人《ひと》（イエスさま）は恩赦《おんしゃ》で空《あ》く十字架《じゅうじか》に掛《か》けられるのです。その時《とき》、地上《ちじょう》の大祭司《だいさいし》イエスさまは屠《ほふ》られて弟子《でし》たちの前《まえ》から消《き》えていなくなるのです。

「ルカ福音書《ふくいんしょ》」：22-17そして杯を取り、感謝して言われた、「これを取って、互いに分けて飲め。22-18あなたがたに言っておくが、今からのち神の国が来るまでは、わたしはぶどうの実から造ったものを、いっさい飲まない」。

「感謝《かんしゃ》して言《い》われた」とは、「人《ひと》の罪《つみ》を人《ひと》が負《お》う」ための霊的《れいてき》で見えない罪《つみ》が杯《さかずき》を通《とお》して肉体《にくたい》に注《そそ》ぎ込《こ》まれ、顕在化《けんざいか》することを帰納的《きのうてき》に言《い》っているのです。

（14）（8）肉《にく》の「パン」と血《ち》の「赤《あか》ぶどう酒《しゅ》」を新《あたら》しい過越《すぎこし》の記念《きねん》に

「ルカ福音書《ふくいんしょ》」：22-19またパンを取り、感謝してこれをさき、弟子たちに与えて言われた、「これは、あなたがたのために与えるわたしのからだである。わたしを記念するため、このように行いなさい」。22-20食事ののち、杯も同じ様にして言われた、「この杯は、あなたがたのために流すわたしの血で立てられる新しい契約である。

過越《すぎこし》の晩餐《ばんさん》の目的《もくてき》は、ユダヤ人《じん》が子々孫々《ししそんそん》に亘《わた》って自分《じぶん》たちの出自《しゅつじ》である「出《しゅつ》エジプト」のご先祖《せんぞ》を忘《わす》れないようにすることです。イエスさまも、今《いま》から始《はじ》まるであろうアロン家《け》の大祭司《だいさいし》自身《じしん》による「罪《つみ》の贖《あがな》い」により、人々《ひとびと》（信者《しんじゃ》）が日常的《にちじょうてき》に誘起《ゆうき》される「罪《つみ》」の奴隷状態《どれいじょうたい》から解放《かいほう》される新《あら》たな過越《すぎこし》として、子々孫々《ししそんそん》に語《かた》り継《つ》がれるようにとの思《おも》いがあったとしましょう。それがアロン家最後《けさいご》にして隠《かく》された大祭司《だいさいし》イエスさまの身体《からだ》（パン）と血《ち》（赤《あか》ぶどう酒《しゅ》）とを用《もち》いられたことを象徴《しょうちょう》する記念行事《きねんぎょうじ》としての毎週《まいしゅう》の礼拝《れいはい》です。杯《さかずき》もまた苦杯《くはい》に通《つう》じるものがあります。しかしこの時点《じてん》ではまだ「人《ひと》が人《ひと》の罪《つみ》を負《お》う」、その手段《しゅだん》さえも見通《みとお》しが立《た》っていないのです。だからこの記事《きじ》はローマに教会《きょうかい》の組織《そしき》が生《う》まれてから儀式化《ぎしきか》されたものを反映《はんえい》させているとみたほうが良《よ》いでしょう。

（14）（9）新《あたら》しい過越《すぎこし》、「罪《つみ》の奴隷《どれい》の国《くに》からの脱出《だっしゅつ》」が実現《じつげん》の予感《よかん》

地上《ちじょう》のアロン家《け》亡《な》き後《あと》の儀式《ぎしき》の永続性《えいぞくせい》、それはアロン家《け》最後《さいご》の2人《ふたり》、母《はは》マリヤさまがイエスさまと共有《きょうゆう》されている課題《かだい》です。この後《あと》から始《はじ》まるであろう罪《つみ》の国《くに》から脱出《だっしゅつ》する過越《すぎこし》、すなわち人々《ひとびと》の不幸《ふこう》の根本原因《こんぽんげんいん》は「貧富《ひんぷ》」、「環境《かんきょう》」、「身体《からだ》の優劣《ゆうれつ》」などにあるのではなく、内《うち》なる「狂気《きょうき》という名《な》の罪《つみ》」に支配《しはい》されていることなのです。そしてそれを解決《かいけつ》する手段《しゅだん》がアロン家《け》の嗣業《しぎょう》であった神事《しんじ》、「人《ひと》の罪《つみ》を獣《けもの》に移《うつ》し」の反復《はんぷく》ではなく、「人《ひと》の罪《つみ》を人《ひと》（大祭司自身《だいさいしじしん》）が負《お》う」ことによる生贄《いけにえ》とされること、そしてそれに続《つづ》くその人《ひと》の血《ち》が（十字架《じゅうじか》で）流《なが》され息絶《いきた》える、その神事《しんじ》のただ1度《いちど》の実現《じつげん》にかかっているのです。その十字架《じゅうじか》こそは今年《ことし》の過越《すぎこし》の祭《まつり》でも期待《きたい》される恩赦《おんしゃ》で空《あ》くはずのものなのです。

パンはイエスさまの身体《からだ》であり、罪《つみ》を顕在化《けんざいか》させた生贄《いけにえ》です。杯《さかずき》の赤《あか》ぶどう酒《しゅ》はイエスさまの血《ち》であり、十字架《じゅうじか》に掛《か》けられた生贄《いけにえ》の身体《からだ》から滴《したた》る血潮《ちしお》です。その2《ふた》つ、「苦杯《くはい》」と「十字架《じゅうじか》」とが首尾《しゅび》よく実現《じつげん》することが、アロン家《け》の悲願達成《ひがんたっせい》となり、「ご利益《りやく》」としての「罪《つみ》の贖《あがな》い」を宣教《せんきょう》する価値《かち》が生《しょう》じるのです。その宣教主体構想《せんきょうしゅたいこうそう》やいかに、その具体化《ぐたいか》はまだ見《み》えてはいません。ですがその道《みち》は必《かなら》ず拓《ひら》ける、それがマリヤさまの信念《しんねん》でありましょう。

⒁ ⑽ 罪《つみ》の贖《あがな》いには有効期限《ゆうこうきげん》と礼拝《れいはい》の集《つど》い

余談《よだん》になりますが、「罪《つみ》の贖《あがな》い」の効能《こうのう》には期限《きげん》があり、せいぜい1週間程度《いっしゅうかんていど》とすべきです。それは人《ひと》には「罪《つみ》」があるから人《ひと》ということでもあります。人《ひと》から「罪《つみ》」を完全《かんぜん》に除去《じょきょ》してしまったら、その状態《じょうたい》では人《ひと》は人《ひと》とは言《い》えない「おかしなこと」になります。その人《ひと》は、社会《しゃかい》生活《せいかつ》あるいは集団生活《しゅうだんせいかつ》はできないでしょう。罪《つみ》の「贖《あがな》い」は罪《つみ》の「完全除去《かんぜんじょきょ》」ではないのです。あくまで「きよめ」であり一時消去《いちじしょうきょ》です。ですが一時的《いちじてき》にせよ、それはとてつもない平安《へいあん》をもたらします。信《しん》じるに値《あたい》するものです。しかし同時《どうじ》に人《ひと》には慣《な》れが生《しょう》じます。教会《きょうかい》に通《かよ》い、群《む》れることで慣《な》れは緩和《かんわ》されるでしょう。

繰返《くりかえ》しますが、パンとぶどう酒《しゅ》のそれは、食事《しょくじ》の最中《さいちゅう》にイエスさまが定《さだ》められたのではないことは明白《めいはく》です。まだ、「苦杯《くはい》」と「十字架《じゅうじか》」とが成《な》されていないのですから、この時点《じてん》では記念《きねん》すべきことは何《なに》もないのです。この後《あと》、それが成就《じょうじゅ》のあかつきこそ、記念《きねん》の催《もよお》しはマリヤさまの専権事項《せんけんじこう》となるはずです。それがどうして、その福音《ふくいん》がユダヤの地《ち》ではなく、ローマで開花《かいか》したのかにも言及《げんきゅう》されねばならないでしょう。

(14)(11)アロン家《け》に代《か》わる宣教主体《せんきょうしゅたい》への言及《げんきゅう》

そしてそれが、マリヤさま信仰《しんこう》の篤《あつ》いローマ・カトリック教会《きょうかい》の礼拝《れいはい》の儀式《ぎしき》の中《なか》に「記念《きねん》」として今日《こんにち》まで受《う》け継《つ》がれていることが大事《だいじ》なのです。聖母子《せいぼし》によるアロン家《け》の悲願達成《ひがんたっせい》は、個人的《こじんてき》なものであり瞬間的《しゅんかんてき》であり、マリヤさまが亡《な》くなられると、「智《ち》」の哲学類《てつがくるい》で無《な》いゆえに著作《ちょさく》に残《のこ》されず、「忘却《ぼうきゃく》」されます。しかし、この「罪《つみ》の贖《あがな》い」の宣教主体《せんきょうしゅたい》がマリヤさま個人《こじん》から教会《きょうかい》という組織《そしき》に移《うつ》れば活動《かつどう》には「宣教《せんきょう》」という永続性《えいぞくせい》が生《しょう》じます。

それが今日《こんにち》のカトリック教会《きょうかい》なのです。元《もと》の名前《なまえ》はローマ教会《きょうかい》ですが、四世紀以降《よんせいきいこう》にローマ司教《しきょう》（Papa《ぱあぱ》教皇《きょうこう》）を頂点《ちょうてん》とするピラミッド型組織《がたそしき》から離脱《りだつ》した諸教会《しょきょうかい》がありますので、それらとの厳格《げんかく》な区別《くべつ》のため、あえて「カトリック」と呼称《こしょう》しています。ローマ教会《きょうかい》からの離脱《りだつ》を前提《ぜんてい》とした福音書《ふくいんしょ》の「ヨハネによる福音書《ふくいんしょ》」ならびにその目的《もくてき》のために改編《かいへん》した諸文書《しょぶんしょ》から成《な》る「新約聖書《しんやくせいしょ》」の第1目的《だいいちもくてき》はマリヤさまの名《な》を「イエスの母《はは》」に封《ふう》じることであり、哲学的《てつがくてき》に、すなわち頭《あたま》で考《かんが》えた劇場型記事《げきじょうがたきじ》の追加《ついか》でした。その同《おな》じ目的《もくてき》のためにアレキサンドリヤ教会《きょうかい》に追随《ついずい》し、マリヤさまを否定《ひてい》する諸教会《しょきょうかい》とは厳格《げんかく》に区別《くべつ》される必要《ひつよう》があります。カトリック教会《きょうかい》は、マリヤさまのゆえに御子《みこ》イエスさまによる「罪《つみ》の贖《あがな》い」を維持《いじ》してきました。すなわち、神父《しんぷ》の告悔《こっかい》の信徒《しんと》に言《い》う、「子《こ》よ、あなたの罪《つみ》はゆるされた」がそれです。それは哲学《てつがく》のような座学《ざがく》ではありません。「狂気《きょうき》（罪《つみ》）の贖《あがな》い」という「ご利益《りやく》」があるのです。

「聖母子《せいぼし》」の成《な》されたことが「智《ち》」によるものではなく、律法《りっぽう》を全《まっと》うするために歴史上《れきしじょう》ただ1度《いちど》あった「事実《じじつ》」を記念《きねん》するために、「パンとぶどう酒《しゅ》」の礼拝《れいはい》は２０００年という時《とき》を紡《つむ》いでいます。「罪《つみ》の奴隷《どれい》」の国《くに》から脱出《だっしゅつ》する究極《きゅうきょく》の過越《すぎこし》のために信徒《しんと》は礼拝《れいはい》に集《つど》うのです。それは狂気《きょうき》という名《な》の「罪《つみ》」とは不可分《ふかぶん》で、人《ひと》が「人情《にんじょう》」とか「喜怒哀楽《きどあいらく》」とかを持《も》ち合《あ》わせる存在《そんざい》である限《かぎ》り、時代《じだい》に関係《かんけい》なく、たとえ人《ひと》が宇宙空間《うちゅうくうかん》をワープできる時代《じだい》が来《こ》ようとも一時的《いちじてき》な狂気状態《きょうきじょうたい》を解消《かいしょう》するのに有効《ゆうこう》なのです。それがカトリック教会《きょうかい》の「ご利益《りやく》」です。

(14)(12) 最後《さいご》の晩餐《ばんさん》の総括《そうかつ》とその次《つぎ》へ

しかしながら、それがイエスさまの「最後《さいご》となる食事《しょくじ》」の席《せき》で、イエスさまご自身《じしん》が長々《ながなが》と1人語《ひとりがた》りされたとは思《おも》えません。第一賑《だいいちにぎ》やかであるべき食事《しょくじ》がまずくなります。むしろ、イエスさまは慈《いつく》しみと適度《てきど》な沈黙《ちんもく》をもって、その席《せき》に臨《のぞ》まれています。「皆《みな》さんよく、ここまでついてきてくれました」、と感謝《かんしゃ》の気持《きも》ちに溢《あふ》れておられたのです。「罪《つみ》の贖《あがな》い」を完成《かんせい》させるための「空《あ》いた十字架《じゅうじか》」がわたしを待《ま》つ、それが現実《げんじつ》のものとなれば、その後《あと》しばらく皆《みんな》はパニックになるだろう。だが、その始末《しまつ》は全《すべ》て母上《ははうえ》におまかせする。そして新《あたら》しい宣教組織《せんきょうそしき》を生《う》み出《だ》すことも母上《ははうえ》におまかせする。母上《ははうえ》にはそれがおできになる。みんな、ありがとう、さようなら。「わたしは母《はは》マリヤです、母《はは》はわたしイエスです」。アロン家《け》最後《さいご》の男《おとこ》と女《おんな》、言《い》い交《か》わしての「あなたはわたしのもう半分《はんぶん》」を思《おも》えば感無量《かんむりょう》です。

こうしてイエスさまと弟子《でし》たちとの最後《さいご》の食事《しょくじ》は終《お》わりました。弟子《でし》たちは皆《みな》たらふく食《た》べ、かつ飲《の》みました。しかし、彼《かれ》らはこの後《あと》、イエスさまを失《うしな》い、生《い》きがいを喪失《そうしつ》し、魂《たましい》の「砂漠《さばく》」を当《あ》て所《ど》なく歩《ある》くことになります。3日後《みっかご》にそのイエスさまが現《あらわ》れるとは夢《ゆめ》にも思《おも》わず。そしてイエスさまと弟子《でし》たちはいつもの場所《ばしょ》に出《で》かけられたのです。夜《よる》、イエスさまがおられる場所《ばしょ》が一定《いってい》していないと、それが誰《だれ》であれ、人気《ひとけ》の無《な》い所《ところ》でイエスさまを捕縛《ほばく》させる計画《けいかく》を思《おも》いつかせることはできません。その実行者《じっこうしゃ》がイスカリオテのユダでした。

物語《ものがたり》（15）「注解《ちゅうかい》」「罪《つみ》を人《ひと》が負《お》う」の「苦杯《くはい》」、贖《あがな》いの生贄《いけにえ》

（15）（1）宴《うたげ》の後《あと》、イエスさまに臨《のぞ》んだオリブ山《やま》での異変《いへん》

「ルカ福音書《ふくいんしょ》」：22－39イエスは出て、いつものようにオリブ山に行かれると、弟子たちも従って行った。22－40いつもの場所に着いてから、彼らに言われた、「誘惑に陥らないように祈りなさい」。22－41そしてご自分は、石を投げてとどくほど離れたところへ退き、ひざまずいて、祈って言われた、22－42「父よ、みこころならば、どうぞ、この杯をわたしから取りのけてください。しかし、わたしの思いではなく、みこころが成るようにしてください」。22－43そのとき、御使が天からあらわれてイエスを力づけた。22－44イエスは苦しみもだえて、ますます切に祈られた。そして、その汗が血のしたたりのように地に落ちた。

この場面《ばめん》こそは、アロン家《け》最後《さいご》の、しかし隠《かく》された身分《みぶん》の大祭司《だいさいし》イエスさまに臨《のぞ》んだ「苦杯《くはい》」の情景《じょうけい》です。歴代《れきだい》アロン家《け》の大祭司《だいさいし》が務《つと》めた「人《ひと》の罪《つみ》を獣《けもの》に移《うつ》し」の反復《はんぷく》ではなく、イエスさまは、ご自身《じしん》による「人《ひと》の罪《つみ》を人《ひと》が負《お》い」に臨《のぞ》まれたのです。それはアロン家最後《けさいご》の男子《だんし》となられ、生《う》まれながらの大祭司《だいさいし》の自覚《じかく》を持《も》たれたイエスさまに生《しょう》じた使命《しめい》の結実《けつじつ》です。

「御使《みつかい》が天《てん》からあらわれてイエスを力《ちから》づけた」とはイエスさまの苦《くる》しみが並大抵《なみたいてい》のことではなかったことの証《あかし》でしょう。その苦《くる》しみは霊力《れいりょく》に比例《ひれい》すると思《おも》われます。

⒂（2）「人《ひと》の罪《つみ》をわが身《み》に負《お》わされる」杯《さかずき》のおぞましさ

杯《さかずき》は酒《さけ》などの液体《えきたい》を飲《の》むために入《い》れる器《うつわ》です。イエスさまが苦《くる》しみ喘《あえ》ぎながら口《くち》にされた「どうぞ、この杯《さかずき》をわたしから取《と》りのけてください」とは霊的《れいてき》なことです。今《いま》その見《み》えない杯《さかずき》に、見《み》えない「罪《つみ》」という汚物《おぶつ》、人《ひと》が自分《じぶん》では取《と》り除《のぞ》くことができず引《ひ》き回《まわ》される原因《げんいん》となる「狂気《きょうき》という名《な》の罪《つみ》」が満《み》たされているのです。それをイエスさまは苦《くる》しみあえぎながらも飲《の》み干《ほ》されようとしています。なぜならそれこそが霊的《れいてき》で処分《しょぶん》の手段《しゅだん》の無《な》い「罪《つみ》」を肉体《にくたい》に顕在化《けんざいか》させる儀式《ぎしき》だからです。肉体《にくたい》に顕在化《けんざいか》させた罪《つみ》は処分《しょぶん》できます。その状態《じょうたい》の者《もの》が生贄《いけにえ》です。しかしその生贄《いけにえ》に仕立《した》てられるために飲《の》まされた霊的汚物《れいてきおぶつ》が身体中《からだじゅう》に広《ひろ》がる悍《おぞ》ましさ、それを飲《の》み、耐《た》えうること、それはイエスさまにのみ可能《かのう》な資質《ししつ》だったと言《い》えます。イエスさまが苦《くる》しみもだえ、弱音《よわね》を吐《は》かれたのは福音書中《ふくいんしょちゅう》この場面《ばめん》だけです。

この場面《ばめん》を目撃《もくげき》した者《もの》はイエスさまの変《か》わりように愕然《がくぜん》としたことでしょう。そのさまはまさに罪《つみ》という見《み》えざえるが故《ゆえ》に処分《しょぶん》できなかったものが肉体《にくたい》に顕在化《けんざいか》していく瞬間《しゅんかん》です。健全《けんぜん》な肉体《にくたい》は、たちまちやせ衰《おとろ》え、病人《びょうにん》のさまを呈《てい》していったのです。

（15）（3）「苦杯《くはい》」に臨《のぞ》む者《もの》の資質《ししつ》「わたしの心《こころ》にかなう者《もの》」

では、この「苦杯《くはい》」を臨《のぞ》ませる者《もの》に、イエスさまが合格《ごうかく》された場面《ばめん》を振《ふ》り返《かえ》りましょう。

「ルカ福音書」：3‐21さて、民衆がみなバプテスマを受けたとき、イエスもバプテスマを受けて祈っておられると、天が開けて、3‐22聖霊がはとのような姿をとってイエスの上に下り、そして天から声がした、「あなたはわたしの愛する子、わたしの心にかなう者である」。

「あなたはわたしの愛《あい》する子《こ》、わたしの心《こころ》にかなう者《もの》である」、この天《てん》の声《こえ》こそはイエスさまの霊的資質《れいてきししつ》を評価《ひょうか》しているのであり、肉体《にくたい》の「父《ちち》」と「子《こ》」のほほえましい情景《じょうけい》ではありません。これは1つ《ひと》にはイエスさまに臨《のぞ》むであろう霊的《れいてき》な「悍《おぞ》ましさ」に耐《た》えうる者《もの》かどうかの資質《ししつ》の確認《かくにん》であり、2つ《ふた》には「人《ひと》の罪《つみ》を人《ひと》が負《お》う」の具現《ぐげん》に直面《ちょくめん》した時《とき》に予想《よそう》される態度《たいど》の確認《かくにん》です。その具現《ぐげん》である「罪《つみ》の顕在化《けんざいか》」の手段《しゅだん》こそが「苦杯《くはい》」なのです。これらの認証《にんしょう》がなければ、人《ひと》がその場《ば》に臨《のぞ》んで耐《た》えられずに落命《らくめい》したら、人々《ひとびと》は彼《かれ》が「狂《くる》い死《じ》にした」としか思《おも》わないでしょう。そうです、苦杯《くはい》には、人《ひと》がこの「天《てん》の声《こえ》」の真意《しんい》を知《し》れば、その悍《おぞ》ましさに悶絶《もんぜつ》し、そのまま息絶《いきた》えてしまうほどの恐怖《きょうふ》があるのです。

⒂（４）「苦杯《くはい》がゴール」のキック・オフ、「悪魔《あくま》の試《こころ》み」を回顧《かいこ》

「ルカ福音書《ふくいんしょ》」：4－12イエスは答えて言われた、『主なるあなたの神を試みてはならない』と言われている」。4－13悪魔はあらゆる試みをしつくして、一時イエスを離れた。

「苦杯《くはい》がゴール」のキックオフは、イエスさまが受洗《じゅせん》された直後《ちょくご》の「荒野《こうや》の試《こころ》み」の場面《ばめん》になります。「一時《いちじ》イエスを離《はな》れた」とは、少《すく》なくとも、もう1度《いちど》試《こころ》みがあるということです。それがイエスさまに臨《のぞ》んだ「苦杯《くはい》」であり、「人《ひと》の罪《つみ》を人《ひと》が負《お》う」のゴールです。そしてこの年《とし》、過越《すぎこし》の満月《まんげつ》の園《その》で、イエスさまに臨《のぞ》んでいる苦杯《くはい》の情景《じょうけい》こそは12歳《さい》のイエスさまが神殿《しんでん》で口《くち》にされた「父《ちち》」の試《こころ》みであり、悪魔《あくま》は傍観者《ぼうかんしゃ》です。

⒂（５）イエスさまが負《お》われたのは「イエスさまご自身《じしん》」の罪《つみ》

そして悪魔《あくま》は今《いま》、イエスさまが「杯《さかずき》」をお受《う》けになるかどうか注視《ちゅうし》しています。荒野《こうや》で悪魔《あくま》が相手《あいて》をしていたのはイエスさまの「罪《つみ》」だったのです。イエスさまに差《さ》し出《だ》された杯《さかずき》に満《み》たされていたのはイエスさまご自身《じしん》の罪《つみ》なのです。イエスさまは、悪魔《あくま》が操《あやつ》るご自身《じしん》の罪《つみ》を聖書《せいしょ》

の言葉《ことば》を用《もち》いて制御《せいぎょ》されました。その能力《のうりょく》こそはアロン家《け》の大祭司《だいさいし》としての資質《ししつ》です。そしてその罪《つみ》の大《おお》きさは「とてつもなく」としか表現《ひょうげん》できないものでしょう。人智《じんち》を超《こ》えた存在《そんざい》としてのイエスさまの罪《つみ》もまた人智《じんち》を超《こ》えたものであるはずだからです。イエスさまが単《たん》に「頭《あたま》が良《よ》い、良《い》いことを言《い》う」程度《ていど》の存在《そんざい》なら、釈迦《しゃか》や孔子《こうし》やプラトンらと比《くら》べられてしまいます。事実《じじつ》、彼《かれ》らにはイエスさまに臨《のぞ》んだ苦杯《くはい》には耐《た》えられません。罪《つみ》は人《ひと》が人《ひと》であるためには不可欠《ふかけつ》であり、それ自体《じたい》は悪《わる》いものではありません。ただ、それが狂気《きょうき》に転《てん》じた時《とき》に、その悪《あく》影響《えいきょう》が精神《せいしん》にも肉体《にくたい》にも及《およ》び、害《がい》をなすのです。それを正常化《せいじょうか》することを「罪《つみ》の贖《あがな》い」と言《い》うのです。イエスさまに臨《のぞ》んだ苦杯《くはい》は、単《たん》に「頭《あたま》が良《よ》い、良《い》いことを言《い》う」程度《ていど》の存在《そんざい》に真似《まね》のできることではありません。

(15)(6) イエスさまに臨《のぞ》んだ「苦杯《くはい》」の目撃者《もくげきしゃ》

さて、「ルカによる福音書《ふくいんしょ》」の値打《ねう》ち、あるいは本分《ほんぶん》は目撃者《もくげきしゃ》の証言《しょうげん》による「事実《じじつ》」の記載《きさい》が思《おも》われることです。それがなければ、さも見《み》てきたようなことを頭《あたま》で考《かんが》えただけの「小説《しょうせつ》」や「哲学書《てつがくしょ》」の部類《ぶるい》になります。さてここに、「苦杯《くはい》、それはあった」とする「証言《しょうげん》」の情景《じょうけい》があります。「人《ひと》の罪《つみ》を人《ひと》が負《お》う」の具現《ぐげん》である「苦杯《くはい》」、それが成立《せいりつ》していなければ「空《あ》いた十字架《じゅうじか》」は意味《いみ》を成《な》さず、たとえイエスさまがその十字架《じゅうじか》に掛《か》けられようとも、「罪《つみ》の贖《あがな》い」

の完成《かんせい》には至《いた》りません。だから「苦杯《くはい》」の成立《せいりつ》には証言《しょうげん》が必要《ひつよう》とされます。

証言《しょうげん》は、その場面《ばめん》の目撃者《もくげきしゃ》でなければなりませんが誰《だれ》でしょう。本来《ほんらい》はイエスさまに同行《どうこう》していた弟子《でし》たちのはずですが、「寝《ね》ていた」と書《か》いてあります。酔《よ》っ払《ぱら》って寝《ね》ていたのではないとしても「身内《みうち》」ですから、証言者《しょうげんしゃ》としてはふさわしくありません。また、マリヤさまは「女《おんな》」ですから夜《よる》にエルサレムの城壁外《じょうへきがい》への出入《でい》りはできません。では誰《だれ》か、そのヒントは「マルコによる福音書《ふくいんしょ》」にあります。その箇所《かしょ》を読《よ》んでみましょう。「ある若者《わかもの》」が登場《とうじょう》します。

「マルコ福音書《ふくいんしょ》」：14-50弟子たちは皆イエスを見捨てて逃げ去った。14-51ときに、**ある若者が身に亜麻布（あまぬののパジャマ）をまとって、イエスのあとについて行った**が、人々が彼をつかまえようとしたので、14-52その亜麻布を捨てて、裸で逃げて行った。

「ある若者《わかもの》」、「彼《かれ》は亜麻布《あまぬの》をまとっていた」、「彼《かれ》は裸《はだか》で逃《に》げた」、これらから推測《すいそく》できるのは、その若者《わかもの》は宿屋《やどや》の息子《むすこ》マルコであり、亜麻布《あまぬの》はパジャマであり、裸《はだか》で城壁《じょうへき》の門《もん》を通《とお》れるのは彼《かれ》が門衛《もんえい》と親《した》しかったからです。この「とぼけた」情景《じょうけい》の記載《きさい》こそは、彼《かれ》が「マルコによる福音書《ふくいんしょ》」の著者《ちょしゃ》であることの印章《いんしょう》です。

マリヤさまはイエスさまによる「最後《さいご》の晩餐《ばんさん》」に鑑《かんが》み、いつも通《どお》り城壁外《じょうへきがい》に出《で》て行《い》くイエスさまたちについて行《い》ってくれるようにとマルコに頼《たの》まれたのです。弟子《でし》たちは小羊《こひつじ》の焼肉《やきにく》のご馳走《ちそう》をたらふく食《た》べ、ワインもたっぷり飲《の》んでいてあてになりません。おそらくイエスさまが祈《いの》られている間《あいだ》に寝込《ねこ》んでしまうでしょう。彼《かれ》らからイエスさまのようすを聞《き》くことを期待《きたい》するのはリスクが大《おお》きすぎます。イエスさまが「過越《すぎこし》の食事《しょくじ》（この場合《ばあい》はメニューのこと）」を口《くち》にされた時《とき》、マリヤさまはアロン家《け》の神事《しんじ》のゴールとなる式典《しきてん》が始《はじま》ると悟《さと》られたのです。そしてそれが歴史的事実《れきしてきじじつ》として世《よ》に知《し》られるためには確《たし》かな証言《しょうげん》がいるのです。ですが女《おんな》のマリヤさまが夜《よる》、城壁《じょうへき》の外《そと》に出《で》ることはできません。そこでマリヤさまは、宿屋《やどや》の息子《むすこ》のマルコに目《め》をとめられたわけです。マルコの資質《ししつ》は「正直者《しょうじきもの》」だとマリヤさまは見抜《みぬ》かれていましたから。詳細《しょうさい》についてはこのあと「対話《たいわ》」の場面《ばめん》があります。

最後《さいご》の晩餐《ばんさん》はまさしく「慰労会《いろうかい》」でありました。イエスさまの地上《ちじょう》での活動《かつどう》はまもなく完了《かんりょう》します。うまくことが運《はこ》べば、「人《ひと》が人《ひと》の罪《つみ》を負《お》い」の具現《ぐげん》で罪《つみ》が肉体《にくたい》に顕在化《けんざいか》し、神事《しんじ》の生贄《いけにえ》とされたイエスさまが十字架《じゅうじか》に掛《か》けられます。そしてイエスさまが「罪《つみ》の贖《あがな》い」の祈《いの》りのうちに落命《らくめい》されれば、アロン家《け》の神事《しんじ》は永遠化《えいえんか》します。ですが今《いま》、それは隠《かく》されています。マリヤさまだけがご存知《ぞんじ》なのです。そのこと、「狂気《きょうき》という名《な》の罪《つみ》の贖《あがな》い」の成就《じょうじゅ》が世《よ》に現《あらわ》れる時《とき》はくるのでしょうか。でもどうやって。弟子《でし》たちは「ユダヤの王《おう》」と期待《きたい》したイエスを失《うしな》うのです。大臣《だいじん》の夢《ゆめ》は露《つゆ》と消《き》え、「罪《つみ》の贖《あがな》い」、「ゆるし」などは思《おも》いの他《ほか》です。宣教《せんきょう》や組織化《そしきか》などなおさら思《おも》いも及《およ》びません。マリヤさまのカトリック教会《きょうかい》にはつながりません。

物語《ものがたり》（16）「対話《たいわ》」苦杯《くはい》の目撃者《もくげきしゃ》は宿《やど》の息子《むすこ》マルコ

（16）（1）「対話《たいわ》」マリヤさまが「宿《やど》の息子《むすこ》」マルコに頼《たの》みごと

マリヤさま：マルコ、お願《ねが》いがあるの、お母《かあ》さんのマリヤには言《い》ってありますけれど、イエスの後《あと》について行《い》って、イエスに何《なに》が起《お》るか見届《みとど》けてほしいのよ。とても大事《だいじ》なことなの。

女主人《おんなしゅじん》のマリヤ：マルコ、アロン家《け》のマリヤさまの頼《たの》みだ、わたしからもお願《ねが》いする、イエスさまについて行《い》ってちょうだい。夜道《よみち》だけれど満月《まんげつ》で明《あか》るいから松明《たいまつ》はいらないと思う。ついでに言《い》うとわたしたちユダヤ人《じん》の暦《こよみ》は月齢《げつれい》の1ヶ月《いっかげつ》だから、1日《ついたち》の新月《しんげつ》から始《はじま》って14日《か》は満月《まんげつ》になるわ。毎年過越《まいとしすぎこし》は満月《まんげつ》なの。

宿《やど》の息子《むすこ》マルコ：お弟子《でし》さんたちはお酒《さけ》を飲《の》んでいるから多分寝《たぶんね》てしまうと思《おも》う。分《わ》かった行《い》ってくるよ。

門衛《もんえい》：よお、マルコ、そんな寝巻《ねま》き姿《すがた》でどこに行《い》くんだ。

宿《やど》の息子《むすこ》マルコ：おじさん、ぼくアロン家《け》のマリヤさまからミッションを頼《たの》まれたんだ。レビ人《びと》にとってはとても大事《だいじ》なお役目《やくめ》なんだ。

門衛《もんえい》：おお、そうかい、それはご苦労《くろう》なこった。夜道《よみち》だ、明《あか》るいが気《き》をつけてな。
宿《やど》の息子《むすこ》マルコ：分《わ》かったありがとう。すぐ戻《もど》れると思《おも》う。じゃ、またね。

マルコは城門《じょうもん》の「狭《せま》い門《もん》」から出《で》て、イエスさま一行《いっこう》の後《あと》を追《お》いました。

⒃（2）「対話《たいわ》」園《その》の情景《じょうけい》、「苦杯《くはい》」の目撃者《もくげきしゃ》となったマルコ

宿《やど》の息子《むすこ》マルコ：だめだなあ、お弟子《でし》さんたちは皆寝《みなね》ている。ああ、イエスさまがものすごく苦《くる》しんでおられる。まるで気《き》が狂《くる》ったように、何《なに》かを払《はら》いのけようとされている。お顔《かお》も別人《べつじん》のように怖《こわ》い表情《ひょうじょう》になっている。どうされたのだろう。「杯《さかずき》を取り除《の》けて？」どういう意味《いみ》だろう。おや、誰《だれ》か来《く》る、それも大勢《おおぜい》やってくる。

⒃（3）イエスさま捕縛《ほばく》の先導者《せんどうしゃ》がイスカリオテのユダの驚愕《きょうがく》

過越《すぎこし》の満月《まんげつ》に照《て》らされた園《その》とはいえ、イエスさまも弟子《でし》たちも「ナジル人《びと》（請願者《せいがんしゃ》）」を示《しめ》す長髪《ちょうはつ》なので、イエスさまを良《よ》く知《し》っている者《もの》の先導《せんどう》がなければ、イエスさまを捕《と》らえることはできません。また、イエスさまが積極的《せっきょくてき》に名乗《なの》り出《で》られたら、それはそれで笑《わら》い話《ばなし》になってしまいます。ここはあり得《え》ない事態《じたい》が展開《てんかい》し、緊迫《きんぱく》した場面《ばめん》でなくてはなりません。「あっ、

先頭《せんとう》にいる人《ひと》はイスカリオテのユダさん」、マルコは戦慄《せんりつ》して立《た》ちすくみました。

「ルカ福音書《ふくいんしょ》」：22-45祈を終えて立ちあがり、弟子たちのところへ行かれると、彼らが悲しみのはて寝入っているのをごらんになって、22-46言われた、「なぜ眠っているのか。誘惑に陥らないように、起きて祈っていなさい」。22-47イエスがまだそう言っておられるうちに、そこに群衆が現れ、十二弟子のひとりでユダという者が先頭に立って、イエスに接吻しようとして近づいてきた。22-48そこでイエスは言われた、「ユダ、あなたは接吻をもって人の子を裏切るのか」。

弟子《でし》たちの「悲《かな》しみのはて寝入《ねい》っている」というのは、彼《かれ》らが何《なに》を思《おも》って悲《かな》しんでいるのか分《わ》からず意味不明《いみふめい》です。劇場型《げきじょうがた》ですね、彼《かれ》らは満腹《まんぷく》で酔《よ》っ払《ぱら》って寝《ね》ているというのが本当《ほんとう》です。あるいは「イエスさまの十字架《じゅうじか》を思《おも》って」、まさか。今宵《こよい》の晩餐自体《ばんさんじたい》は「打《う》ち上《あ》げパーティ」でしたので、ご馳走《ちそう》だったし、みんな良《よ》く食《た》べ良《よ》く飲《の》みました。満腹《まんぷく》して酔《よ》っ払《ぱら》って寝込《ねこ》んでしまうほど幸《しあわ》せでした。イエスさまがユダヤ人《じん》の王《おう》になられ、自分《じぶん》たちは大臣《だいじん》になる夢《ゆめ》を見《み》ていたかも知《し》れません。

それはともかく、イスカリオテのユダの先導《せんどう》で祭司長《さいしちょう》たちがイエスさま捕縛《ほばく》のためにやってきました。イエスさまはもちろん弟子《でし》たちもナジル人《びと》（請願者《せいがんしゃ》）ですから長髪《ちょうはつ》です。誰《だれ》がイエスさまなのか追《お》っ手《て》たちには区別《くべつ》がつきません。先導者《せんどうしゃ》ユダの役目《やくめ》は月明《つきあ》かりの人影《ひとかげ》からイエスさまを特定《とくてい》することです。

だが、あわれイスカリオテのユダの期待《きたい》は、イエスさまを見《み》た瞬間《しゅんかん》、無残《むざん》に打《う》ち砕《くだ》かれました。そこにいたのは神《かみ》の子《こ》や英雄《えいゆう》などではなく、ただの人《ひと》でした。しかもイエスさまは何事《なにごと》も起《お》こされませんでした。むしろ、これまでの威厳《いげん》は失《うしな》われ、やつれて見《み》え、病人《びょうにん》のようで、その足元《あしもと》もおぼつかないようすでした。大《おお》いなる御力《みちから》をふるい、暴漢《ぼうかん》どもを退《しりぞ》けられるなどということはなかったのです。ユダは力《ちから》なくその場《ば》を去《さ》りました。彼《かれ》の「智《ち》」の謀《はかりごと》は、彼《かれ》を絶望《ぜつぼう》させただけでした。彼《かれ》はイエスさまがその身《み》に「罪《つみ》」が顕在化《けんざいか》した生贄《いけにえ》の姿《すがた》であったことに気付《きづ》くこともありませんでした。弟子《でし》たちは何事《なにごと》が起《おこ》ったのか分《わ》からず、いたずらに戸惑《とまど》い、酔《よ》っ払《はら》っていたせいもあって、多《おお》くの者《もの》はその場《ば》から逃《に》げました。しかしペテロはイエスさまが捕《とら》えられたと悟《さと》り、近《ちか》くの者《もの》にマリヤさまに事《こと》の次第《しだい》を伝《つた》えるようにと言《い》い残《のこ》し、自分《じぶん》は連行《れんこう》されるイエスさまの後《あと》について行《い》きました。満月《まんげつ》の夜道《よみち》は煌々《こうこう》と照《て》らされていました。陰暦《いんれき》のユダヤでは、過越《すぎこし》の祭《まつり》はいつも満月《まんげつ》でしたから。

⒃（4）イエスさま祭司長《さいしちょう》たちに連行《れんこう》

「ルカ福音書《ふくいんしょ》」：22－52それから、自分にむかって来る祭司長、宮守がしら、長老たちに対して言われた、「あなたがたは、強盗にむかうように剣や棒を持って出てきたのか。22－53毎日あなたがたと一緒に宮にいた時には、わたしに手をかけなかった。だが、今はあなたがたの時、また、やみの支配の時である」。22－54それから人々はイエスを捕え、ひっぱって大祭司の邸宅へつれて行った。

このイエスさまの言葉《ことば》もまた何《なに》をいまさらで意味《いみ》が不明《ふめい》です。ただ、「今《いま》はあなたがたの時《とき》、また、やみの支配《しはい》の時《とき》である」とは、かつて祭司《さいし》たちがヘロデ大王《だいおう》をそそのかし、アロン家《け》を自決《じけつ》に追《お》い込《こ》み、大祭司《だいさいし》の職《しょく》を専横《せんおう》していることかも知《し》れません。たとえそうでも、この場面《ばめん》でのイエスさまの本音《ほんね》を言《い》えば、「苦杯《くはい》の儀式《ぎしき》が終《おわ》ったこのタイミングでようこそ」でしょう。言葉《ことば》はどうかと思《おも》いますが、まさに彼《かれ》らはイエスさまの「思う壺《おもつぼ》」であったのです。イエスさまが引《ひ》かれていったのはエルサレムの城壁内《じょうへきない》にある「大祭司《だいさいし》」の邸宅《ていたく》です。が、この大祭司《だいさいし》なる者《もの》は、アロン家《け》とは関係《かんけい》のない、つまり律法《りっぽう》を無視《むし》した専横《せんおう》の者《もの》です。繰《く》り返《かえ》しになりますが、彼《かれ》らは律法《りっぽう》ではなく、ハスモン家《け》とアロン家《け》という2つ《ふた》の大祭司《だいさいし》の家門《かもん》を滅《ほろ》ぼしたヘロデ大王《だいおう》から大祭司《だいさいし》を許《ゆる》されたのです。律法《りっぽう》が謳《うた》うアロン家《け》の一族《いちぞく》は30年前《ねんまえ》、ヘロデ大王《だいおう》をそそのかした祭司《さいし》たちの陰謀《いんぼう》のゆえに、10歳《さい》だったマリヤさまを残《のこ》して自決《じけつ》しました。そしてアロン家《け》はユダヤ人《じん》から忘《わす》れられているのです。

⒃（５）「対話《たいわ》」マルコのマリヤさまへの報告《ほうこく》「イエスさまのお苦《くる》しみよう」

「苦杯《くはい》」の目撃者《もくげきしゃ》については「マルコによる福音書《ふくいんしょ》」に次《つぎ》のようなヒントがあります。

「マルコ福音書《ふくいんしょ》」：14－50弟子たちは皆イエスを見捨てて逃げ去った。14－51ときに、ある若者が身に亜麻布をまとって、イエスのあとについて行ったが、人々が彼をつかまえようとしたので、14－52その亜麻布を捨てて、裸で逃げて行った。

⒃（５）（１）城壁都市《じょうへきとし》エルサレムの門《もん》にて

裸《はだか》で逃《に》げ帰《かえ》ったマルコと門衛《もんえい》との会話《かいわ》です。

門衛《もんえい》：よお、マルコ、裸《はだか》でどうした。強盗《ごうとう》に寝巻《ねまき》をとられたのか？

宿《やど》の息子《むすこ》マルコ：おじさん、たいへんなんだ、それどころじゃないんだ。通《とお》しておくれよ。

門衛《もんえい》：おお、そうか、チンチン以外《いがい》、何《なに》も持《も》ってないな、よし通《とお》れ、ころばぬように気《き》をつけろよ。

宿《やど》の息子《むすこ》マルコ：ありがとう、おじさん、じゃ、またね。

⒃⑸⑵　マルコの母《はは》の営《いとな》む宿《やど》にて

宿《やど》の息子《むすこ》マルコ：アロン家《け》のマリヤのおばさん、たいへんだ、イエスさまがしょっ引《ぴ》かれたんだっ。お弟子《でし》さんたちは、寝《ね》ぼけてうろうろしてた。でも、もうすぐ帰《かえ》って来《く》ると思《おも》う。

マリヤさま：ごくろうさま、マルコ、それでイエスに何《なに》か変《か》わったことはなかったかしら。

宿《やど》の息子《むすこ》マルコ：だから言《い》ったろ、誰《だれ》かに連《つ》れて行《い》かれたって。

マリヤさま：そうじゃないのよマルコ、その前《まえ》に何《なに》かなかったかって聞《き》いてるの、とても大事《だいじ》な事《こと》なの。

宿《やど》の女主人《おんなしゅじん》マリヤ：おまえも寝《ね》ぼけてたんじゃないだろうね、しっかりおし。

宿《やど》の息子《むすこ》マルコ：しつれいしちゃうな母《かあ》さん、しっかりイエスさまを見《み》てたよ。おお、そうだ、思《おも》い出《だ》した、イエスさまは突然苦《とつぜんくる》しみ出《だ》されたんだよ、マリヤのおばさん。それもとてもひどい苦《くる》しみようで、もだえながら「この杯《さかずき》を取《と》り除《の》けてください」とか、寝言《ねごと》のように叫《さけ》び出《だ》されたんだ。そして、その異様《いよう》な苦《くる》しみの後《あと》では、月《つき》の光《ひかり》に照《て》らされたお顔《かお》には汗《あせ》がしたたり、げっそり痩《や》せて人《ひと》が違《ちが》ったように見《み》えたんだ。その時《とき》、大勢《おおぜい》の人《ひと》がやってきて、お弟子《でし》さんの1人《ひとり》がイエスさまに頬付《ほおづ》けすると、奴《やつ》らは無抵抗《むていこう》のイエスさまを連《つ》れ去《さ》ったんだ。ぼくも捕《つか》まえられそうになったんで夢中《むちゅう》で逃《に》げた。お弟子《でし》さんたちもわけが分《わ》からず右往左往《うおうさおう》していたけど、ペテロさんは奴《やつ》らの後《あと》をつけて行《い》った。他《ほか》のお弟子《でし》さんたちには、そのまま宿《やど》に戻《もど》るようにと言《い》っていた。
マリヤさま：そう、マルコ、ごくろうさま、それが聞《き》きたかったの。でも、あなたを危険《きけん》なことに巻《ま》き込《こ》んでごめんなさい。この宿《やど》の大事《だいじ》な跡取《あとと》りなのに。
宿《やど》の女主人《おんなしゅじん》マリヤ：とんでもない、マリヤさま。マリヤさまのお役《やく》に立《た》てたのならようございました。よくやったよマルコ、お母《かあ》さんも鼻《はな》が高《たか》いよ、お前《まえ》のおかげでね。
宿《やど》の息子《むすこ》マルコ：生《う》まれて初《はじ》めて母《かあ》さんに褒《ほ》められたよ。地震《じしん》でも起《おこ》りそうだ。

⒃⑸⑶口上《こうじょう》⑴：マリヤさまは、マルコの報告《ほうこく》をお聞《き》きになり、イエスさまが罪《つみ》をその身《み》に負《お》われたことを確信《かくしん》されました。罪《つみ》という目《め》に見《み》えないものが「杯《さかずき》」によってイエスさまの体内《たいない》に注《そそ》がれ顕在化《けんざいか》したことを思《おも》われたのです。「イエスは贖《あがな》いの生贄《いけにえ》になった」。そしてその生贄《いけにえ》は、すぐさま屠《ほふ》られねばならないとお考《かんが》えでした。

⒃⑸⑷口上《こうじょう》⑵：マリヤさまはいつものようにベールで顔《かお》を覆《おお》い、奉仕《ほうし》の女性《じょせい》たちと共《とも》に静《しず》かにお待《ま》ちになりました。そして空《そら》が白《しら》む頃《ころ》、ペテロが駆《か》け込《こ》んできたのでした。

ペテロ：マリヤさま、たいへんです。大祭司《だいさいし》らがイエスさまを裁判《さいばん》にかけ、一方的《いっぽうてき》に死刑《しけい》を宣告《せんこく》しました。ですが彼《かれ》らはイエスさまに手《て》をかけず、ピラトに殺《ころ》させようと訴《うった》え出《で》るようです。そんな朝早《あさはや》くから総督《そうとく》が開廷《かいてい》するとは思《おも》えません。何《なに》が起《おこ》っているのか、わけが分《わ》かりません。日没《にちぼつ》になると過越《すぎこし》の安息《あんそく》（一切《いっさい》の労働《ろうどう》の禁止《きんし》）が始《はじま》りますのに、奴《やつ》らは、何《なに》をあせっているのでしょう。官邸《かんてい》に行《い》って様子《ようす》を見《み》てまいりましょうか。

マリヤさま：ごくろうさまでした、ペテロさん、それには及《およ》びません。休憩《きゅうけい》なさってください。わたしたちもお茶《ちゃ》をいただきながら待《ま》ちましょう。そして10時《じ》になったら出《で》かけましょう。

（16）（5）（5）口上《こうじょう》（3）：マリヤさまの凛《りん》としたお声《こえ》は、皆《みな》の動揺《どうよう》を静《しず》め、女主人《おんなしゅじん》の用意《ようい》したお茶《ちゃ》を飲《の》み、平安《へいあん》のうちにその時《とき》を待《ま》ちました。

（16）（5）（6）口上《こうじょう》（4）：マリヤさまは、イスカリオテのユダのためにも祈《いの》られました。彼《かれ》は自分《じぶん》が何《なに》をしているのか分《わ》かっていなかったのです。そのためにイエスは捕《とら》えられ、ユダヤの裁判《さいばん》で死刑《しけい》が宣告《せんこく》されました。律法《りっぽう》の定《さだ》める「石打《いしうち》の刑《けい》」ではなく、異邦人《いほうじん》の総督《そうとく》に訴《うった》えて死刑《しけい》にさせるというのです。そうです、この度《たび》の生贄《いけにえ》は木《き》に掛《か》けられなければならないのです。

彼《かれ》らの目論《もくろ》みは、総督《そうとく》に死刑囚《しけいしゅう》1人《ひとり》の恩赦《おんしゃ》を願《ねが》い出《で》て、それで空《あ》く十字架《じゅうじか》に強引《ごういん》にイエスさまを掛《か》けさせることです。十字架《じゅうじか》の極刑《きょっけい》はローマの象徴《しょうちょう》ですから、イエスさま殺害《さつがい》の憎悪《ぞうお》は総督《そうとく》に向《む》けられます。「総督《そうとく》のピラトさまはどのようなお方《かた》だろう」とマリヤさまは思《おも》われました。恩赦《おんしゃ》で空《あ》いたその十字架《じゅうじか》にイエスが掛《か》けられることこそは、この旅《たび》の最終目的《さいしゅうもくてき》だったのです。アロン家《け》の究極《きゅうきょく》の課題《かだい》、個々人《ここじん》の「狂気《きょうき》という名《な》の罪《つみ》」の贖《あがな》いが成就《じょうじゅ》するのです。

でも、その刻限《こくげん》が近《ちか》づくと、やはりマリヤさまの心《こころ》の負担《ふたん》は増《ま》しました。「ヨセフさま、ごらんくださいい、おかげさまでその時《とき》を迎《むか》えました。でも、お兄《にい》ちゃん、わたしの心《こころ》は晴《は》れません。イエスは今《いま》、人《ひと》の罪《つみ》が肉体《にくたい》に顕在化《けんざいか》した状態《じょうたい》です。さぞかし苦《くる》しいだろうと思《おも》います。ご先祖《せんぞ》アロンさまとモーセさまの神《かみ》さま、どうぞ御心《みこころ》が成《な》りますように、そのようにお祈《いの》りさせていただきます。イエスと共《とも》に。アーメン」

物語《ものがたり》（17）「注解《ちゅうかい》」罪《つみ》の生贄《いけにえ》の大祭司《だいさいし》、イエスを屠《ほふ》る十字架《じゅうじか》

（17）（1）異例《いれい》のユダヤ早朝議会《そうちょうぎかい》

「ルカ福音書《ふくいんしょ》」：22－66夜が明けたとき、人民の長老、祭司長たち、律法学者たちが集まり、イエスを議会に引き出して言った、22－67「あなたがキリストなら、そう言ってもらいたい」。イエスは言われた、「わたしが言っても、あなたがたは信じないだろう。22－68また、わたしがたずねても、答えないだろう。22－69しかし、**人の子**は今からのち、全能の神の右に座するであろう」。22－70彼らは言った、「では、あなたは神の子なのか」。イエスは言われた、「あなたがたの言うとおりである」。22－71すると彼らは言った、「これ以上、なんの証拠がいるか。われわれは直接彼の口から聞いたのだから」。

「夜《よ》が明《あ》けたとき」と書《か》かれた議会召集《ぎかいしょうしゅう》はきわめて異例《いれい》です。エルサレムの外《そと》に住《す》んでいる議員《ぎいん》の多《おお》くは参加《さんか》できなかったことでしょう。その裁判《さいばん》は最初《さいしょ》から「死刑《しけい》ありき」であり、裁判《さいばん》ではありません。その早朝裁判《そうちょうさいばん》の目的《もくてき》は、イエスさまを殺《ころ》そうとしていることが民衆《みんしゅう》に悟《さと》られないようにするためです。そして、イエスさまを神流罪《しんとくざい》に定《さだ》め、即刻《そっこく》、死刑《しけい》を宣告《せんこく》しました。それはいかにも劇場型《げきじょうがた》です。イエスさまの本当《ほんとう》の罪《つみ》は律法違反《りっぽういはん》です。とても地味《じみ》です。

記事《きじ》が意味不明《いみふめい》の劇場型《げきじょうがた》であることと、イエスさまの自称《じしょう》「人《ひと》の子《こ》」から推《お》して、この部分《ぶぶん》はアレキサンドリヤ教会《きょうかい》の改編《かいへん》とします。原文《げんぶん》は地味《じみ》だったのでしょう。

神涜罪《しんとくざい》の処刑《しょけい》ですから、イエスさまが死《し》なれるまで民衆《みんしゅう》に石《いし》を投《な》げつけさせる石打刑《いしうちけい》のはずですが、イエスさまの場合《ばあい》は相手《あいて》が悪《わる》すぎます。民衆《みんしゅう》の持《も》つ石《いし》はイエスさまにではなく、自分《じぶん》たち聖職者《せいしょくしゃ》に向《む》かって投《な》げつけられる恐《おそ》れがあります。イエスさまはダビデ王《おう》の再来《さいらい》のように民衆《みんしゅう》の圧倒的《あっとうてき》な支持《しじ》を得《え》ておられるからです。そのイエスさまを罪人《ざいにん》として民衆《みんしゅう》の前《まえ》に引《ひ》き出《だ》せば暴動《ぼうどう》が懸念《けねん》されます。ですが心配《しんぱい》はご無用《むよう》、それを回避《かいひ》するための妙案《みょうあん》はすでに用意済《よういず》みです。それは武力《ぶりょく》を持《も》つ総督《そうとく》ピラトにイエスさまを殺《ころ》させることです。しかもピラトにイエスさまを即刻殺《そっこくころ》させる秘策《ひさく》が「恩赦《おんしゃ》で空《あ》く十字架《じゅうじか》」なのです。しかもそれは、民衆《みんしゅう》がそれと気付《きづ》いて騒《さわ》ぎ出《だ》す前《まえ》に速《すみ》やかに行《おこな》う必要《ひつよう》があります。いかにしてイエスさまをローマの十字架《じゅうじか》に掛《か》けさせるかは祭司長《さいしちょう》たちの腕《うで》の見《み》せ所《どころ》です。

(17)(2)総督《そうとく》ピラトの法廷《ほうてい》は「イエスさま無罪《むざい》」

紀元《きげん》２０２３年《ねん》のこれまで、ピラトはイエスさまを殺《ころ》した張本人《ちょうほんにん》のように言《い》われていますが、ちゃんと読《よ》めば、彼《かれ》はイエスさまを３度《さんど》も許《ゆる》そうとしています。そして恩赦《おんしゃ》はイエスさまに与《あた》えようと提案《ていあん》します。しかし、祭司長《さいしちょう》たちユダヤ人《じん》はイエスさまを殺《ころ》せと叫《さけ》びたてます。ついに根負《こんま》けしたピラトはイエスさまを彼《かれ》らに、つまりユダヤ人《じん》に渡《わた》してその意《い》のままにさせたのです。イエスさまと空《あ》いた十字架《じゅうじか》とを刑場《けいじょう》に送《おく》ったのはユダヤ人《じん》であり、ピラトはそれを黙認《もくにん》しただけです。しかし、それはローマの十字架《じゅうじか》には違《ちが》いありませんでした。

（17）（2）（1）ピラトのゆるし（1）：「なんの罪《つみ》もみとめない」

「ルカ福音書《ふくいんしょ》」：23－1群衆はみな立ちあがって、イエスをピラトのところへ連れて行った。23－2そして訴え出て言った、「わたしたちは、この人が国民を惑わし、貢をカイザルに納めることを禁じ、また自分こそ王なるキリストだと、となえているところを目撃しました」。23－3ピラトはイエスに尋ねた、「あなたがユダヤ人の王であるか」。イエスは「そのとおりである」とお答えになった。23－4そこでピラトは祭司長たちと群衆とにむかって言った、「わたしはこの人になんの罪もみとめない」。

「あなたがユダヤ人《じん》の王《おう》であるか」とは、とぼけたお尋《たず》ねです。イエスさまも「そのとおりである」と応《おう》じておられます。どこから出《で》たのでしょう。祭司長《さいしちょう》たちはイエスさまがユダヤ人《じん》の王《おう》を自称《じしょう》し民衆《みんしゅう》を扇動《せんどう》しているとでも訴《うった》えたのでしょうか。神涜罪《しんとくざい》ではピラトの管轄外《かんかつがい》です。

(17)(2)(2)ピラトのゆるし(2):「死《し》にあたるようなことは」

「ルカ福音書《ふくいんしょ》」:**23-13**ピラトは、祭司長たちと役人たちと民衆とを、呼び集めて言った。23-14「おまえたちは、この人を民衆を惑わすものとしてわたしのところに連れてきたので、おまえたちの面前でしらべてみたが、訴え出ているような罪は、この人に少しもみとめられなかった。23-15ヘロデもまたみとめなかった。現に彼はイエスをわれわれに送りかえしてきた。この人はなんら死に当るようなことはしていないのである。23-16だから、**彼をむち打って**から、ゆるしてやることにしよう」。

「彼《かれ》をむち打《う》ってから」とは、意味不明《いみふめい》として読《よ》み飛《と》ばされるかも知《し》れないピラトの言葉《ことば》ですが、そのローマの鞭《むち》は肉体《にくたい》に対《たい》して恐《おそ》るべき破壊力《はかいりょく》があります。鞭《むち》の先《さき》には鉄片《てっぺん》がついていて、それが肉《にく》や血管《けっかん》を引《ひ》きちぎります。この後《あと》、イエスさまが歩《ある》けないほどに体力《たいりょく》を消耗《しょうもう》されたのは、この鞭打《むちう》ちのゆえです。ピラトは肉体《にくたい》がぼろぼろになったイエスさまを見《み》せれば、さすがのユダヤ人《じん》も哀《あわ》れみの心《こころ》を持《も》つに違《ちが》いないと思《おも》ったのですが、それは甘《あま》かったのです。しかし、イエスさまの肉体《にくたい》のダメージは甚大《じんだい》で、その後《ご》の短時間《たんじかん》での落命《らくめい》につながりました。ローマの法《ほう》に従《したが》えば、イエスさまは治安《ちあん》を乱《みだ》したり、皇帝《こうてい》を否定《ひてい》するようなことはされていませんので、ピラトにはイエスさまを罰《ばっ》する根拠《こんきょ》がないのです。それにピラトは多《おお》くの死刑囚《しけいしゅう》を見《み》て来《き》ています。たいていの死刑囚《しけいしゅう》は自分《じぶん》の無実《むじつ》を主張《しゅちょう》して命乞《いのちご》いをします。だが、目前《もくぜん》の女《おんな》かと見《み》まがうこの男《おとこ》は、どう見《み》ても極悪人《ごくあくにん》には見《み》えず、むしろ高貴《こうき》な所作《しょさ》さえ感《かん》じさせるのでした。「赦《ゆる》してやろう」。

ピラト：「ユダヤ人《じん》の奴《やつ》らがどうしてこの男《おとこ》を殺《ころ》そうとするのか理解《りかい》に苦《くる》しむ。このような意味不明《いみふめい》の処刑《しょけい》の要求《ようきゅう》がこのユダヤの地《ち》の特徴《とくちょう》だ、じつにやりにくい」。

(17)(2)(3) ピラトから「イエスさまに恩赦《おんしゃ》」のプレゼント

「ルカ福音書《ふくいんしょ》」：23−17 ［祭ごとにピラトがひとりの囚人をゆるしてやることになっていた。」23−18 ところが、彼らはいっせいに叫んで言った、「その人を殺せ。バラバをゆるしてくれ」。23−19このバラバは、都で起った暴動と殺人とのかどで、獄に投ぜられていた者である。

ついにピラトはイエスさまに対《たい》し伝家《でんか》の宝刀《ほうとう》を抜《ぬ》き、「イエスさまへの恩赦《おんしゃ》」を口《くち》にしました。しかし、それこそは祭司長《さいしちょう》たちユダヤ人《じん》の待《ま》っていた言葉《ことば》でした。もちろんイエスさまも同様《どうよう》にそれを待《ま》っておられたのでした。そしてユダヤ人《じん》らはバラバをゆるせと叫《さけ》びたて、その空《あ》いた十字架《じゅうじか》にイエスさまを掛《か》けろと要求《ようきゅう》したのです。それは、ピラトが一旦《いったん》イエスさまを獄《ごく》に入《い》れ、ローマの手続《てつづ》きを済《す》ませてから、後日処刑《ごじつしょけい》というのんきなことを回避《かいひ》するためです。

何《なに》が何《なん》でもイエスさまをその十字架《じゅうじか》に掛《か》けなければこれまでの苦労《くろう》も忍耐《にんたい》も水《みず》の泡《あわ》となってしまうのですから祭司長《さいしちょう》たちは必死《ひっし》です。

(17)(2)(4)ピラトのゆるし(3):「どんな悪事《あくじ》をしたのか」

「ルカ福音書《ふくいんしょ》」:23-20ピラトはイエスをゆるしてやりたいと思って、もう一度かれらに呼びかけた。23-21しかし彼らは、わめきたてて「十字架につけよ、彼を十字架につけよ」と言いつづけた。23-22ピラトは三度目に彼らにむかって言った、「では、この人は、いったい、どんな悪事をしたのか。彼には死にあたる罪は全くみとめられなかった。だから、**むち打って**から彼をゆるしてやることにしよう」。

この「むち打《う》ってから」は、「ピラトのゆるし(2)」と重複《ちょうふく》しています。このタイミングでイエスさまの身体《からだ》をぼろぼろにしても意味《いみ》はありません。

(17)(3)総督《そうとく》はイエスさまを彼《かれ》ら(ユダヤ人《じん》)の意《い》にまかせた

「ルカ福音書《ふくいんしょ》」:23-23ところが、彼らは大声をあげて詰め寄り、イエスを十字架につけるように要求した。そして、その声が勝った。23-24ピラトはついに彼らの願いどおりにすることに決定した。23

-25そして、暴動と殺人とのかどで獄に投ぜられた者の方を、彼らの要求に応じてゆるしてやり、イエスの方は彼らに引き渡して、その意のままにまかせた。

騒《さわ》ぎが大《おお》きくならないうちに終《お》わりにしなければ皇帝《こうてい》の威光《いこう》に傷《きず》がつきかねません。ピラトは考《かんが》えを変《か》えて、イエスさまを「彼《かれ》ら」すなわちユダヤ人《じん》に渡《わた》して好《す》きにさせたのです。空《あ》いた十字架《じゅうじか》の使用《しよう》も黙認《もくにん》しました。イエスさまを城壁外《じょうへきがい》の刑場《けいじょう》に引《ひ》き立《た》てたのはローマ兵《へい》ではなく祭司長《さいしちょう》たちユダヤ人《じん》であったことを思《おも》わねばなりません。

物語《ものがたり》（18）「対話《たいわ》」総督《そうとく》ピラトと百卒長《ひゃくそつちょう》アウルス

（18）（1）「ほら、あれはあのイエスですよ」

百卒長《ひゃくそつちょう》アウルス：ピラト閣下《かっか》、あいつはほら例《れい》のカペナウムのヨセフの息子《むすこ》で、母親自身《ははおやじしん》から生《う》まれたとか言《い》うあの「イエス」ですよ。今《いま》では預言者《よげんしゃ》だのダビデの再来《さいらい》だとか言《い》われて人気者《にんきもの》になっています。だからといって民衆《みんしゅう》を扇動《せんどう》したりしてはいません。

なんでも「カイザルに貢《みつぎ》を納《おさ》めてよいか」と問《と》われた時《とき》の答《こた》えが振《ふ》るっています、デナリの通貨《つうか》を見《み》せなさいと言《い》ったというんです。そしてそのコインに彫《ほ》られた肖像《しょうぞう》は誰《だれ》のものかと聞《き》き返《かえ》したのです。質問者《しつもんしゃ》が「カイザルです」と答《こた》えると、「神《かみ》のものは神《かみ》に、カイザルのものはカイザルに返《かえ》しなさい」と言《い》ったとか、誰《だれ》もグウの音《ね》もでなかったということです。それが今《いま》はどうでしょう、げっそりと痩《や》せて、見《み》る影《かげ》もありません。まるで病人《びょうにん》のようです。

総督《そうとく》ピラト：まったくだ。大祭司《だいさいし》たちにも困《こま》ったものだ。なんでこのような田舎者《いなかもの》を相手《あいて》に手《て》こずっているのだ。自分《じぶん》たちでさっさと石《いし》で打《う》って殺《ころ》したら良《よ》かったじゃないか。黙認《もくにん》してやるよ。だが、わたしの場合《ばあい》、犯罪《はんざい》の証拠《しょうこ》も何《なに》も無《な》い者《もの》を処刑《しょけい》するわけにはいかない。

(18)(2)「背《せ》の高《たか》い女《おんな》、あれは奴《やつ》の母親《ははおや》ですよ」

百卒長《ひゃくそつちょう》アウルス：おや、傍聴《ぼうちょう》している者《もの》の中《なか》に、奴《やつ》の母親《ははおや》がいます。顔《かお》をベールで隠《かく》してはいますが、背《せ》が高《たか》いし、あれは確《たし》かに母親《ははおや》の、たしか「マリヤ」です。それに女《おんな》や男《おとこ》を従《したが》えているようにも見《み》えます。

総督《そうとく》ピラト：覚《おぼ》えている。確《たし》かにそうだ。憔悴《しょうすい》しきったイエスと、殺《ころ》せと叫《さけ》びたてるユダヤ人《じん》ども、そしてその成《な》り行《い》きを見《み》つめている母親《ははおや》、その表情《ひょうじょう》はイエスを許《ゆる》してくれという風《ふう》でもない。あの母子《おやこ》には何《なに》か曰《いわく》がありそうだ。アウルス、母親《ははおや》たちがどこに泊《と》まっているか分《わ》かるか。大人数《おおにんずう》のようだから宿《やど》に泊《と》まっているのだろうな。

百卒長《ひゃくそつちょう》アウルス：それはもちろん、マリヤという女主人《おんなしゅじん》が経営《けいえい》している安宿《やすやど》です。2階《にかい》は広間《ひろま》で雑魚寝《ざこね》ができ、大勢泊《おおぜいと》まれますが、この数日《すうじつ》は貸切《かしきり》のようです。けっこうな宿泊費《しゅくはくひ》になると思《おも》いますが。

ピラト：けっこうな数《かず》の男女《だんじょ》の弟子《でし》か、それも良《よ》く分《わ》からないなアウルス、あの母親《ははおや》にはこの1件《いっけん》が落着《らくちゃく》した後《あと》でわたしのもとに来《く》るようにしてもらいたい。いいか、連行《れんこう》するのではないぞ、任意《にんい》だ、拒否《きょひ》されればそれまでで良《よ》い、報告《ほうこく》には及《およ》ばぬ。頼《たの》んだぞ。

百卒長《ひゃくそつちょう》アウルス：委細承知《いさいしょうち》しました、ピラト閣下《かっか》。

物語《ものがたり》（19）「注解《ちゅうかい》」今年《ことし》の過越《すぎこし》は空《あ》いた十字架《じゅうじか》がない

（19）（1）十字架《じゅうじか》の道行《みちゆ》きの情景《じょうけい》

「ルカ福音書《ふくいんしょ》」：23-26彼らがイエスをひいていく途中、シモンというクレネ人が郊外から出てきたのを捕えて十字架を負わせ、それをになってイエスのあとから行かせた。23-27大ぜいの民衆と、悲しみ嘆いてやまない女たちの群れとが、イエスに従って行った。

「郊外《こうがい》から出《で》てきたのを捕《とら》えて十字架《じゅうじか》を負《お》わせ」の意味《いみ》は、イエスさまがご自身《じしん》の十字架《じゅうじか》を担《かつ》げなかったということです。ローマ式《しき》の鞭《むち》で打《う》たれたイエスさまの身体《からだ》のダメージが思《おも》わされます。シモンはクレネに住《す》む離散《りさん》のユダヤ人《じん》で祭《まつり》のために上京《じょうきょう》していたのです。彼《かれ》に十字架《じゅうじか》を担《かつ》がせたのは、イエスさまを刑場《けいじょう》に追《お》い立《た》てているユダヤ人《じん》です。イエスさまの身体《からだ》のダメージの深刻《しんこく》さは死期《しき》を極端《きょくたん》に早《はや》めることにもなりました。あとの2人《ふたり》は無傷《むきず》ですから、死期《しき》は2、3日《にち》かそれ以上先《いじょうさき》になるでしょう。

また、「悲《かな》しみ嘆《なげ》いてやまない女《おんな》たちの群《む》れ」とは、奉仕《ほうし》の女性《じょせい》や宿《やど》の従業員《じゅうぎょういん》たちです。マリヤさまもその先頭《せんとう》に居《お》られましたが、事前《じぜん》にマルコの報告《ほうこく》を聞《き》かれていたので、イエスさまの身体《からだ》に顕在化《けんざいか》した罪《つみ》を目《ま》の当《あ》たりにして、その表情《ひょうじょう》は堅《かた》く考《かんが》え深《ぶか》げであったのです。

⒆（2）異例《いれい》の「空《あ》いた十字架《じゅうじか》」の活用《かつよう》はユダヤ人《じん》

「ルカ福音書《ふくいんしょ》」：23－32さて、イエスと共に刑を受けるために、ほかにふたりの犯罪人も引かれていった。23－33されこうべと呼ばれているところに着くと、人々はそこでイエスを十字架につけ、犯罪人たちも、ひとりは右に、ひとりは左に、十字架につけた。

イエスさまを十字架《じゅうじか》につけたのは、ローマ兵《へい》ではなく「人々《ひとびと》」と書《か》かれています。人々《ひとびと》とは祭司長《さいしちょう》たちの手《て》の者《もの》でありユダヤ人《じん》です。ユダヤ人《じん》と書《か》けばピラトの面目《めんもく》は丸《まる》つぶれになります。今年《ことし》の祭《まつり》は、「空《あ》いた十字架《じゅうじか》」がありません。ピラトは恩赦《おんしゃ》をしたのにそのシンボルとなる「空《あ》いた十字架《じゅうじか》」がないのです。ピラトはイエスさまを助《たす》けることができず、恩赦《おんしゃ》の、「空《あ》いた十字架《じゅうじか》」を立《た》てることも出来《でき》なかった、その無念《むねん》はいかばかりだったことでしょう。

⒆（3）裸体《らたい》を十字架《じゅうじか》に釘付《くぎづ》け

死刑囚《しけいしゅう》はまず裸《はだか》にされます。そして倒《たお》した十字架《じゅうじか》に足《あし》を載《の》せるための斜《なな》めの台《だい》に、揃《そろ》えた足《あし》の甲《こう》が釘付《くぎづ》けされます。それから両《りょう》の掌《てのひら》が横《よこ》に伸《の》びた木片《もくへん》に釘付《くぎづ》けされます。次《つぎ》にその人《ひと》を乗《の》せた十字架《じゅうじか》が起《お》こされ、掘《ほ》ってあった穴《あな》にドスンと落《お》とし込《こ》まれ固定《こてい》されます。身体《からだ》を固定《こてい》した4箇所《よんかしょ》の釘《くぎ》が刺《さ》し通《とお》した肉《にく》には体重《たいじゅう》が少《すこ》しずつかかるようになっていて、傷《きず》を少《すこ》しずつ裂《さ》き続《つづ》けます。その肉《にく》が裂《さ》けた傷《きず》からは血《ち》が少《すこ》しずつ流《なが》れ出《で》て長時間《ちょうじかん》かけて失血《しっけつ》に至《いた》ります。また裸体《らたい》は日中《にっちゅう》は炎天下《えんてんか》、そして夜《よる》は寒気《かんき》にさらされ続《つづ》けるのです。その長引《ながび》く苦痛《くつう》と苦悶《くもん》が与《あた》える「底知《そこし》れぬ恐怖《きょうふ》」こそは十字架刑《じゅうじかけい》の本領《ほんりょう》です。

⑲（4）イエスさまの勝利宣言《しょうりせんげん》

「ルカ福音書《ふくいんしょ》」：23-34そのとき、イエスは言われた、「父よ、彼らをおゆるしください。彼らは何をしているのか、わからずにいるのです」。

祭司長《さいしちょう》たちは自分《じぶん》たちの思惑通《おもわくどお》りにイエスさまを十字架《じゅうじか》に掛《か》けることに成功《せいこう》し有頂天《うちょうてん》になっています。イエスさまを殺《ころ》すのはローマ兵《へい》の用意《ようい》した十字架《じゅうじか》ですから、ユダヤの民衆《みんしゅう》の憎悪《ぞうお》はローマ総督《そうとく》に向《む》かうはずで一石二鳥《いっせきにちょう》の好都合《こうつごう》です。

だが、祭司長《さいしちょう》らのユダヤ人《じん》による、恩赦《おんしゃ》で空《あ》いた十字架《じゅうじか》の活用《かつよう》こそは、イエスさまのアロン家《け》の大祭司《だいさいし》としての「罪《つみ》の贖《あがな》い」の課題解決《かだいかいけつ》に寄与《きよ》するのです。ここに滅《ほろ》んで忘《わす》れ去《さ》られたはずのアロン家《け》の永遠化《えいえんか》が実現《じつげん》するのです。イエスさまの言《い》われた、「彼《かれ》らは何《なに》をしているのか、分《わ》からずにいるのです」とはまさに、祭司長《さいしちょう》たちの有頂天《うちょうてん》を哀《あわ》れに思《おも》われてのことです。

（19）（5）十字架仲間《じゅうじかなかま》の幸《さち》

「ルカ福音書《ふくいんしょ》」：23-39十字架にかけられた犯罪人のひとりが、「あなたはキリストではないか。それなら、自分を救い、またわれわれも救ってみよ」と、イエスに悪口を言いつづけた。23-40もうひとりは、それをたしなめて言った、「おまえは同じ刑を受けていながら、神を恐れないのか。23-41お互は自分のやった事のむくいを受けているのだから、こうなったのは当然だ。しかし、このかたは何も悪いことをしたのではない」。23-42そして言った、「イエスよ、あなたが御国の権威をもっておいでになる時には、わたしを思い出してください」。23-43イエスは言われた、「よく言っておくが、あなたはきょう、わたしと一緒にパラダイスにいるであろう」。

この犯罪人《はんざいにん》の1人《ひとり》は、「罪《つみ》の贖《あがな》い」を確信《かくしん》しました。なぜなら、イエスさまの「わたしと一緒《いっしょ》にパラダイスにいる」との言葉《ことば》を聞《き》いて、平安《へいあん》が心《こころ》に染《し》みとおったからです。そして、これが最初《さいしょ》の「罪《つみ》の贖《あがな》い」の記録《きろく》となりました。「罪《つみ》の贖《あがな》い」の「ご利益《りやく》」は、へりくだって自《みずか》らの罪《つみ》の告白《こくはく》をし、イエスさまを仰《あお》ぎ見《み》た者《もの》に与《あた》えられる特権《とっけん》です。それは得《え》も言《い》われぬ平安《へいあん》であり、「恐《おそ》れなどの狂気《きょうき》」が払拭《ふっしょく》されることで得《え》られます。

⒆（6）皆既日食《かいきにっしょく》と大地震《おおじしん》の最中《さなか》イエスさまご落命《らくめい》

「ルカ福音書《ふくいんしょ》」：23-44（1）時はもう昼の十二時ごろであったが、太陽は光を失い、全地は暗くなって、三時に及んだ。23-45そして**（2）聖所の幕がまん中から裂けた。**23-46そのとき、イエスは声高く叫んで言われた、「父よ、わたしの霊をみ手にゆだねます」。こう言ってついに息を引きとられた。

ここでは2《ふた》つの天変地異《てんぺんちい》が書《か》かれています。（1）「太陽《たいよう》は光《ひかり》を失《うしな》い、全地《ぜんち》は暗《くら》くなって」と書《か》かれた天《てん》の異変《いへん》は皆既日食《かいきにっしょく》です。また、（2）「聖所《せいじょ》の幕《まく》がまん中《なか》から裂《さ》けた」との地《ち》の異変《いへん》は神殿《しんでん》にダメージを与《あた》えるほどの大地震《おおじしん》のことです。その2《ふた》つが同時《どうじ》に起《おこ》ったのかどうかは分《わ》かりません。しかし、皆既日食《かいきにっしょく》の方《ほう》は、それが事実《じじつ》であればカペナウムでも見《み》られたはずです。その天《てん》の異象《いしょう》を見《み》たクレオパの感慨《かんがい》もあることでしょう。「イエスは今《いま》は賑々《にぎにぎ》しくエルサレムにいると聞《き》く、太陽《たいよう》が光《ひかり》を失《うしな》うとはただ事《ごと》ではない、何事《なにごと》かあったのだろうか」と。

⒆（7）その場《ば》にいたある百卒長《ひゃくそつちょう》の感慨《かんがい》

「ルカ福音書《ふくいんしょ》」：23ー47百卒長はこの有様を見て、神をあがめ、「ほんとうに、この人は正しい人であった」と言った。

唐突《とうとつ》に登場《とうじょう》のこの人物《じんぶつ》には名前《なまえ》がありません。そういえばイエスさまに褒《ほ》められた例《れい》のカペナウムの百卒長《ひゃくそつちょう》にも名前《なまえ》はありませんでした。この場面《ばめん》での登場《とうじょう》は、2人《ふたり》が同一人物《どういつじんぶつ》であることは文脈《ぶんみゃく》からして明白《めいはく》ですから、ルカが主人《しゅじん》の功績《こうせき》を顕彰《けんしょう》してここに置《お》いたのだと分《わ》かります。そしてその名前《なまえ》は結論的《けつろんてき》にはクレオパです。

「ルカ福音書《ふくいんしょ》」：23ー48この光景を見に集まってきた群衆も、これらの出来事を見て、みな胸を打ちながら帰って行った。23ー49すべてイエスを知っていた者や、ガリラヤから従ってきた女たちも、遠い所に立って、これらのことを見ていた。

ユダ族《ぞく》イエスさまの処刑《しょけい》は早々《はやばや》と終《お》わりました。ムチ打《う》ちのダメージが死期《しき》を早《はや》めたのです。イエスさまが「ユダヤ人《じん》の王《おう》に」という民衆《みんしゅう》の願《ねが》いは露《つゆ》と消《き》えました。使徒《しと》や弟子《でし》たちも肩《かた》の力《ちから》が抜《ぬ》けてしまったことでしょう。イエスさまが自《みずか》らの使命《しめい》を全《まっと》うされた今《いま》、マリヤさまにとっては、これが「始《はじ》まり」です。「教会《きょうかい》という組織造《そしきづく》り」に向《む》けての新《あら》たなキックオフの瞬間《しゅんかん》が待《ま》たれるのです。

⒆（8）十字架《じゅうじか》の下《もと》、マリヤさまの勝利宣言《しょうりせんげん》

その時《とき》、ベールで顔《かお》を隠《かく》した背《せ》の高《たか》い女《おんな》が進《すす》み出《で》て、十字架《じゅうじか》に近寄《ちかよ》り、イエスさまを見上《みあ》げて声高《こわだか》に語《かた》りだしました。「アロン家《け》の大祭司《だいさいし》たるイエスよ、人《ひと》の罪《つみ》を己《おの》が身《み》に負《お》い、苦杯《くはい》により罪《つみ》を己《おの》が身《み》に顕在化《けんざいか》させ、己《おのれ》の十字架《じゅうじか》により贖《あがな》いたる者《もの》よ、これより後《のち》の世々《よよ》に亘《わた》り、この話《はなし》を聞《き》いて信《しん》じ、大祭司《だいさいし》イエスの苦杯《くはい》を目《ま》の当《あ》たりにし、自《みずか》らの罪《つみ》を告白《こくはく》して、それを『あなたの杯《さかずき》』に注《そそ》ぎ入《い》れ、目《め》をこの十字架《じゅうじか》に転《てん》じ、罪《つみ》の顕在化《けんざいか》で様変《さまが》わりされたあなたを仰《あお》ぎ見《み》る者《もの》があれば、その者《もの》に完全《かんぜん》な『罪《つみ》のゆるし』があるように」、その凛《りん》とした女性《じょせい》の声《こえ》は刑場《けいじょう》に響《ひび》き渡《わた》りました。それは最初《さいしょ》にヘブル語《ご》、次《つぎ》にアラム語《ご》、その次《つぎ》はギリシャ語《ご》、そして最後《さいご》はラテン語《ご》で言《い》われたのでした。

その言葉《ことば》をラテン語《ご》で聞《き》いた百卒長《ひゃくそつちょう》アウルスは思《おも》わず跪《ひざまず》きました。そして跪《ひざまず》いたままイエスを見上《みあ》げました。おお、その顔《かお》は苦痛《くつう》にゆがむことなく、いかにも満足《まんぞく》げな様子《ようす》であり、衰弱《すいじゃく》しきっていた肉体《にくたい》は元《もと》に戻《もど》っていたのでした。天《てん》の闇《やみ》は去《さ》って青空《あおぞら》がありました。アウルスは思《おも》わず「主《しゅ》よ、わたしの罪《つみ》をおゆるしください」と叫《さけ》んでいました。そしてその女《おんな》に顔《かお》を向《む》け、

「あなたはイエスの母親《ははおや》ですか」と問《と》いかけました。マリヤさまが「そうです」とラテン語《ご》でご返事《へんじ》なさると、「総督《そうとく》がお会《あ》いになります。ここにいてください、後《あと》でお迎《むか》えに来《き》ます」、そう言《い》ってその場《ば》を離《はな》れ去《さ》って行《い》きました。辺《あた》りの兵卒《へいそつ》には「女《おんな》には、かまうな」と言《い》い残《のこ》して。

⒆（9）イエスさまの遺体《いたい》の緊急避難先《きんきゅうひなんさき》の考察《こうさつ》

イエスさまの落命《らくめい》は、ムチ打《う》ちによる肉体《にくたい》のダメージのせいで、予想以上《よそういじょう》に早《はや》くなりました。そのため、一切《いっさい》の労働《ろうどう》が禁止《きんし》される安息《あんそく》が始《はじま》る日没《にちぼつ》までには3時間程度《さんじかんていど》の余裕《よゆう》ができました。イエスさまの遺体《いたい》を十字架《じゅうじか》から取《と》り降《お》ろす余裕《よゆう》ができたのです。イエスさまに同情的《どうじょうてき》だったピラトに願《ねが》い出《で》ればイエスさまの降架《こうか》は許可《きょか》されるでしょう。日没《にちぼつ》になると一切《いっさい》の作業《さぎょう》が出来《でき》なくなりますので、作業《さぎょう》は急《きゅう》を要《よう》します。

それができなければ、次《つぎ》に仕事《しごと》が出来《でき》るのは3日後《みっかご》の朝《あさ》からです。その2日目《ふつかめ》の安息日《あんそくび》の日中《にっちゅう》はイエスさまの遺体《いたい》がまるまる太陽《たいよう》にさらされ続《つづ》けます。遺体《いたい》の腐敗《ふはい》が進《すす》むでしょう。ピラトが近《ちか》くにいたこともあって降架《こうか》はすぐに許可《きょか》されました。そこで男《おとこ》たちは急《いそ》いで十字架《じゅうじか》を倒《たお》しイエスさまの遺体《いたい》をとりはずしました。しかし墓場《はかば》は城郭《じょうかく》の東側《ひがしがわ》にあり、城郭《じょうかく》の外《そと》の道《みち》は距離《きょり》があります。刻々《こっこく》と日没《にちぼつ》が近《ちか》づいているので、一刻《いっこく》も早《はや》く、できればこの刑場《けいじょう》の近《ちか》くの適当《てきとう》な場所《ばしょ》に遺体《いたい》を仮置《かりお》きしたいのです。天佑《てんゆう》か、そこにあったものはまさしく「墓《はか》」という名《な》のシェルター（防空壕《ぼうくうごう》）でした。

「ルカ福音書《ふくいんしょ》」：23-50ここに、ヨセフという議員がいたが、善良で正しい人であった。23-51この人はユダヤの町アリマタヤの出身で、**神の国を待ち望んでいた。**彼は議会の議決や行動には賛成していなかった。23-52この人がピラトのところへ行って、イエスのからだの引取り方を願い出て、23-53それを取りおろして亜麻布に包み、まだだれも葬ったことのない、**岩を掘って造った墓**に納めた。

「神《かみ》の国《くに》を待《ま》ち望《のぞ》んでいた」に、この天佑《てんゆう》のわけがあります。それは、このヨセフが「人《ひと》の子《こ》思想《しそう》」の信奉者《しんぽうしゃ》だったということです。その思想《しそう》とは、悪《あく》に満《み》ちたこの世《よ》を改《あらた》めるため、人《ひと》の子《こ》が再臨《さいりん》、あるいは来臨《らいりん》して、地《ち》を打《う》ち、破壊《はかい》するというものです。その信奉者《しんぽうしゃ》である彼《かれ》らの中《なか》にはエルサレムに移住《いじゅう》し、シェルター（防空壕《ぼうくうごう》）を造《つく》りました。人《ひと》の子《こ》が地《ち》を打《う》って全《すべ》てを改《あらた》める、すなわち「破壊《はかい》」の時《とき》に備《そな》えての避難場所《ひなんばしょ》です。当時《とうじ》の語彙《ごい》では、それは「墓《はか》」です。

⒆（10）墓《はか》という名《な》の防空壕《ぼうくうごう》「シェルター」は岩《いわ》に横穴《よこあな》

その「墓《はか》」と書《か》かれているものは、「岩《いわ》を掘《ほ》って造《つく》った横穴《よこあな》」でなければならず、多人数《たにんずう》でも入《はい》れなければならず、とすれば、それは「神《かみ》の国《くに》を待《ま》ち望《のぞ》んでいた」に照《て》らして、シェルターということになります。シェルターには公共性《こうきょうせい》がありますので、いざという時《とき》には誰《だれ》でも入《はい》れます。他人《たにん》の所有物《しょゆうぶつ》である墓《はか》には勝手《かって》に遺体《いたい》を入《い》れることはできませんが、公共性《こうきょうせい》のあるシェルターなら緊急避難《きんきゅうひなん》として遺体《いたい》を仮置《かりお》きすることは許《ゆる》されるでしょう。そしてシェルターは、その目的《もくてき》からして、人通《ひとどお》りの多《おお》い場所《ばしょ》に、目立《めだ》たぬように造《つく》られているはずです。その「墓《はか》」は、十字架刑《じゅうじかけい》のあった刑場《けいじょう》に近《ちか》い園《その》にあったとすることには合理性《ごうりせい》があります。刑場《けいじょう》の丘《おか》は街道《かいどう》に臨《のぞ》んでいて、その近《ちか》くにある園《その》には普段《ふだん》は人気《ひとけ》がありません。

さて、多《おお》くの読者《どくしゃ》は「墓《はか》」の記述《きじゅつ》を、「シェルター」に思《おも》い及《およ》ばず、そのまま「墓《はか》」として認識《にんしき》されていると思《おも》いますが、その間違《まちが》いは指摘《してき》しておかねばなりません。くどくなりますが、第1《だいいち》に、墓《はか》は個人《こじん》の所有物《しょゆうぶつ》です。当時《とうじ》も今《いま》も墓《はか》は城郭《じょうかく》の東側《ひがしがわ》、オリブ山《やま》の方角《ほうがく》にあり、普段《ふだん》は人通《ひとどお》りの少《すく》ない寂《さび》しい場所《ばしょ》です。そして何《なに》より墓《はか》には公共性《こうきょうせい》はありません。イエスさまの遺体《いたい》を「墓《はか》」に仮置《かりお》きすることなどできません。公共性《こうきょうせい》のあるものと言《い》えば、当時《とうじ》あったとされる「人《ひと》の子《こ》」思想《しそう》に照《て》らせば、それはシェルター（防空壕《ぼうくうごう》）だけです。第2《だいに》に、死体《したい》を葬《ほうむ》る墓《はか》なら複数《ふくすう》の人《ひと》は入《はい》れません。シェルターなら、それらをクリアできます。第3《だいさん》に、未使用《みしよう》の墓《はか》の存在《そんざい》は変《へん》です。「岩《いわ》を掘《ほ》って」というのも……変《へん》です。

その天《てん》からの使者《ししゃ》、「人《ひと》の子《こ》」の名前《なまえ》は聖書《せいしょ》の「ダニエル書《しょ》」にあります。ペルシャ王《おう》の夢《ゆめ》の謎《なぞ》を解《と》いたダニエルにも「人《ひと》の子《こ》」の天《てん》の異象《いしょう》の謎《なぞ》は解《と》けませんでした。それは（たぶん）ハレー彗星《すいせい》だったのですが、ダニエルの当時《とうじ》もイエスさまの時代《じだい》でもその正体《しょうたい》は分《わ》かりませんでした。

「ダニエル書《しょ》」：7-13わたしはまた夜の幻のうちに見ていると、見よ、**人の子**のような者が、……彗星《すいせい》の核《かく》**天の雲**に乗ってきて、………彗星《すいせい》の尾《お》**日の老いたる者**のもとに来ると、：太陽《たいよう》その前に導かれた。

⒆（11）遺体《いたい》がシェルターに格納《かくのう》を見《み》た女性《じょせい》たち

「ルカ福音書《ふくいんしょ》」：23-54この日は準備の日であって、安息日が始まりかけていた。23-55イエスと一緒にガリラヤからきた女たちは、あとについてきて、その墓を見、またイエスのからだが納められる様子を見とどけた。23-56そして帰って、香料と香油とを用意した。それからおきてに従って安息日を休んだ。

彼女《かのじょ》らが日没《にちぼつ》のぎりぎりに帰《かえ》ったのは、エルサレムの下町《したまち》にある投宿中《とうしゅくちゅう》の「宿《やど》」です。律法《りっぽう》がユダヤ人《じん》に課《か》した安息日《あんそくび》の掟遵守《おきてじゅんしゅ》すなわち「安息《あんそく》」は、この日《ひ》の日没《にちぼつ》から始《はじま》るのです。そして各家庭《かくかてい》では過越《すぎこし》の食事《しょくじ》をする時間《じかん》が始《はじ》まります。夜《よ》が明《あ》けると「除酵祭《じょこうさい》（種入《たねい》れぬパンの祭《まつり》）」の安息日《あんそくび》です。その「一切《いっさい》の仕事禁止《しごときんし》」の安息《あんそく》が解除《かいじょ》されるのは次《つぎ》の夜明《よあ》け、朝《あさ》です。

つまり、十字架《じゅうじか》から3日目《みっかめ》となる週《しゅう》の初《はじ》めの日《ひ》の朝《あさ》です。

物語《ものがたり》⑳「対話《たいわ》」刑場《けいじょう》のマリヤさまとピラト

⑳（1）総督《そうとく》ピラトからイエスさまの遺体埋葬《いたいまいそう》の提案《ていあん》

しばらくして、アウルスが再《ふたた》び刑場《けいじょう》に戻《もど》ってきました。そして、マリヤさまをピラトの元《もと》に案内《あんない》しました。奉仕《ほうし》の女性《じょせい》たちもマリヤさまに従《したが》いました。

百卒長《ひゃくそつちょう》アウルス：ピラト閣下《かっか》、イエスさまの母上《ははうえ》をご案内《あんない》しました。女《おんな》たちもいっしょです。

先《さき》ほどのマリヤさまの口上《こうじょう》で、アロン家《け》の大祭司《だいさいし》イエスさまの十字架《じゅうじか》の意味《いみ》を知《し》ったアウルスにはイエスさまを呼《よ》び捨《す》てにはできませんでした。マリヤさまはベールをはずし、それを近《ちか》くの女性《じょせい》に預《あず》け、ピラトの前《まえ》に進《すす》み出《で》て、「アロン家《け》のマリヤでございます」と一礼《いちれい》されました。ピラトには、マリヤさまの、そのお顔《かお》はまさにイエスさまに違《ちが》いありませんでした。

総督《そうとく》ピラト：おお、マリヤどの、ようまいられた。こちらへどうぞ、おかけください。アウルス、女性《じょせい》たちにも椅子《いす》を用意《ようい》せよ。実《じつ》はこの一連《いちれん》の事態《じたい》の背後《はいご》には、何《なに》かとてつもないことがあるのではないかと思《おも》っておりましたが、アウルスからあなたがイエス殿《どの》を見上《みあ》げて言《い》われたことを聞《き》きまして、合点《がてん》がいきました。イエス殿《どの》が、あなたご自身《じしん》のお子《こ》としてお生《う》まれになったことがその最初《さいしょ》のような気《き》がします。さきほどアロン家《け》と言《い》われたが、あなたは一体《いったい》どなたですか。

マリヤさま：ご存知《ぞんじ》ないだろうとは思《おも》いますが、アロン家《け》とは、わたしどもヘブル人《びと》の律法《りっぽう》が定《さだ》めた「罪《つみ》の贖《あがな》い」に関《かか》わる家門《かもん》です。それであの子《こ》、イエスもアロン家《け》の者《もの》なのです。今《いま》から、32年《ねん》ほど前《まえ》になりますが、アロン家《け》とその一族《いちぞく》は10歳《さい》のわたしを残《のこ》して自決《じけつ》してしまいました。ですから、あの子《こ》はアロン家《け》唯一《ゆいいつ》の男子《だんし》となりましたので、生《う》まれながら大祭司《だいさいし》の身分《みぶん》なのです。ですが、あの子《こ》を懐妊《かいにん》したのは夫《おっと》ヨセフとの婚約中《こんやくちゅう》でしたので、彼《かれ》はわたしたちを守《まも》るため、自分《じぶん》の子《こ》としてくれたのです。ですから、イエスは今《いま》なお「ユダ族《ぞく》」と思《おも》われています。それこそはこのことの始《はじ》めです。そしてあの子《こ》の掛《か》けられた十字架《じゅうじか》こそは、わたしたちアロン家《け》の悲願達成《ひがんたっせい》に不可欠《ふかけつ》だったのでございます。ピラトさまの恩赦《おんしゃ》で、今年《ことし》も空《あ》くはずだった十字架《じゅうじか》こそは、無《な》くてはならぬものでございました。どういうことかと申《もう》しますと、アロン家代々《けだいだい》の大祭司《だいさいし》は、「罪《つみ》の贖《あがな》い」には、牛《うし》や羊《ひつじ》などの獣《けもの》を用《もち》い、それに人《ひと》の罪《つみ》を移《うつ》して「贖《あがな》い」の犠牲《ぎせい》とすることを代々繰返《だいだいくりかえ》していましたが、今回《こんかい》はそれをイエス自身《じしん》が負《お》い、つまり見《み》えない罪《つみ》を飲《の》み、肉体《にくたい》に顕在化《けんざいか》させ、生贄《いけにえ》となったのです。そして、「苦杯《くはい》」と「十字架《じゅうじか》」とによる「罪《つみ》の贖《あがな》い」は、イエスによる1度《いちど》だけで完了《かんりょう》し、それによる「救《すく》い」は世々《よよ》の個々《ここ》人《じん》に及《およ》ぶのです。それは「ユダヤ人《じん》」の枠《わく》を超《こ》えたのです。

マリヤさまは凛《りん》とした声《こえ》で、しかし女性《じょせい》の優《やさ》しさのこもる声《こえ》で、ラテン語《ご》を用《もち》いてピラトに話《はな》されたのでした。

総督《そうとく》ピラト：いかがでしょうな、マリヤさま。イエス殿《どの》の遺体《いたい》ですが、わたしどもで埋葬《まいそう》させていただきましょうか。刑場《けいじょう》「ゴルゴダ」の上手《かみて》の地面《じめん》を深《ふか》く掘《ほ》って。

マリヤさま：そうしていただければ何《なに》よりでございますが。お言葉《ことば》に甘《あま》えさせていただきます。どうぞよろしくお願《ねが》いいたします。

これらの言葉《ことば》はラテン語《ご》で語《かた》られたので、随行《ずいこう》した女《おんな》たちにはその意味《いみ》が分《わ》かりませんでした。ただ、マリヤさまのほっとされた安堵《あんど》の様子《ようす》は分《わ》かりました。

(20)(2) 忽然《こつぜん》と消《き》えた三本《さんぼん》の十字架《じゅうじか》

午後《ご ご》3時《さんじ》ごろには空《そら》は明《あか》るさを取《と》り戻《もど》していました。そして、イエスさまはいかにも満《み》ち足《た》りた様子《ようす》で息《いき》を引《ひ》き取《と》られていたのでした。イエスさまの遺体《いたい》は降《お》ろされ、その空《あ》いた十字架《じゅうじか》は元《もと》に戻《もど》されました。いつもの祭《まつり》のように、丘《おか》に立《た》つ3本《さんぼん》の十字架《じゅうじか》の中央《ちゅうおう》には空《あ》いた十字架《じゅうじか》がありました。

降《お》ろされたイエスさまの遺体《いたい》はまず弟子《でし》たちにゆだねられました。アウルスはピラトから、「もし弟子《でし》たちが望《のぞ》めば、イエスさまの遺体《いたい》は彼《かれ》らに渡《わた》しても良《よ》い」との指示《しじ》を受《う》けていたのです。「神《かみ》の国《くに》を待《ま》ち望《のぞ》んでいた」、ユダヤの町《まち》アリマタヤのヨセフの先導《せんどう》で、彼《かれ》らは遺体《いたい》を近《ちか》くの園《その》に運《はこ》び、斜面《しゃめん》の岩《いわ》を掘《ほ》って造《つく》った横穴式《よこあなしき》のシェルター（防空壕《ぼうくうごう》）に仮置《かりお》きして去《さ》りました。日没《にちぼつ》が迫《せま》り、安息日《あんそくび》が始《はじま》ろうとしていたからです。その時間帯《じかんたい》では、全《すべ》てのユダヤ人《じん》に一切《いっさい》の労働《ろうどう》が禁《きん》じられます。それこそはユダヤ人《じん》の守《まも》るべき、違反者《いはんしゃ》には厳罰《げんばつ》を伴《ともな》う律法《りっぽう》そのものでした。イエスさまの場合《ばあい》は、何度《なんど》もそれを破《やぶ》ったと認定《にんてい》されたのでした。律法違反《りっぽういはん》には死罪《しざい》を伴《ともな》う厳《きび》しさがあります。それゆえの厳守徹底《げんしゅてってい》が全《すべ》てのユダヤ人《じん》に行《い》き届《とど》くのです。

その深夜《しんや》から刑場《けいじょう》「ゴルゴダ」の上手《かみて》に松明《たいまつ》の火《ひ》が点《とも》され土木工事《どぼくこうじ》が始《はじま》りました。工事《こうじ》関係者《かんけいしゃ》は掟《おきて》に拘束《こうそく》されるユダヤ人《じん》ではありませんでした。ローマから来《き》ている石工業者《いしくぎょうしゃ》らが地元《じもと》のサマリヤ人《びと》などを使《つか》って岩盤《がんばん》の掘削作業《くっさくさぎょう》を始《はじ》めたのです。地盤《じばん》は固《かた》かったのですが、彼《かれ》らは石工《いしく》としての本領《ほんりょう》を見《み》せ、掘削《くっさく》は順調《じゅんちょう》に進《すす》みました。夜《よ》が明《あ》けると、現場《げんば》はテントで隠《かく》され、作業者《さぎょうしゃ》たちは休《やす》みました。そして「除酵祭《じょこうさい》」の陽《ひ》が落《お》ちると再《ふたた》び作業《さぎょう》が開始《かいし》されました。掘削《くっさく》が完了《かんりょう》すると、イエスさまの遺体《いたい》はシェルターから運《はこ》び出《だ》され、きよめられ、衣服《いふく》をまとわせ、いとすぎの木《き》で作《つく》った棺《ひつぎ》に納《おさ》められて、地中深《ちちゅうふか》くまで掘《ほ》られた穴《あな》に降《お》ろされたのでした。そして、その穴《あな》は巧妙《こうみょう》に塞《ふさ》がれました。

そして、いつの間《ま》にか3本《さんぼん》の十字架《じゅうじか》は丘《おか》から消《き》えていました。風《かぜ》の噂《うわさ》では、2人《ふたり》の囚人《しゅうじん》は女医《じょい》オノブチの手当《てあて》を受《う》け、ピラトの名《な》を添《そ》えて、兵士用《へいしよう》の治療院《ちりょういん》に送《おく》られたということでした。

その丘《おか》の麓《ふもと》には、イエスさまの埋葬《まいそう》の様子《ようす》を見届《みとど》けたピラト、アウルス、そして男装《だんそう》のマリヤさまとがおられました。マリヤさまの男装《だんそう》は、夜《よる》、女《おんな》が城門外《じょうもんがい》に出《で》ることは禁止《きんし》されていたからです。そして女《おんな》の声《こえ》がしました。

⑳（3）またしても死顔《しにがお》の感想《かんそう》を述《の》べる女医《じょい》オノブチ

女医《じょい》オノブチ：ピラト閣下《かっか》、あの者《もの》の顔《かお》をご覧《らん》になりましたか。

総督《そうとく》ピラト：おお、オノブチではないか、いつの間《ま》に。この前《まえ》はヘロデの臨終《りんじゅう》とヨセフの安堵《あんど》の話《はなし》をしてくれたな、今《いま》のイエス殿《どの》についても何《なに》か感想《かんそう》があるのか。

女医《じょい》オノブチ：思《おも》う事《こと》がありますどころか、イエスさまのお顔《かお》は満足《まんぞく》に溢《あふ》れておりました。ヘロデ大王《だいおう》の場合《ばあい》には何《なに》かとてつもない「ゆるし」のようなもの、ヨセフの場合《ばあい》には何《なに》かとてつもない安堵《あんど》のようなものがあったのですが、今回《こんかい》はそれらとはレベルの違《ちが》う「何《なに》かとてつもない使命《しめい》の完遂《かんすい》」といったところでしょうか。さよう、それはたとえば、代々《だいだい》かかえていた難題《なんだい》が解決《かいけつ》できたといったものと思《おも》われます。わたしの専門《せんもん》は脳神経外科《のうしんけいげか》ですが、このような状況下《じょうきょうか》においてさえ満足《まんぞく》できた遺体《いたい》を見《み》るのは初《はじ》めてです。そのような使命《しめい》とは一体《いったい》は何《なん》だったのでしょう。

総督《そうとく》ピラト：わしは知《し》っておるぞ、それはアロン家《け》の使命《しめい》だったのだ。イエス殿《どの》は昨夜《さくや》、自《みず》ら人《ひと》の罪《つみ》を負《お》った、それを苦杯《くはい》と言《い》うそうだが、罪《つみ》をあがなうための生贄《いけにえ》となられたのだ。そして、何《なに》も知《し》らぬ祭司長《さいしちょう》たちによって、空《あ》いた十字架《じゅうじか》にその身《み》が掛《か》けられたのだ。イエス殿《どの》は大祭司《だいさいし》の身分《みぶん》をもって、その「罪《つみ》の贖《あがな》い」を祈願《きがん》しつつ落命《らくめい》されたのだ。それは、それまでの獣《けもの》を使《つか》ったものでは成《な》し遂《と》げ得《え》なかった、狂気《きょうき》の「消去《しょうきょ》」を可能《かのう》にするだろう。これからは

「罪《つみ》の贖《あがな》いの時代《じだい》」が始《はじま》るのだ。この時代《じだい》の罪《つみ》とは、2000年先《ねんさき》の語彙《ごい》では「狂気《きょうき》」とでも言《い》われるのかも知《し》れないが、自分《じぶん》の力《ちから》では制御《せいぎょ》できない、心《こころ》の深層《しんそう》に潜《ひそ》む負《ふ》の感情《かんじょう》だ。「狂気《きょうき》」という名《な》の罪《つみ》」、それは全《すべ》ての人《ひと》の不幸《ふこう》の元凶《げんきょう》だ。そうでしたなマリヤさま。

マリヤさま：まことにピラト閣下《かっか》には敬服《けいふく》いたします。オノブチさん、閣下《かっか》のおっしゃるとおりです。そして、わたしの使命《しめい》は、この「新《あたら》しい過越《すぎこし》」を伝《つた》える組織造《そしきづく》りです。その目処《めど》は立《た》ちませんけれど負担《ふたん》ではありませんわ。

女医《じょい》オノブチ：そうでしたか、その組織《そしき》はこのユダヤの地《ち》ではなく、ローマに造《つく》られると思《おも》われます。確《たし》か「キリスト教《きょう》」とか「ローマ教会《きょうかい》」とか聞《き》いた覚《おぼ》えがあります。

マリヤさま：まあ、オノブチさんは、いったい、どこから来《こ》られましたの？　未来《みらい》から？

女医《じょい》オノブチ：ま、そんなところです。

(20)（4）墓《はか》からイエスさまの遺体《いたい》が消《き》えた

「ルカ福音書《ふくいんしょ》」：24-1週の初めの日、夜明け前に、女たちは用意しておいた香料を携えて、墓に行った。24-2ところが、石が墓からころがしてあるので、24-3中にはいってみると、主イエスのからだが見当らなかった。24-4そのため途方にくれていると、見よ、輝いた衣を着たふたりの者が、彼らに現れた。24‐5女たちは驚き恐れて、顔を地に伏せていると、このふたりの者が言った、「あなたがたは、なぜ**生きた方を死人の中**にたずねているのか。

「生《い》きた方《かた》を死人《しにん》の中《なか》に」とは、男装《だんそう》のマリヤさまではなく、イエスさまご自身《じしん》の復活《ふっかつ》を言《い》っていますので、ラザロを甦《よみがえ》らせたアレキサンドリヤ司教《しきょう》から出《で》ています。捏造《ねつぞう》のラザロとは違《ちが》い、今回《こんかい》はイエスさまご自身《じしん》による蘇《よみがえ》りであり強力《きょうりょく》です。でも、根拠《こんきょ》のない作《つく》り話《ばなし》です。

「ルカ福音書《ふくいんしょ》」：24‐6そのかたは、ここにはおられない。よみがえられたのだ。まだガリラヤにおられたとき、あなたがたにお話しになったことを思い出しなさい。24‐7すなわち、**人の子**は必ず罪人らの手に渡され、十字架につけられ、そして**三日目によみがえる**、と仰せられたではないか。24‐8そこで女たちはその言葉を思い出し、24‐9墓から帰って、これらいっさいのことを、十一弟子や、その他みんなの人に報告した。24‐10この女たちというのは、マグダラのマリヤ、ヨハンナ、およびヤコブの母マリヤであった。彼女たちと一緒にいたほかの女たちも、このことを使徒たちに話した。

「石《いし》が墓《はか》からころがしてある」とは横穴式《よこあなしき》のシェルター（防空壕《ぼうくうごう》）のフタのことです。また、「24‐8そこで女《おんな》たちはその言葉《ことば》を思《おも》い出《だ》し」などはイエスさまの「復活《ふっかつ》」について、イエスさまご自身《じしん》が事前《じぜん》に話《はな》されていたというものですが、この文書《ぶんしょ》には随所《ずいしょ》にこのようなウソが書《か》いてあります。「ルカによる福音書《ふくいんしょ》」にはオリジナルに近《ちか》い「最初《さいしょ》の記事《きじ》」と、何者《なにもの》かによる「追加記事《ついかきじ》」とが混交《こんこう》しています。結論《けつろん》から言《い》えば、「追加部分《ついかぶぶん》」はマリヤさまの名《な》を封《ふう》じることが目的《もくてき》です。その手法《しゅほう》の1つ《ひと》は、「イエスさまが事前《じぜん》に弟子《でし》たちに語《かた》っておられた」とすることです。が、それは弟子《でし》たちにではなく読者《どくしゃ》に語《かた》っているのです。もう1つ《ひと》は「旧約聖書《きゅうやくせいしょ》」の成就《じょうじゅ》とすることです。その何者《なにもの》かですが、福音書《ふくいんしょ》の改変《かいへん》ができたのは、新約聖書《しんやくせいしょ》の作成者《さくせいしゃ》たちだけです。そしてそれを命《めい》じたのはエジプトのアレキサンドリヤ教会《きょうかい》の司教《しきょう》です。もう少《すこ》し具体的《ぐたいてき》に言《い》うと、アレキサンドリヤ司教《しきょう》が奴隷《どれい》に命《めい》じて「ヨハネによる福音書《ふくいんしょ》」の作成時《さくせいじ》に「マリヤさま」の名《な》を「イエスの母《はは》」に封《ふう》じたように、新約聖書《しんやくせいしょ》でも、マリヤさまの名《な》と業績《ぎょうせき》とをはぐらかすように命《めい》じたのです。成立《せいりつ》した「ルカによる福音書《ふくいんしょ》」は元々《もともと》のルカ文書《ぶんしょ》を覆《おお》い隠《かく》すように、アレキサンドリヤ司教《しきょう》の意向《いこう》に副《そ》って、追加《ついか》あるいは改変《かいへん》されたものです。

「十字架《じゅうじか》につけられて」、「三日目《みっかめ》によみがえる」など、事前《じぜん》に弟子《でし》たちに話《はな》して何《なん》の意味《いみ》があるでしょうか。そんなこと言《い》われたら皆《みんな》怖《こわ》がって逃《に》げてしまいます。本当《ほんとう》はすぐに分《わ》かるウソなのですが、「聖書《せいしょ》は神《かみ》の賜物《たまもの》」として、疑《うたが》うことを禁《きん》じた時代《じだい》があるのです。

しかし、ユダヤ人《じん》が仕事《しごと》をできない安息日《あんそくび》の間《あいだ》に、イエスさまの遺体《いたい》が墓《はか》から消《き》えてしまった。それは大《おお》きな謎《なぞ》として残《のこ》ります。イエスさまの遺体《いたい》はどこに消《き》えたのか、そのヒントは何《なに》もないのです。それで「復活《ふっかつ》」へと読者《どくしゃ》は導《みちび》かれるのですが、イエスさまは生贄《いけにえ》として最後《さいご》を遂《と》げられたのであり、ご自身《じしん》の復活《ふっかつ》はあり得《え》ません。そのあたりの事情《じじょう》と結末《けつまつ》は、読者《どくしゃ》はすでにご存知《ぞんじ》です。

物語《ものがたり》（21）「注解《ちゅうかい》」隠《かく》されていた名前《なまえ》、福音書《ふくいんしょ》の総括《そうかつ》

（21）（1）「ユダの山里《やまざと》の町《まち》」と「あの百卒長《ひゃくそつちょう》」の名前《なまえ》を知《し》りたくない？

この福音書《ふくいんしょ》の最終章《さいしゅうしょう》は、2人《ふたり》の弟子《でし》がエマオという村《むら》に行《い》こうとしている牧歌的《ぼっかてき》な情景《じょうけい》になっています。そしてそこに復活《ふっかつ》のイエスさまが現《あらわ》れてその2人《ふたり》の弟子《でし》と問答《もんどう》をなさいます。普通《ふつう》に言《い》って物語《ものがたり》の最終章《さいしゅうしょう》は締《し》めくくりの気持《きも》ちを込《こ》めて、さぞかし読者《どくしゃ》が感心《かんしん》することが書《か》いてあると思《おも》うのですが、「ルカによる福音書《ふくいんしょ》」の最終章《さいしゅうしょう》のそれは「ふうん」です。

「ルカ福音書《ふくいんしょ》」：24-13この日、ふたりの弟子が、エルサレムから七マイル（1.6×7=11Km）ばかり離れた**エマオという村**へ行きながら、24-14このいっさいの出来事について互いに語り合っていた。24-15語り合い論じ合っていると、イエスご自身が近づいてきて、彼らと一緒に歩いて行かれた。24-16しかし、彼らの目がさえぎられて、イエスを認めることができなかった。24-17イエスは彼らに言われた、「歩きながら互いに語り合っているその話は、なんのことなのか」。彼らは悲しそうな顔をして立ちどまった。24-18**そのひとりのクレオパという者**が、答えて言った、「あなたはエルサレムに泊まっていながら、あなただけが、この都でこのごろ起ったことをご存じないのですか」。

村《むら》の名前《なまえ》がエマオ、2人《ふたり》の弟子《でし》のうちの、1人《ひとり》の名前《なまえ》が「クレオパ」に何《なん》の意味《いみ》があるでしょうか。エマオもクレオパも、これまで1度《いちど》も聞《き》いたことのない名前《なまえ》なのです。「何《なん》で？」の違和感《いわかん》は拭《ぬぐ》えません。本文《ほんぶん》の流《なが》れからいくと、「ある村《むら》」と「一方《いっぽう》の弟子《でし》」で済《す》まされるはずです。ところが、ここでは、はっきりその村《むら》の名前《なまえ》が言《い》われているのです。そしてご丁寧《ていねい》に村《むら》までの距離《きょり》まで書《か》いてあります。その村《むら》はエルサレムに近《ちか》いので、「ユダの山里《やまざと》の町《まち》」にも近《ちか》いはずです。そう考《かんが》えると、そのエマオという村《むら》の名前《なまえ》こそは「ユダの山里《やまざと》の町《まち》」のものだと思《おも》い至《いた》ったのです。エリザベツの頃《ころ》から十字架《じゅうじか》までは30年程《ねんほど》の歳月《さいげつ》が経《た》っています。アロン家《け》が消《き》え、ザカリヤ家《け》の跡継《あとつ》ぎもなく、祭司《さいし》のいなくなった町《まち》は寂《さび》れて村《むら》になったのです。

そう考《かんが》えると、もう一方《いっぽう》の「弟子《でし》が2人《ふたり》いて、その1人《ひとり》の名《な》がクレオパ」にも意味《いみ》が生《しょう》じます。2人《ふたり》の弟子《でし》の「ふたり」に意味《いみ》があり、主従《しゅじゅう》とすれば、名前《なまえ》が明《あ》かされない方《ほう》の弟子《でし》の名《な》はルカです。そうすることでクレオパはテオピロ閣下《かっか》の実名《じつめい》であり、カペナウムの百卒長《ひゃくそつちょう》と結論付《けつろんづ》けることができるでしょう。文書《ぶんしょ》の締《し》めくくりとして、この章《しょう》が置《お》かれた目的《もくてき》は、「復活《ふっかつ》のイエスさま」の強調《きょうちょう》ではなく、その村《むら》と弟子《でし》の実名《じつめい》を明《あ》かすことだったのです。

㉑（２）それは事件《じけん》から三日目《みっかめ》の出来事《できごと》

「ルカ福音書《ふくいんしょ》」：24-19「それは、どんなことか」と言われると、彼らは言った、「ナザレのイエスのことです。あのかたは、神とすべての民衆との前で、わざにも言葉にも力ある預言者でしたが、24-20祭司長たちや役人たちが、死刑に処するために引き渡し、十字架につけたのです。24-21わたしたちは、イスラエルを救うのはこの人であろうと、望みをかけていました。しかもその上に、この事が起ってから、今日が三日目なのです。

「今日《きょう》が3日目《みっかめ》」の記述《きじゅつ》は「安息日《あんそくび》があけて遠出《とおで》ができるようになった」のであり意味深《いみしん》ですが、「3日目《みっかめ》」そのものは無意味《むいみ》です。復活《ふっかつ》のイエスさまは「男装《だんそう》のマリヤさま」なのですが、「教《おし》える」という労働《ろうどう》は安息日《あんそくび》が明《あ》ける「3日目《みっかめ》」としなければなりません。その「男装《だんそう》のマリヤさま」登場《とうじょう》の場面《ばめん》は改《あらた》めてお話《はなし》します。また、「24-21わたしたちは、イスラエルを救《すく》うのはこの人《ひと》であろう」とは、「アロン家《け》による罪《つみ》の贖《あがな》い」のイエスさまのことではなく、ユダ族《ぞく》、ダビデの子孫《しそん》のイエスさまになります。イエスさまの十字架《じゅうじか》の意味《いみ》が分《わ》かっていません。

㉑（３）「ああ、愚《おろ》かで心《こころ》のにぶい者《もの》たち」

「ルカ福音書《ふくいんしょ》」：24-25そこでイエスが言われた、「ああ、愚かで心のにぶいため、預言者たちが説いたすべての事を信じられない者たちよ。24-26キリストは必ず、これらの苦難を受けて、その栄光に入るはずではなかったのか」。24-27こう言って、モーセやすべての預言者からはじめて、聖書全体にわたり、ご自身についてしるしてある事どもを、説きあかされた。

「ああ、愚《おろ》かで心《こころ》のにぶいため」などとイエスさまが自分《じぶん》について来《き》てくれた弟子《でし》たちにおっしゃるでしょうか。そんな者《もの》たちを弟子《でし》にした自分《じぶん》こそ愚《おろ》かではありませんか。そんな発想《はっそう》は劇場型《げきじょうがた》の部類《ぶるい》であり、この「ルカ文書《ぶんしょ》」を改《かい》ざんできたエジプトのアレキサンドリヤ司教以外《しきょういがい》にはあり得《え》ません。また「24-27聖書全体《せいしょぜんたい》にわたり、ご自身《じしん》についてしるしてある事《こと》どもを、説《と》きあかされた」、とありますが、それこそはマリヤさまの名《な》を封《ふう》じるため、「イエスさまの十字架《じゅうじか》」が旧約聖書《きゅうやくせいしょ》の成就《じょうじゅ》としたいアレキサンドリヤ司教《しきょう》の思惑《おもわく》そのものです。イエスさまが言《い》われたこの言葉《ことば》、「苦難《くなん》を受《う》けて、その栄光《えいこう》に入《はい》る」も全《まった》く無意味《むいみ》です。イエスさまが栄光《えいこう》に入《はい》ってそれで終《お》わりの福音《ふくいん》はあり得《え》ません。これはアロン家《け》のマリヤさま抜《ぬ》きでイエスさまを語《かた》らせようとする4世紀《よんせいき》のアレキサンドリヤ司教《しきょう》らの限界《げんかい》を露呈《ろてい》しています。「智《ち》」の彼《かれ》らが、「女《おんな》と漁師《りょうし》」のローマ教会《きょうかい》の風下《かざしも》に立《た》ちたくないためだけの改変記事《かいへんきじ》には「智《ち》」が見《み》られるものの、「信仰《しんこう》」の裏《うら》づけがありません。以下《いか》のイエスさまのお言葉《ことば》をそのまま彼《かれ》らに聞《き》かせてやりたいものです。この記事《きじ》に接《せっ》しているはずの彼《かれ》らに。

「ルカ福音書《ふくいんしょ》」：23―34 そのとき、イエスは言われた、「父よ、彼らをおゆるしください。彼らは何をしているのか、わからずにいるのです」。

「狂気《きょうき》という名《な》の罪《つみ》の贖《あがな》い」という「ご利益《りやく》」のあった「キリスト教《きょう》」を「智《ち》」の哲学《てつがく》に誘導《ゆうどう》し、「ご利益《りやく》」を、隠蔽《いんぺい》した彼《かれ》らアレキサンドリヤ教会《きょうかい》の罪《つみ》は重《おも》いです。だが、イエスさまは彼《かれ》らの許《ゆる》しをも祈《いの》られているのです。

イエスさまの成《な》されたことは、代々《だいだい》のアロン家《け》の大祭司《だいさいし》が執《と》り行《おこな》っていた「人《ひと》の罪《つみ》を獣《けもの》に移《うつ》し」の反復《はんぷく》から、最後《さいご》の大祭司《だいさいし》イエスさまは「人《ひと》の罪《つみ》を人《ひと》が負《お》う」への転換《てんかん》を成《な》されたのです。すなわちご自身《じしん》を生贄《いけにえ》とし、それがただ1度《いちど》きりの「苦杯《くはい》」と「十字架《じゅうじか》」として実現《じつげん》したのです。世々《よよ》にわたり、人《ひと》が罪《つみ》を持《も》つゆえの人《ひと》である限《かぎ》り、「狂気《きょうき》」に変容《へんよう》してその人《ひと》を苦《くる》しめる元凶《げんきょう》を「清《きよ》める」、すなわち「罪《つみ》の贖《あがな》い」が可能《かのう》になる手段《しゅだん》を確立《かくりつ》されたのです。それは実働《じつどう》の賜物《たまもの》であり、「智《ち》」のプライドのあるエジプトの「哲学者《てつがくしゃ》」たちに、実働《じつどう》の真理《しんり》を「理解《りかい》せよ」と言《い》うのは酷《こく》かも知《し》れません。

そのアロン家《け》の課題解決《かだいかいけつ》について、イエスさまがご自身《じしん》の業績《ぎょうせき》として人々《ひとびと》に説《と》き明《あか》かされることは断《だん》じてないのです。自分《じぶん》の業績《ぎょうせき》を自《みず》ら褒《ほ》める者《もの》、それはペテン師《し》です。「ヨハネによる福音書《ふくいんしょ》」のイエスさまは正《まさ》にそれですから、それはマリヤさまの名《な》を故意《こい》に封《ふう》じたい下心《したごころ》のペテン師《し》が書《か》いたものです。目的《もくてき》は、ローマ司教《しきょう》を頂点《ちょうてん》とするピラミッド型組織《がたそしき》の、ローマ教会《きょうかい》の風下《かざしも》に立《た》たないで済《す》ませる理由付《りゆうづ》けです。イエスさまの業績《ぎょうせき》を説《と》き明《あ》かす者《もの》、それこそは「男装《だんそう》のマリヤさま」でなければなりません。それこそは聖母子《せいぼし》、男《おとこ》と女《おんな》の役割分担《やくわりぶんたん》です。女《おんな》が裸《はだか》にされて十字架《じゅうじか》に掛《か》けられることはありませんし男《おとこ》がべらべら喋《しゃべ》ることもありません。

「あなたはわたしのもう半分《はんぶん》」がよろしいでしょう。

(21)(4)「お互《たが》いの心《こころ》が内《うち》に燃《も》えた」

「ルカ福音書《ふくいんしょ》」：24-30一緒に食卓につかれたとき、パンを取り、祝福してさき、彼らに渡しておられ
るうちに、24-31彼らの目が開けて、それがイエスであることがわかった。すると、み姿が見えなく
なった。24-32彼らは互いに言った、「道々お話しになったとき、また聖書を説き明かしてくださった
とき、お互いの心が内に燃えたではないか」。

「それがイエスであることが分《わ》かった」とは、逆説的《ぎゃくせつてき》にそれが「マリヤさまであることが分《わ》

かった」ということです。「お互《たが》いの心《こころ》が内《うち》に燃《も》えた」とは、2人《ふたり》（クレオパとルカ）が男装《だんそう》のマリヤさま、すなわち復活《ふっかつ》のイエスさまから、イエスさまの十字架《じゅうじか》の意味《いみ》を説《と》き明《あ》かされた時《とき》の感動《かんどう》です。すなわち「アロン家《け》の大祭司《だいさいし》自《みずか》らが人《ひと》の罪《つみ》を負《お》ってその「贖《あがな》い」のための生贄《いけにえ》となり、屠《ほふ》られるべく十字架《じゅうじか》に掛《か》けられ、かつ「とりなし」を行《おこな》い、個々人《ここじん》に誘発《ゆうはつ》される「狂気《きょうき》という名《な》の罪《つみ》」を解消《かいしょう》する手段《しゅだん》が実現《じつげん》したと理解《りかい》できた時《とき》のことです。その感動《かんどう》が、マリヤさまをローマ宣教《せんきょう》に招聘《しょうへい》することにつながります。その先《さき》にこそ、神父《しんぷ》の告悔《こっかい》の信徒《しんと》に言《い》う、「子《こ》よ、あなたの罪《つみ》はゆるされた」という実働《じつどう》のローマ教会《きょうかい》、すなわち今日《こんにち》のカトリック教会《きょうかい》があるのです。滅《ほろ》び去《さ》ったアレキサンドリヤ教会《きょうかい》やプロテスタント諸教会《しょきょうかい》の「智《ち》」は、神父《しんぷ》の「子《こ》よ、あなたの罪《つみ》はゆるされた」を「無知《むち》」とあざ笑《わら》ったのです。新約聖書《しんやくせいしょ》を読《よ》んでいないという意味《いみ》での無知《むち》です。しかし、その本《ほん》が神《かみ》からの賜物《たまもの》でないことは読者《どくしゃ》にはお分《わ》かりです。

「ルカ福音書《ふくいんしょ》」：24–47そして、その名によって罪のゆるしを得させる悔改めが、エルサレムからはじまって、もろもろの国民に宣べ伝えられる。

「その名《な》によって罪《つみ》のゆるしを得《え》させる悔改《くいあらた》め」とは何《なん》のことか意味《いみ》が分《わ》かりません。たぶん書いた本人《ほんにん》も分《わ》かっていません。「苦杯《くはい》」が「罪《つみ》」の顕在化《けんざいか》であることや、その顕在化《けんざいか》したものを処分《しょぶん》したのが「十字架《じゅうじか》」であることの実働《じつどう》を理解《りかい》できない哲学者《てつがくしゃ》の限界《げんかい》です。聖書《せいしょ》の「罪《つみ》」が「善悪《ぜんあく》」の部類《ぶるい》ではなく、「狂気《きょうき》」なのだということも分《わ》かっていません。

（21）（5）復活《ふっかつ》のイエスさまご昇天《しょうてん》はベタニヤ

「ルカ福音書《ふくいんしょ》」：24－50それから、イエスは彼らをベタニヤの近くまで連れて行き、手をあげて彼らを祝福された。24－51祝福しておられるうちに、彼らを離れて、［天にあげられた。］24－52彼らは［イエスを拝し、］非常な喜びをもってエルサレムに帰り、24－53絶えず宮にいて、神をほめたたえていた。

この復活《ふっかつ》のイエスさまがご昇天《しょうてん》の情景《じょうけい》は説《と》き明《あ》かしやすいです。「天《てん》にあげられた」とは、マリヤさまが男装《だんそう》を解《と》かれ、女装《じょそう》に戻《もど》られたということです。そしてそれを手伝《てつだ》ったのがベタニヤ近《ちか》くに住《す》んでいた「マルタとマリヤ」の姉妹《しまい》なのです。明快《めいかい》で清々《すがすが》しいです。

「マルコによる福音書《ふくいんしょ》」から姉妹《しまい》の住《す》んでいた「ベタニヤ」とその父《ちち》の名《な》を得《え》ました。

2023/10/18

巻末《かんまつ》の**「注解余録《ちゅうかいよろく》（10）マルタとマリヤ姉妹《しまい》の家庭環境《かていかんきょう》を考察《こうさつ》（父《ちち》は、らい病人《びょうにん》シモン）」**

をご覧《らん》ください（306ページ）。

㉑ ⑹ 最終章《さいしゅうしょう》の次《つぎ》へ

エマオの2人《ふたり》の弟子《でし》のエピソードは、「罪《つみ》の贖《あがな》い」の福音《ふくいん》がローマ宣教《せんきょう》へと続《つづ》く伏線《ふくせん》です。マリヤさまの前途《ぜんと》に続《つづ》くと言《い》いますか、合流《ごうりゅう》するであろうもう1つ《ひと》の物語《ものがたり》が、この「ルカ福音書《ふくいんしょ》」に書《か》かれた、カペナウムの裕福《ゆうふく》な百卒長主従《ひゃくそつちょうしゅじゅう》のものであり、2人《ふたり》の信仰《しんこう》への渇望《かつぼう》が行動《こうどう》へと誘《いざな》われ、ついにマリヤさまと合流《ごうりゅう》します。福音《ふくいん》を知《し》らせたいマリヤさまと知《し》りたいクレオパとが相和《あいわ》し、ローマ宣教《せんきょう》へと向《む》かうのです。そのクレオパの登場《とうじょう》については、過越《すぎこし》の深夜《しんや》カペナウムに到着《とうちゃく》した総督《そうとく》ピラトの伝令《でんれい》の場面《ばめん》からになります。お読《よ》みください。

物語《ものがたり》（22）「対話《たいわ》」福音《ふくいん》は賑々《にぎにぎ》しくローマを目指《めざ》す

（22）（1）ピラトの伝令《でんれい》が到着《とうちゃく》したカペナウムの兵営《へいえい》

過越《すぎこし》の祭《まつり》の日《ひ》、イエスさま十字架刑《じゅうじかけい》の日《ひ》の深夜《しんや》、エルサレムからの早馬《はやうま》がローマ軍《ぐん》が整備《せいび》した150キロメートルの道《みち》のりを駆《か》け抜《ぬ》けカペナウムの兵営《へいえい》に到着《とうちゃく》しました。ただちに将校《しょうこう》たちが集会室《しゅうかいしつ》に招集《しょうしゅう》されました。

千卒長《せんそつちょう》ユリウス：ついさっき、エルサレムからピラト総督閣下《そうとくかっか》の伝令《でんれい》が届《とど》いた。奴隷《どれい》に朗読《ろうどく》させるから謹《つつし》んで聞《き》け。

そして、ピラトによるイエスさま処刑《しょけい》に関《かん》する書簡《しょかん》が読《よ》まれました。その最後《さいご》は、「エルサレムは平穏《へいおん》である」、と結《むす》んでありました。その後《あと》、多《おお》くの将校《しょうこう》が去《さ》った会場《かいじょう》で、伝令者《でんれいしゃ》パラスがふと感想《かんそう》を漏《も》らしたのでした。百卒長《ひゃくそつちょう》クレオパはそれを聞《き》いた1人《ひとり》でした。

伝令者《でんれいしゃ》パラス：あのような十字架《じゅうじか》はかつて見《み》たことが無《な》い。ユダヤ人《じん》たちが空《あ》いた十字架《じゅうじか》に掛《か》けたイエスは、それまでの憔悴《しょうすい》しきった重病人《じゅうびょうにん》のような姿《すがた》から一変《いっぺん》していた。陽《ひ》が光《ひかり》を失《うしな》い、シルエットとして浮《う》かび上《あ》がった彼《かれ》の姿《すがた》には、何《なに》か侵《おか》しがたいような威厳《いげん》がみられた。そしてその時《とき》の彼《かれ》の表情《ひょうじょう》たるや、全《まった》く満足《まんぞく》しきった者《もの》のようだった。十字架《じゅうじか》が彼《かれ》に肉体的苦痛《にくたいてきくつう》を与《あた》えるという目的《もくてき》は完全《かんぜん》に失《うしな》われ、彼《かれ》はあたかもユピテル（ゼウス）の神《かみ》の御子《みこ》ヘラクレスとでもいうようだった。ベールで顔《かお》を隠《かく》した背《せ》の高《たか》い女《おんな》と彼女《かのじょ》に従《したが》う女《おんな》たちがその下《した》に近《ちか》づいたが、ピラト閣下付《かっかづ》きの百卒長《ひゃくそつちょう》アウルスはそれをとがめなかった。その女《おんな》の物腰《ものごし》にも、犯《おか》しがたい品位《ひんい》が感《かん》じられた。他《ほか》の2人《ふたり》の囚人《しゅうじん》も泣《な》き叫《さけ》ぶのを止《や》めた。今年《ことし》の「空《あ》いた十字架《じゅうじか》」は、そのイエスのためにあったようなものだ。正午《しょうご》から始《はじま》った天空《てんくう》の陰《かげ》りも不思議《ふしぎ》だったが、今日《きょう》のエルサレムは不思議《ふしぎ》の連続《れんぞく》だった。

(22)(2) クレオパは伝令者《でんれいしゃ》を自宅《じたく》に招待《しょうたい》

百卒長《ひゃくそつちょう》クレオパ：：パラス殿《どの》、遠路《えんろ》ごくろうさまでした。お疲《つか》れでしょう。我《わ》が家《や》で食事《しょくじ》を共《とも》にしなさいませんか。千卒長《せんそつちょう》の許可《きょか》は取《と》ってあります。

伝令者《でんれいしゃ》パラス：：それはかたじけない、よろしくお頼《たの》み申《もう》す。

クレオパの自宅《じたく》にて、

百卒長《ひゃくそつちょう》クレオパ：ルカよ、友人《ゆうじん》の長老《ちょうろう》アセルの所《ところ》に行《い》って、安息日明《あんそくびあ》けの早朝《そうちょう》にここを発《た》ち、エルサレムに投宿中《とうしゅくちゅう》のユダヤ人《じん》たちに会《あ》うために、同行《どうこう》してくれるように頼《たの》むのだ。そして、パラス殿《どの》から聞《き》いた宿《やど》に行《い》ってほしい。イエスの一行《いっこう》が解散《かいさん》してしまわないうちに、彼《かれ》らからイエスの十字架《じゅうじか》の「満足《まんぞく》」の意味《いみ》を聞《き》きだしてほしいのだ。イエスの母親《ははおや》もそこにおられるとのことだった。アセルはギリシャ語《ご》とラテン語《ご》の会話《かいわ》には不自由《ふじゆう》しないから、アラム語《ご》の通訳《つうやく》としても役《やく》に立《た》ってくれるだろう。いやこれは失敬《しっけい》、お前《まえ》はアラム語《ご》が話《はな》せるのだったな。パラス殿《どの》には、その宿《やど》に立《た》ち寄《よ》ってもらい、わたしクレオパの使《つか》いの者《もの》の訪問予定《ほうもんよてい》を伝《つた》えておいてもらう。ご苦労《くろう》だがよろしく頼《たの》む。

僕《しもべ》ルカ：承知《しょうち》しました、ご主人様《しゅじんさま》。さっそく手紙《てがみ》をアセル殿《どの》にお届《とど》けします。

百卒長《ひゃくそつちょう》クレオパ：2人《ふたり》だけの時《とき》は「ご主人様《しゅじんさま》」はよせ、「クレオパ」でよい。

（22）（3）安息日明《あんそくびあ》けの朝《あさ》、「イエスさまの遺体《いたい》は消《き》えていた」弟子《でし》たちの狼狽《ろうばい》

過越《すぎこし》の夕《ゆう》べの安息《あんそく》が迫《せま》る中《なか》、弟子《でし》たちは急《いそ》いでイエスさまの遺体《いたい》を墓《はか》（シェルター）に仮置《かりお》きし、掟《おきて》にしたがって宿《やど》で待機《たいき》していました。そして、その夜《よる》と翌日《よくじつ》の除酵祭《じょこうさい》の安息日《あんそくび》、それからその夜《よる》が過《す》ぎて、3日目《みっかめ》の朝《あさ》となりました。安息《あんそく》の掟《おきて》が解除《かいじょ》され、まず女《おんな》たちが宿《やど》から出《で》

て行《い》きました。そしてシェルター（防空壕《ぼうくうごう》）からイエスさまの遺体《いたい》が消《き》えていることに気《き》がついたのでした。ですが、そもそもイエスさまの遺体《いたい》をどうするのか、皆《みな》は決《き》めかねていたのでした。アリマタヤのヨセフもイエスさまの遺体《いたい》をシェルターに留《とど》めておくことはできず、オリブ山《やま》かゲッセマネの園《その》あたりの墓場《はかば》に埋《う》めるしかないと考《かんが》えていたのでした。ところがどうでしょう、イエスさまの遺体《いたい》は消《き》えていたのでした。刑場《けいじょう》にあるはずの3本《さんぼん》の十字架《じゅうじか》も人《ひと》も消《き》えていました。マリヤさまはその場所《ばしょ》を感慨《かんがい》深《ぶか》げにご覧《らん》になっていました。そう、イエスさまの遺体《いたい》は消《き》えたのです。

㉒（4）復活《ふっかつ》のイエスさまとカペナウムからの来客《らいきゃく》

そしてその日《ひ》の午後《ごご》遅《おそ》く、弟子《でし》たちと女性《じょせい》たち皆《みな》はその宿《やど》の2階《にかい》の広間《ひろま》に集《あつ》まっていました。宿《やど》の女主人《おんなしゅじん》がそうするように言《い》ったからでした。皆《みな》は、することがなく手持《ても》ち無沙汰《ぶさた》にしていましたが、戸口《とぐち》にふと人《ひと》の気配《けはい》がして顔《かお》をあげました。そして一斉《いっせい》に叫《さけ》びました、「イエスさまっ」と。そう、そこに立《た》っていたのはまさにイエスさまに他《ほか》なりませんでした。皆《みんな》はこの事態《じたい》にどう対処《たいしょ》してよいか分《わ》からず沈黙《ちんもく》してしまいました。

マリヤさま：みなさん、わたしです、マリヤです。この宿《やど》のおかみさんもマリヤですから、ここにいる間《あいだ》は、わたしのことは「アロン家《け》のマリヤ」とお呼《よ》びください。
ペテロ：マリヤさまでしたか、その服装《ふくそう》は一体《いったい》……。
マリヤさま：おほほ、ペテロさん、わたしはこれから皆《みな》さまにお話《はなし》したいことがあるのです。女《おんな》が男《おとこ》を教《おし》えてはいけないことはご存知《ぞんじ》でしょう。そういうわけでわたしはイエスになっているのです。12歳《さい》年上《としうえ》ですけれど。
ペテロ：あなたさまはまさにイエスさまでおいでです。身長《しんちょう》もイエスさまと同《おな》じぐらいおありです。それにしても今《いま》の今《いま》まで全《まった》く気付《きづ》かずにおりました。

その時《とき》、宿《やど》の者《もの》が来客《らいきゃく》を伝《つた》えに来《き》ました。ほどなく2人《ふたり》の人物《じんぶつ》が女主人《おんなしゅじん》の先導《せんどう》で広間《ひろま》に通《とお》されました。今朝《けさ》、早朝《そうちょう》に馬車《ばしゃ》でカペナウムを発《た》ったルカとユダヤ人《じん》の長老《ちょうろう》アセルでした。街道《かいどう》はローマ軍《ぐん》が整備《せいび》した軍関係者専用《ぐんかんけいしゃせんよう》の舗装道路《ほそうどうろ》を使《つか》いました。そして、2人《ふたり》が戸口《とぐち》に立《た》つと、マリヤさまは振《ふ》り向《む》かれ、来訪者《らいほうしゃ》に近《ちか》づかれました。その顔《かお》を間近《まぢか》で見《み》た1人《ひとり》が驚愕《きょうがく》の声《こえ》を上《あ》げました。
ルカ：イッ、イエスだ、イエスが生《い》きている。これは一体《いったい》？
マリヤさま：お2人《ふたり》とも遠路遥々《えんろはるばる》カペナウムからようこそ。長老《ちょうろう》アセルさまと百卒長《ひゃくそつちょう》クレオパさまのお使《つか》いのルカさま、お2人《ふたり》のことはパラス様《さま》から承《うけたまわ》っています。わたしがイエスの服《ふく》を着《き》ていますのは、皆《みな》さまを脅《おど》かすためではありません。ユダヤでは、わたしが皆《みな》さまと対等《たいとう》にお話《はなし》するには、女《おんな》ではだめだからです。ただそれだけのことで男装《だんそう》をしています。それも違反《いはん》ですけれど、今《いま》のわたしはここではイエスで通《とお》りますので。さ、どうぞお入《はい》りください。

長老《ちょうろう》アセル：失礼《しつれい》ですが、あなたさまは32年前《ねんまえ》にユダ族《ぞく》の若者《わかもの》と婚約《こんやく》され、その後行方不明《ごゆくえふめい》になられたアロン家《け》の姫《ひめ》さまではありませんか。確《たし》か、お名前《なまえ》はマリヤさま、当時《とうじ》の噂《うわさ》では10歳《さい》ぐらいだったと思《おも》いますが。その頃《ころ》、わたしも10歳《さい》でした。家業《かぎょう》を継《つ》ぐべくエルサレムでヘブル語《ご》の勉強《べんきょう》をしておりました。おりしもヘロデがアロン家《け》を滅《ほろ》ぼそうとの計画《けいかく》は、どうしたものか漏《も》れておりまして、エルサレムでは知《し》らぬ者《もの》はおりませんでした。当然《とうぜん》アロン家《け》のみなさまもご存知《ぞんじ》のはずで、エジプトに逃亡《とうぼう》なさるものと思《おも》われていましたが、一族《いちぞく》の皆《みな》さまはエマオの本家《ほんけ》に集《あつ》まって自決《じけつ》されたのでした。そしてほとんど同時《どうじ》にエルサレムでは姫《ひめ》さまとユダ族《ぞく》の青年《せいねん》との婚約《こんやく》の噂《うわさ》も流《なが》れ、その姫《ひめ》さまは行方不明《ゆくえふめい》となられたのでした。その時《とき》、ヘロデ大王《だいおう》が、「娘《むすめ》はかまわずにおけ」と言《い》ったとも聞《き》いております。

マリヤさま：アセルさま、わたしがそのマリヤでございます。わたくしの素性《すじょう》をご証言《しょうげん》いただいてありがとうございます。

長老《ちょうろう》アセル：だとしますとイエスさまにはアロン家《け》の血《ち》も流《なが》れていたのでございますな。イエスさまが律法違反《りっぽういはん》の罪《つみ》に問《と》われたのにはそれなりの意味《いみ》がなくてはなりますまい。

マリヤさま：アセルさま、ルカさまにもお聞《き》きいただきますが、イエスは私自身《わたくしじしん》の子《こ》でございます。ですから、イエスはアロン家唯一《けゆいいつ》の男子《だんし》で、生《う》まれながらの大祭司《だいさいし》の資格《しかく》がございました。夫《おっと》のヨセフはそれを承知《しょうち》したばかりか、それがわたしの使命《しめい》のための奇跡《きせき》と信《しん》じてくれました。加《くわ》えて、わたしたち母子《おやこ》の命《いのち》を守《まも》るために結婚《けっこん》し、最後《さいご》の最後《さいご》まで、わたしたちを見守《みまも》ってくれたのでございます。ヨセフに今日《きょう》と言《い》う晴《は》れの日《ひ》を見《み》せとうございました。

長老《ちょうろう》アセル：何《なん》と言《い》われる。して、ヨセフ殿《どの》が信《しん》じたあなたさま方《がた》の使命《しめい》とは？

㉒（5）「罪《つみ》を贖《あがな》う」福音《ふくいん》の宣教組織《せんきょうそしき》

マリヤさま：それこそわたしがこれから皆《みな》さまにお話《はな》しをしようとしていた事《こと》なのです。ダビデの家系《かけい》のヨセフの子《こ》、そのイエスが王《おう》になり損《そこ》ねたのではなく、アロン家《け》のイエスがアロン家代々《けだいだい》の悲願《ひがん》を成《な》し遂《と》げたのです。アロン家《け》はモーセの律法《りっぽう》の冒頭《ぼうとう》に記《しる》された「罪《つみ》の贖《あがな》い」の神事《しんじ》に関《かか》われる唯一《ゆいいつ》の家門《かもん》でした。大祭司《だいさいし》の衣装《いしょう》をまとった者《もの》が、「罪《つみ》の贖《あがな》い」の神事《しんじ》を執《と》り行《おこな》いましたが、代々《だいだい》のそれは「人《ひと》の罪《つみ》を獣《けもの》に移《うつ》し、生贄《いけにえ》とされたその獣《けもの》を屠《ほふ》る」、その反復《はんぷく》でございました。

それをイエスは「人《ひと》の罪《つみ》を人《ひと》が負《お》う」ことに転《てん》じ自《みずか》らそれを実践《じっせん》したのです。それは人《ひと》の罪《つみ》を負《お》う「苦杯《くはい》」、すなわち人肉《じんにく》に罪《つみ》を顕在化《けんざいか》させた生贄《いけにえ》と、それを屠《ほふ》る十字架《じゅうじか》として実現《じつげん》しました。それを福音《ふくいん》と信《しん》じる人《ひと》が、自《みずか》らの「罪《つみ》」あるいは「狂気《きょうき》」と表現《ひょうげん》される「自分《じぶん》の意思《いし》ではどうにもならない霊的汚物《れいてきおぶつ》」の解決《かいけつ》を、これからはイエスに求《もと》めることができるのです。

まずイエスに差《さ》し出《だ》された杯《さかずき》に自《みずか》らの「悩《なや》み」、「狂気《きょうき》という名《な》の罪《つみ》」を流《なが》し込《こ》むことをイメージし、イエスの苦悩《くのう》が増《ま》すことを確認《かくにん》します。次《つぎ》に、目《め》を十字架《じゅうじか》に掛《か》けられた、罪《つみ》がその身体《からだ》に顕在化《けんざいか》しているイエスに転《てん》じ、仰《あお》ぎ見《み》ていただきます。イエスが息《いき》を引《ひ》き取《と》ったと見《み》えた刹那《せつな》、今《いま》までどうにもならなかった「悩《なや》み」が消《き》え去《さ》ります。狂気《きょうき》、悩《なや》みなど自分《じぶん》では制御《せいぎょ》できないものが「罪《つみ》」と思《おも》っていただきましょう。それが消《き》えたことが自覚《じかく》できれば、その「罪《つみ》」は贖《あがな》われたのです。イエスはその神事《しんじ》の達成《たっせい》の故《ゆえ》に満足《まんぞく》したのです。ただ、罪《つみ》は1《ひと》つではなく、形《かたち》を変《か》えて現《あらわ》れるでしょう。人《ひと》は罪《つみ》があってこその人《ひと》だからです。「人《ひと》が人《ひと》の罪《つみ》を負《お》う」ことは、大祭司《だいさいし》イエスの1度《いちど》きりで完了《かんりょう》しています。

そしてそれはアロン家《け》の男《おとこ》でなければ果《は》たせなかった使命《しめい》でした。ですから次《つぎ》はわたしが「アロン家《け》の女《おんな》」としての使命《しめい》を果《は》たす番《ばん》なのです。それは宣教《せんきょう》です。アロン家《け》は地上《ちじょう》から消《き》えましたので、その新《あら》たな神事《しんじ》を伝《つた》える組織《そしき》が必要《ひつよう》なのです。その組織造《そしきづく》りに皆《みな》さまのご協力《きょうりょく》がいただけないかと思《おも》いまして、こうして男装《だんそう》をしています。

長老《ちょうろう》アセル：そうでしたか、だとしますとアロン家《け》は滅《ほろ》んだのではなく、永遠化《えいえんか》したのですな。いや恐《おそ》れ入《い》りました。

漁師《りょうし》ペテロ：マリヤさま、わたしたちの半数《はんすう》が元《もと》は漁師《りょうし》でした。魚《さかな》を獲《と》ることしか能《のう》がないのです。わたしたちはガリラヤ訛《なま》りのアラム語《ご》しか話《はな》せません。どうして組織造《そしきづく》りの仕事《しごと》などのお手伝《てつだ》いができるでしょうか。とてもマリヤさまのお役《やく》には立《た》てないと思《おも》います。

マリヤさま：ペテロさん、イエスがどうしてあなた方漁師《がたりょうし》さんたちを最初《さいしょ》に選《えら》んだのでしょう。

それはイエスの成《な》すであろう事《こと》が今《いま》までの常識《じょうしき》を超《こ》えるものであり、中途半端《ちゅうとはんぱ》な先入観《せんにゅうかん》が無《な》いことの方《ほう》が人選《じんせん》に大事《だいじ》だったからだろうと思《おも》います。そして、これからお話《はなし》することも、ユダヤ人《じん》の皆《みな》さまよりもむしろ異邦人《いほうじん》の方々《かたがた》に聞《き》いていただけるのではないかと思《おも》うのです。でもペテロさん、たとえばローマの集会《しゅうかい》などでイエスの言行《げんこう》を証言《しょうげん》していただく時《とき》にはアラム語《ご》でよろしいのです。わたしはギリシャ語《ご》とアラム語《ご》で通訳《つうやく》できますから大丈夫《だいじょうぶ》です。ユダヤには律法学者《りっぽうがくしゃ》、エジプトには哲学者《てつがくしゃ》さんたちがおいでですが、ご自分《じぶん》たちの殻《から》に閉《と》じこもって「宣教《せんきょう》」という仕事《しごと》はおできになりません。むしろ宣教《せんきょう》しなくてもいいようにイエスの成《な》したことを「変容《へんよう》」させなさるでしょう。イエスがペテロさんたちを選《えら》んだのは正《ただ》しかったと思《おも》います。「パンとサーカス」の都《みやこ》と言《い》われているローマで「苦杯《くはい》」と「十字架《じゅうじか》」のお話《はなし》をしてみたいものです。社会《しゃかい》を支《ささ》えておられる奴隷《どれい》さんたちや品物扱《しなものあつか》いされているという女性《じょせい》の方々《かたがた》に。

漁師《りょうし》ペテロ：それならイエスさまのマリヤさま、どこまでもお供《とも》いたします。

マリヤさま：そう、わたしはイエスでもあるのです。ペテロさんよろしくお願《ねが》いします。頼《たよ》りにしています。これからは人《ひと》を獲《と》る漁師《りょうし》におなりください。

他《た》の弟子《でし》たちと女性《じょせい》たち一同《いちどう》：わたしたちも、ペテロさんとご一緒《いっしょ》に、どこまでもマリヤさまにお供《とも》いたします。

長老《ちょうろう》アセル：ルカ殿《どの》、わたしたちはたいへんな場面《ばめん》に立《た》ち会《あ》いましたな。イエス殿《どの》がアロン家《け》の大祭司《だいさいし》だったとは、2000年《ねん》の先《さき》でも気付《きづ》く者《もの》がおりますかどうか。だが、それが公《おおやけ》になれば祭司長《さいしちょう》たちはたいへんな恥《はじ》をかくことになります。マリヤさまもご一同《いちどう》も命《いのち》が危《あぶ》なくなります。ここはぜひともクレオパ殿《どの》のご助力《じょりょく》が必要《ひつよう》となりましょう。

ルカ：主人《しゅじん》は、間違《まちが》いなくマリヤさまにご助成《じょせい》なさるでしょう。そうでなければ、わたしたちをここに来《こ》させませんでした。

(22)（6）クレオパに吉報《きっぽう》の手紙《てがみ》が書《か》かれた

ルカ：目《め》の前《まえ》のイエスは、彼《かれ》の母親《ははおや》だったのか。これはクレオパさまには何《なに》よりの報告《ほうこく》になりそうだ。そうだ、アセル殿《どの》、すぐに主人《しゅじん》あての手紙《てがみ》を書《か》きますので、明日《あす》の朝《あさ》、馬車《ばしゃ》でここを発《た》ってカペナウムに戻《もど》っていただけないでしょうか。御者《ぎょしゃ》にはその旨《むね》伝《つた》えておきます。わたしはクレオパさまが来《こ》られるまで皆《みな》さまとここにいます。

長老《ちょうろう》アセル：委細承知《いさいしょうち》した、わたしからもイエス殿《どの》の十字架《じゅうじか》の満足《まんぞく》の意味《いみ》をクレオパ殿《どの》にお話《はなし》いたそう。いや、楽《たの》しみじゃて。

㉒（7）そして物語《ものがたり》はローマへ

ルカの手紙《てがみ》を読《よ》み、マリヤさま一行《いっこう》の保護《ほご》が必要《ひつよう》なことを知《し》り、また長老《ちょうろう》アセルの話《はなし》を聞《き》いて、「イエスの十字架《じゅうじか》の満足《まんぞく》」の理由《りゆう》を理解《りかい》したクレオパは、すぐさま軍《ぐん》を辞《じ》し、エルサレムでルカと合流《ごうりゅう》しました。そしてマリヤさまとその一行《いっこう》との会食《かいしょく》に臨《のぞ》みました。マリヤさまは弟子《でし》たちが分《わ》かるようにアラム語《ご》で話《はな》されたので、ルカはクレオパのためにラテン語《ご》の通訳《つうやく》をしました。

「ルカ福音書《ふくいんしょ》」：24－32彼らは互いに言った、「道々お話しになったとき、また聖書を説き明かしてくださったとき、お互いの心が内に燃えたではないか」。

その時《とき》の会食《かいしょく》での会話《かいわ》は、2人《ふたり》にとって「お互《たが》いの心《こころ》が内《うち》に燃《も》えた」であり、まさしくこの時《とき》の情景《じょうけい》でありましょう。「聖書《せいしょ》を説《と》き明《あ》かす」とは、苦杯《くはい》と十字架《じゅうじか》とによる「狂気《きょうき》という名《な》の罪《つみ》の贖《あがな》い」のことに他《ほか》なりません。でも、それに気付《きづ》く「感性《かんせい》」がなければ「隠《かく》された真理《しんり》」を読《よ》み解《と》くことはできないのです。

元軍人《もとぐんじん》クレオパ：マリヤさまいかがでしょう、イエス殿《どの》の十字架《じゅうじか》のお話《はなし》をぜひともローマでもしていただきたいと思《おも》いますが。

マリヤさま：クレオパさま、それはわたしどもこそ願《ねが》うところでございます。どうぞよしなにお取《と》り計《はか》らいのほどお願《ねが》い致《いた》します。

元軍人《もとぐんじん》クレオパ：それは何《なに》よりです。まず、みなさまをカイザリヤの港《みなと》から海路《かいろ》アンテオケにご案内《あんない》します。そこにわたしの屋敷《やしき》がありますので、まずそこから集会《しゅうかい》を始《はじ》められてはいかがでしょう。そして、集会《しゅうかい》の式次第《しきしだい》や調度品《ちょうどひん》を整《ととの》えましょう。それから陸路《りくろ》ローマを目指《めざ》し、道々集会《みちみちしゅうかい》を催《もよお》してまいりましょう。わたしの家《いえ》の者《もの》たちも皆《みな》さまとご一緒《いっしょ》して、ご助力《じょりょく》いたします。ルカはしばらく残《のこ》って、ここと力ペナウムの後始末《あとしまつ》をしてから追《お》いかけてくるように致《いた》します。その最初《さいしょ》となるアンテオケは、ローマに次《つ》ぐ大都市《だいとし》で、ギリシャ文化《ぶんか》の薫《かお》り高《たか》いところです。ギリシャ文化《ぶんか》には「エロス」と「智《ち》」とがありまして、エジプトのアレキサンドリヤは「智《ち》」ですがこちらは「エロス」です。それは男性《だんせい》の裸体美《らたいび》を賛美《さんび》し、競技《きょうぎ》は全裸《ぜんら》です。また男女《だんじょ》、男性同士《だんせいどうし》の逢引《あいびき》に使《つか》われる「ダフネの森《もり》」とかもあります。そのエロスの大都市《だいとし》にイエス殿《どの》の成《な》された「罪《つみ》の贖《あがな》い」の福音《ふくいん》が語《かた》られるわけです。はたして市民《しみん》が聞《き》く耳《みみ》を持《も》つかどうか、それが気《き》になるところではあります。

マリヤさま：ローマもそういうところでございましょうか。でも、聞《き》く聞《き》かぬはわたしたちの気《き》に掛《か》けることではございません。わたしたちの不幸《ふこう》の根本原因《こんぽんげんいん》となっている罪《つみ》の解決《かいけつ》ができれば、それを信《しん》じられたら、その人《ひと》は不幸《ふこう》から抜《ぬ》け出《だ》せるのです。それがイエスの成《な》した罪《つみ》の奴隷《どれい》の国《くに》から脱出《だっしゅつ》できる「新《あたら》しい過越《すぎこし》」です。希望《きぼう》を持《も》って、まずアンテオケにご一緒《いっしょ》させていただきます。わたしたち女《おんな》には歌《うた》も踊《おど》りもあります。

元軍人《もとぐんじん》クレオパ：まことにさようでございます。男《おとこ》には十字架《じゅうじか》の模型《もけい》を担《かつ》がせましょう。

宿《やど》の女主人《おんなしゅじん》マリヤ：さあさ、お堅《かた》いお話《はなし》はそこまで、改《あらた》めて過越《すぎこし》の「祝《いわ》い膳《ぜん》」をご用意《ようい》しましたよ、たんと召《め》し上《あ》がれ。

その夜《よ》、遅《おそ》くまで談笑《だんしょう》は続《つづ》き、夜明《よあ》けと共《とも》にクレオパの家《いえ》の者《もの》たちの中《なか》から先発隊《せんぱつたい》が海路《かいろ》アンテオケに出発《しゅっぱつ》し、その翌日《よくじつ》、準備《じゅんび》を終《お》えた一行《いっこう》はカイザリヤの軍港《ぐんこう》に向《む》かいました。

(22)(8) アウルスからピラトへの報告《ほうこく》「一行《いっこう》はローマに」

百卒長《ひゃくそつちょう》アウルス：ピラト閣下《かっか》、マリヤさまとその一行《いっこう》は、カペナウムの百卒長《ひゃくそつちょう》であられたクレオパ殿《どの》とごいっしょにアンテオケに向《む》かわれる由《よし》にございます。そして集会《しゅうかい》を催《もよお》しながらローマを目指《めざ》されるとか。

総督《そうとく》ピラト：脳神経外科医《のうしんけいげかい》と申《もう》したな、あの女医《じょい》オノブチの言《い》っていたキリスト教会《きょうかい》なるものの先駆《さきが》けとなるのであろうな。カイザリヤの守備隊長《しゅびたいちょう》には、一行《いっこう》の詮議《せんぎ》は無用《むよう》であると伝《つた》えておけ。それから、わたしの名前《なまえ》の道中手形《どうちゅうてがた》をマリヤさまに渡《わた》しておけ。

百卒長《ひゃくそつちょう》アウルス：承知《しょうち》しました。さっそく千卒長《せんそつちょう》アイネス殿《どの》に伝《つた》えます。

こうしてマリヤさまの一行《いっこう》はアンテオケで最初《さいしょ》の集会《しゅうかい》を催《もよお》されたのでした。集会《しゅうかい》には「**パン**（弁当《べんとう》）と**サーカス**（グラディエーターや馬《うま》が牽引《けんいん》の戦車競争《せんしゃきょうそう》などの見世物《みせもの》）」のローマ社会《しゃかい》を支《ささ》えていた奴隷《どれい》や女性《じょせい》たちも参加《さんか》でき、大盛況《だいせいきょう》となりました。彼《かれ》らの主人《しゅじん》にはクレオパが手紙《てがみ》を書《か》き、希望者《きぼうしゃ》には参加《さんか》させてくれるよう要請《ようせい》しておいたのでした。

(22)(9) 十字架《じゅうじか》の模型《もけい》を掲《かか》げた福音宣教《ふくいんせんきょう》の行列《ぎょうれつ》

アンテオケからローマへの道々《みちみち》、マリヤさまの行列《ぎょうれつ》の先頭《せんとう》には十字架《じゅうじか》の模型《もけい》が掲《かか》げられていました。「十字架《じゅうじか》の模型《もけい》」、その意表《いひょう》をついたアイデアは、人々《ひとびと》の関心《かんしん》を集《あつ》め、話題《わだい》となり、どの集会《しゅうかい》も大盛況《だいせいきょう》となりました。

集会《しゅうかい》は女性《じょせい》たちの賛美《さんび》から始《はじ》まり、パンとぶどう酒《しゅ》の秘蹟《ひせき》に続《つづ》いて、イエスさまの十字架《じゅうじか》の意味《いみ》がギリシャ語《ご》で語《かた》られました。また人《ひと》がイエスさまの苦杯《くはい》の前《まえ》で（そうイメージして）あるいは先導者《せんどうしゃ》（後《のち》の神父《しんぷ》）に自《みずか》らの罪《つみ》（苦悩《くのう》）の告白《こくはく》をし、その許《ゆる》しが宣言《せんげん》されると、その人《ひと》は見違《みちが》えるように明《あか》るくなりました。また聴講者《ちょうこうしゃ》には奴隷《どれい》たちと女性《じょせい》たちが多《おお》くいましたが、集会《しゅうかい》の終《お》わる頃《ころ》には、彼《かれ》らは見違《みちが》えるように明《あか》るく変《か》えられたのでした。そして、福音《ふくいん》はローマの奴隷階層《どれいかいそう》と品物扱《しなものあつか》いされていた女性《じょせい》たちに急速《きゅうそく》に拡大浸透《かくだいしんとう》していったのでした。「パンとサーカス」の娯楽《ごらく》でローマ市民《しみん》を怠惰《たいだ》にさせていた社会構造《しゃかいこうぞう》にも福音《ふくいん》は涼風《りょうふう》を吹《ふ》き込《こ》み、「キリスト教《きょう》」と呼《よ》ばれ始《はじ》めた福音《ふくいん》は急速《きゅうそく》に帝国内《ていこくない》に拡大《かくだい》し、教会組織《きょうかいそしき》も整《ととの》えられていったのでした。

㉒⑩福音《ふくいん》の政治利用《せいじりよう》

しかし、その「注目度《ちゅうもくど》」は社会《しゃかい》のさまざまな不満分子《ふまんぶんし》たちに政治利用《せいじりよう》され、騒動《そうどう》を引《ひ》き起《お》こし、官憲《かんけん》の出動《しゅつどう》するところとなりました。そしてついに、禁教《きんきょう》の勅令《ちょくれい》をゆるすのです。だが官憲《かんけん》が聖母子《せいぼし》による罪《つみ》のあがないの宣教《せんきょう》を取《と》り締《し》まることはありませんでした。禁教下《きんきょうか》でも、治安《ちあん》の安定《あんてい》に貢献《こうけん》する福音《ふくいん》は拡大《かくだい》を続《つづ》けたのです。そしてそれはエジプトのアレキサンドリヤにも達《たっ》しました。キリスト教徒《きょうと》の「迫害《はくがい》」を大《おお》げさに言《い》っているのは、浅薄《せんぱく》な先導者《せんどうしゃ》、あるいはユダヤ人《じん》がユダヤ人《じん》に宣教《せんきょう》し、同《おな》じユダヤ人《じん》から過酷《かこく》に迫害《はくがい》された場合《ばあい》です。マリヤさまとクレオパの福音《ふくいん》が官憲《かんけん》の取《と》り締《し》まりにあう謂《いわ》れはありませんでした。

㉒⑪ピラミッド型組織《がたそしき》からの離脱願望《りだつがんぼう》「アレキサンドリヤ司教《しきょう》」

キリスト教《きょう》は元軍人《もとぐんじん》のクレオパのゆえに、ローマ司教《しきょう》（初代《しょだい》ペテロ）を頂点《ちょうてん》とするピラミッド型組織《がたそしき》からスタートし拡大《かくだい》しました。しかし、エジプトの「智《ち》」の誉《ほま》れ高《たか》いアレキサンドリヤの司教《しきょう》は、そのピラミッド型組織《がたそしき》からの離脱《りだつ》を模索《もさく》するようになりました。「女《おんな》と漁師《りょうし》」を崇《あが》めるローマ司教《しきょう》の風下《かざしも》に立《た》つことを忌避《きひ》した彼《かれ》は小細工《こざいく》を労《ろう》し、マリヤさまの名《な》を「イエスの母《はは》」に封《ふう》じることが目的《もくてき》の、「ヨハネによる福音書《ふくいんしょ》」を著《あらわ》しました。2世紀頃《にせいきころ》です。

その後《ご》、4世紀《よんせいき》に至《いた》り、コンスタンティヌスが単独皇帝《たんどくこうてい》に就位《しゅうい》したのを契機《けいき》に、「新約聖書《しんやくせいしょ》」の制定《せいてい》を画策《かくさく》し、文書《ぶんしょ》の改変禁止《かいへんきんし》の宣言《せんげん》が目的《もくてき》の「ヨハネの黙示録《もくしろく》」を追加《ついか》しました。そして収録《しゅうろく》するローマ教会《きょうかい》の所有文書全体《しょゆうぶんしょぜんたい》にその目的《もくてき》に沿《そ》った改変記事《かいへんきじ》を挿入《そうにゅう》しました。改変後《かいへんご》の文書《ぶんしょ》を通読《つうどく》すれば、読者《どくしゃ》は混乱《こんらん》しますが、それこそは彼《かれ》の目的《もくてき》でした。「新約聖書《しんやくせいしょ》」全体《ぜんたい》には暗《あん》にマリヤさまを否定《ひてい》する目的《もくてき》があります。

しかし、そのアレキサンドリヤは、アラビヤに台頭《たいとう》した唯一神《ゆいいっしん》アラーの洗礼《せんれい》を受《う》け、641年《ねん》に、新約聖書《しんやくせいしょ》を残《のこ》して歴史《れきし》の彼方《かなた》に消《き》えました。しかし、残《のこ》った新約聖書《しんやくせいしょ》は、暗《あん》にマリヤさまを否定《ひてい》し、とりもなおさずカトリック教会《きょうかい》と距離《きょり》を置《お》くように作用《さよう》しています。それこそはアレキサンドリヤ司教《しきょう》が新約聖書《しんやくせいしょ》に託《たく》した目的《もくてき》だからです。しかし、その実《じつ》、新約聖書《しんやくせいしょ》は難解《なんかい》の故《ゆえ》に「部分読《ぶぶんよ》み」が推奨《すいしょう》され、信徒《しんと》には、気《き》に入《い》った箇所《かしょ》を「聖句《せいく》」とさせます。信徒《しんと》は、アレキサンドリヤ司教《しきょう》の亡霊《ぼうれい》の導《みちび》くまま、哲学者《てつがくしゃ》に誘導《ゆうどう》され、聖書《せいしょ》の言葉《ことば》の海《うみ》を彷徨《ほうこう》させられます。「智《ち》」の哲学《てつがく》は聖母子《せいぼし》の成《な》された「苦杯《くはい》」と「十字架《じゅうじか》」とによる「狂気《きょうき》という名《な》の罪《つみ》の贖《あがな》い」の「ご利益《りやく》」から遠《とお》く離《はな》れさせます。神父《しんぷ》の告悔《こっかい》の信徒《しんと》に言《い》う、「子《こ》よ、あなたの罪《つみ》はゆるされた」こそは、その最初《さいしょ》からあったのです。しかし、昨今《さっこん》、神父《しんぷ》や信徒《しんと》の中《なか》にも新約《しんやく》聖書《せいしょ》の信奉者《しんぽうしゃ》が増《ふ》え、同僚間《どうりょうかん》でも「智《ち》において優位《ゆうい》」を誇《ほこ》ろうとします。そして、マリヤさまの名《な》を口《くち》にしなくなりました。「智《ち》」に誘導《ゆうどう》され、信徒《しんと》に提供《ていきょう》する「ご利益《りやく》」を失《うしな》ったらカトリック教会《きょうかい》が持《も》ちこたえられるだろうかと思《おも》うのです。

本書《ほんしょ》は問《と》う、マリヤさまの名《な》を忘《わす》れて紀元《きげん》3000年《ねん》はあるかと。

「泣虫聖母《なきむしせいぼ》マリヤさま、狂気《きょうき》を贖《あがな》うイエスさまの十字架《じゅうじか》」

完

注解余録《ちゅうかいよろく》

本文中《ほんぶんちゅう》の冗長《じょうちょう》をさけるため、本文外《ほんぶんがい》のここで、いくつかご説明《せつめい》させていただきます。

注解余録《ちゅうかいよろく》（1）「ルカによる福音書《ふくいんしょ》」と本書《ほんしょ》の開始場面《かいしばめん》の相違《そうい》

「ルカによる福音書《ふくいんしょ》」は祭司《さいし》ザカリヤとその妻《つま》エリザベツ懐妊《かいにん》のエピソードから始《はじ》まりますが、本書《ほんしょ》では「ヘロデ大王《だいおう》の館《やかた》」から始《はじ》まります。「ルカ福音書《ふくいんしょ》」の物語《ものがたり》は、ヘロデ大王《だいおう》にまつわるアロン家滅亡《けめつぼう》から、1年半後《いちねんはんのち》になります。なぜヘロデ大王《だいおう》から始《はじ》める必要《ひつよう》があったのかと言《い》いますと、ヘロデが関与《かんよ》のアロン家《け》の滅亡《めつぼう》こそは、エマオのアロン家《け》の姫《ひめ》さまとベツレヘムのユダ族《ぞく》の大工《だいく》の若者《わかもの》との婚約《こんやく》につながり、この「物語《ものがたり》」が始《はじ》まるきっかけになるからです。それでこそ、田舎町《いなかまち》ナザレが姫《ひめ》さまの疎開先《そかいさき》であることの合理性《ごうりせい》が生《う》まれます。ですから本書《ほんしょ》の読者《どくしゃ》は素直《すなお》に受胎告知《じゅたいこくち》の場面《ばめん》に入《はい》っていけます。そしてそれはアレキサンドリヤ司教《しきょう》による、たとえば「処女受胎《しょじょじゅたい》」を預言《よげん》の成就《じょうじゅ》に導《みちび》き、暗《あん》にマリヤさまを否定《ひてい》する意図《いと》を払拭《ふっしょく》します。本書《ほんしょ》が「ルカによる福音書《ふくいんしょ》」と補完関係《ほかんかんけい》にある「マルコによる福音書《ふくいんしょ》」とを底本《ていほん》にしていることが新約聖書《しんやくせいしょ》に沿《そ》ったものではないとされることは、哲学《てつがく》の介入《かいにゅう》を許《ゆる》さず、本書《ほんしょ》がより歴史的真実《れきしてきしんじつ》に近《ちか》いことを意味《いみ》します。

注《ちゅう》解《かい》余《よ》録《ろく》（2）マリヤさまとヨセフの舞台設定《ぶたいせってい》を読《よ》み解《と》く

本書《ほんしょ》の物語《ものがたり》は、「ヘロデの館《やかた》」から始《はじ》まりますが、その時《とき》すでにマリヤさまとヨセフの関係《かんけい》については舞台設定《ぶたいせってい》が読《よ》み解《と》かれスタンバイの状態《じょうたい》になければなりません。まず「ルカによる福音書《ふくいんしょ》」に記載《きさい》の関連項目《かんれんこうもく》をピックアップします。

「ルカ福音書《ふくいんしょ》」：1-5（1）ユダヤの王ヘロデの世に、**アビヤの組**の**（2）祭司で名をザカリヤという者がいた。その妻はアロン家の娘**のひとりで、名をエリザベツと言った。1-6ふたりとも神のみまえに正しい人であって、主の戒めと定めとを、みな落度なく行っていた。1-7ところが、エリザベツは不妊の女であったため、彼らには子がなく、そしてふたりともすでに年老いていた。

1-8さてザカリヤは、その組が当番になり神のみまえに祭司の務めをしていたとき、1-9祭司職の慣例に従ってくじを引いたところ、**（3）主の聖所**にはいって香をたくことになった。1-10香をたいている間、多くの民衆はみな外で祈っていた。1-11すると主の御使が現れて、香壇の右に立った。

1-26六ヶ月目に、御使ガブリエルが、神からつかわされて、**（4）ナザレ**というガリラヤの町の一処女のもとにきた。1-27この処女は**（5）ダビデ家の出であるヨセフ**という人のいいなづけになっていて、名をマリヤといった。1－28御使がマリヤのところにきて言った、「恵まれた女よ、おめでとう、主があなたと共におられます」。

1－34そこでマリヤは御使に言った、「どうしてそんなことがあり得ましょうか。わたしにはまだ夫がありませんのに」。1－35御使が答えて言った、「聖霊があなたに臨み、いと高き者の力があなたをおおうでしょう。それゆえに、生まれ出る子は聖なるものであり、神の子と、となえられるでしょう。1－36あなたの **（6）親族エリザベツ**も老年ながら子を宿しています。不妊の女といわれていたのに、はや六ヶ月になっています。

1－39そのころ、マリヤは立って、大急ぎで **（7）山里へむかいユダの町**に行き、1－40ザカリヤの家にはいってエリザベツにあいさつした。

2－1そのころ、全世界の人口調査をせよとの勅令が、**皇帝アウグスト**から出た。2－2これは、クレニオがシリヤの総督であった時に行われた最初の人口調査であった。2－3人々はみな登録をするために、それぞれ自分の町へ帰って行った。2－4**ヨセフもダビデの家系**であり、またその血統であったので、ガリラヤの町ナザレを出て、**（8）ユダヤのベツレヘム**という**ダビデの町**へ上っていった。

1-5それは、すでに身重になっていたいいなづけの妻マリヤと共に、登録をするためであった。

以上《いじょう》、ピックアップした（注《ちゅう》1）から（注《ちゅう》8）までの項目《こうもく》から、お2人《ふたり》の舞台設定《ぶたいせってい》を読《よ》み解《と》きます。

注《ちゅう》（1）ユダヤの王《おう》ヘロデ

ヘロデ一世《いっせい》のこと、ヘロデ大王《だいおう》です。彼《かれ》には同名《どうめい》の息子《むすこ》がいますが、彼《かれ》は王《おう》にはなれずガリラヤの領主《りょうしゅ》に封《ふう》じられます。「ユダヤの王《おう》ヘロデの世《よ》」とはヘロデ一世《いっせい》のことですが、この舞台設定《ぶたいせってい》では、かなり高齢《こうれい》です。

注《ちゅう》（2）注《ちゅう》（6）マリヤさまのご身分《みぶん》

エリザベツが「アロン家《け》の娘《むすめ》の1人《ひとり》」、これがマリヤさまの出自《しゅつじ》である「アロン家《け》の姫《ひめ》さま」を導《みちび》くキーワードです。マリヤさまとエリザベツは親族《しんぞく》です。その「親族《しんぞく》」にマリヤさま優位《ゆうい》の格式《かくしき》がなければ御使《みつかい》の言葉《ことば》の意味《いみ》はなくなります。「アロン家《け》」の記載《きさい》は新約聖書中《しんやくせいしょちゅう》ここだけです。しかもそのアロン家《け》はユダヤ人《じん》から忘《わす》れ去《さ》られています。マリヤさまのご身分《みぶん》と使命《しめい》とを導《みちび》く新約聖書中《しんやくせいしょちゅう》で最《もっと》も重要《じゅうよう》な情報《じょうほう》でなければなりません。

注《ちゅう》（3）祭司《さいし》ザカリヤの勤務先《きんむさき》

「主《しゅ》の聖所《せいじょ》」とは神殿《しんでん》の神聖《しんせい》な区画《くかく》のことです。もう1ヶ所《いっかしょ》、「聖所《せいじょ》」の記述《きじゅつ》があります。幕《まく》とは神《かみ》と人《ひと》とを隔《へだ》てる神聖《しんせい》なアイテムです。

「ルカ福音書《ふくいんしょ》」：23‐44時はもう昼の十二時ごろであったが、太陽は光を失い、全地は暗くなって、三時に及んだ。23‐45そして**聖所の幕**がまん中から裂けた。23‐46そのとき、イエスは声高く叫んで言われた、「父よ、わたしの霊をみ手にゆだねます」。こう言ってついに息を引きとられた。

注《ちゅう》（4）ガリラヤの田舎町《いなかまち》ナザレは疎開先《そかいさき》

ナザレはエルサレムから130キロメートルぐらい北《きた》の田舎町《いなかまち》です。なぜそんな田舎《いなか》にマリヤさまとヨセフがおられたのか、ずーっと不思議《ふしぎ》でした。本書《ほんしょ》の原稿《げんこう》を書《か》き始《はじ》めて、そこはマリヤさまの「疎開地《そかいち》」とすることで我《われ》ながら合点《がてん》がいきました。ヘロデによるアロン家《け》の殺害《さつがい》計画《けいかく》からマリヤさまを守《まも》るためでした。

注《ちゅう》（5）と注《ちゅう》（8）ヨセフの出自《しゅつじ》

「ダビデ家《け》の出《で》であるヨセフ」から、ヨセフがユダ族《ぞく》であり、また「ユダヤのベツレヘム」から、彼《かれ》の実家《じっか》がベツレヘムであることが分《わ》かります。そのヨセフがマリヤさまと共《とも》に田舎《いなか》のナザレに居《い》た訳《わけ》は、マリヤさまをヘロデのアロン家殺害計画《けさつがいけいかく》から守《まも》るためです。そのためには、2人《ふたり》は「兄《あに》」と「妹《いもうと》」のような親《した》しい間柄《あいだがら》でなくてはなりません。

注《ちゅう》（6）マリヤさまの親族《しんぞく》「エリザベツ」は注《ちゅう》（2）と合《あ》わせて説明済《せつめいす》みです。

注《ちゅう》（7）エルサレムに近《ちか》いユダの山里《やまざと》の町《まち》「エマオ」について

「ユダの山里《やまざと》の町《まち》」の名《な》はエマオです。町《まち》が村《むら》になっているのは30年《ねん》の間《あいだ》に、寂《さび》れたからです。

「ルカ福音書《ふくいんしょ》」：24-13この日、ふたりの弟子が、エルサレムから七マイル（1.6×7=11Km）ばかり離れた**エマオという村**へ行きながら、24-14このいっさいの出来事について互いに語り合っていた。

注《ちゅう》（8）「ユダヤのベツレヘム」は注《ちゅう》（5）と合《あ》わせて説明済《せつめいす》みです。その町《まち》はエルサレムの南方《なんぽう》に位置《いち》します。ベツレヘムからエマオまでの距離《きょり》はエルサレムをはさんで25キロメートルくらいですからヨセフには通勤圏内《つうきんけんない》です。

注《ちゅう》解余録《かいよろく》（3）「ユダヤ人《じん》」の出自《しゅつじ》

マリヤさまの時代《じだい》はまさに「ユダヤ人《じん》」に律法《りっぽう》が息《いき》づいていたのであり、アロン家《け》の大祭司《だいさいし》による「狂気《きょうき》という名《な》の罪《つみ》の贖《あがな》い」の神事《しんじ》が達成《たっせい》される最後《さいご》のチャンスでありました。そのユダヤ人誕生《じんたんじょう》の経緯《いきさつ》について少《すこ》しお話《はなし》をさせてください。

注解余録《ちゅうかいよろく》（3）（1）ヘブル人《びと》の時代《じだい》

アブラハム、イサク、ヤコブ、そのヤコブの11番目《ばんめ》の子《こ》ヨセフは、生意気《なまいき》な口《くち》が災《わざわ》いして兄弟《きょうだい》たちの不興《ふきょう》を買《か》い、エジプトに奴隷《どれい》として売《う》られてしまいます。そのヨセフがどうしたものかエジプトの宰相《さいしょう》に上《のぼ》り詰《つ》めていました。おりしもパレスチナは大飢饉《だいききん》に見舞《みま》われ、ヤコブとその子供《こども》と奴隷《どれい》たちは食料《しょくりょう》を求《もと》めてエジプトに下《くだ》ります。そしてヨセフの仲介《ちゅうかい》で、ヤコブ一族《いちぞく》は放牧《ほうぼく》の民《たみ》としてゴセンの地《ち》に住《す》むことがゆるされます。しかしやがてその人《ひと》の良《よ》い王朝《おうちょう》は倒《たお》され、新《あたら》しく興《おこ》った王朝《おうちょう》の下《もと》で奴隷《どれい》とされる苦難《くなん》の時代《じだい》を迎《むか》えます。「ヘブル人《びと》」は、ヨセフの時代《じだい》からのヤコブ一族《いちぞく》の呼《よ》び名《な》であり、あだ名《な》です。「出《しゅつ》エジプト」とそれ以降《いこう》、ユダヤ人誕生《じんたんじょう》までは彼《かれ》らはヘブル人《びと》と呼《よ》ばれたのです。

注解余録《ちゅうかいよろく》（3）（2）ユダヤ人誕生《じんたんじょう》は「律法《りっぽう》」遵守《じゅんしゅ》の部族再統合《ぶぞくさいとうごう》

ユダヤ人《じん》の呼称《こしょう》は、南王国《みなみおうこく》ユダのバビロン捕囚《ほしゅう》から80年後《ねんご》、ペルシャ王《おう》の恩赦《おんしゃ》によるエルサレムへの帰還《きかん》から始《はじま》りました。捕囚先《ほしゅうさき》のバビロンの都《みやこ》スサなどでは南王国《みなみおうこく》「ユダ」を皮肉《ひにく》って「ユダヤ人《じん》」とあだ名《な》されていました。荒廃《こうはい》したエルサレムに帰還《きかん》した人々《ひとびと》は、レビ人《びと》である祭司《さいし》たちを中心《ちゅうしん》に、ペルシャ王《おう》の警戒《けいかい》する南王国《みなみおうこく》ユダの再興《さいこう》ではなく、律法《りっぽう》の統制《とうせい》が効《き》いたペルシャ内《ない》の自治区《じちく》を目指《めざ》そうとし、ペルシャ王《おう》に「ユダヤ人《じん》」自治区《じちく》の認可《にんか》を上奏《じょうそう》しました。その上奏文《じょうそうぶん》に添《そ》えたのが、「創世記《そうせいき》」の原型《げんけい》となるユダヤ人《じん》の歴史《れきし》に散《ち》りばめた律法《りっぽう》でした。その文書《ぶんしょ》のエピソードは彼《かれ》らが、捕囚時代《ほしゅうじだい》に王《おう》の図書室《としょしつ》での閲覧《えつらん》を通《とお》して身《み》につけたオリエント文明《ぶんめい》の知識《ちしき》と自《みずか》らの出自《しゅつじ》を織《お》り交《ま》ぜたものであり、ペルシャ王《おう》が馴染《なじ》みやすいようにとの工夫《くふう》でした。そして、それを契機《けいき》に「聖書《せいしょ》（旧約聖書《きゅうやくせいしょ》）」の編纂《へんさん》が始《はじ》まりました。その過程《かてい》で、「ユダヤ人《じん》」はユダ族《ぞく》とベニヤミン族《ぞく》だけでなく、12部族《ぶぞく》であるべきと、残《のこ》りの10部族《ぶぞく》の子孫《しそん》にもユダヤ人《じん》への合流《ごうりゅう》を呼《よ》びかけたのです。参加《さんか》する者《もの》としない者《もの》があるのは世《よ》の常《つね》ですが、参加《さんか》しない者《もの》には「サマリヤ人《びと》」の蔑称《べっしょう》で臨《のぞ》みました。

注解余録《ちゅうかいよろく》（3）（3）「イスラエル」について

「イスラエル」という名前《なまえ》については2《ふた》つの経緯《いきさつ》があります。1《ひと》つ目《め》は創世記《そうせいき》に書《か》かれているヤコブの別名《べつめい》でした。ヤコブは「踵《かかと》をつかむ」とか「ずるい」とかの、あまり聞《き》こえの良《よ》くない意味《いみ》があり、ヤコブ自身《じしん》が「イスラエル」に改名《かいめい》しようとしたのです。しかし、ヤコブの名《な》はイスラエルには置《お》き換《か》わっていません。ただ、「ヤコブの子《こ》の12部族《ぶぞく》」とするよりも「イスラエル」だけで済《す》ませられる方《ほう》がスマートです。なのでイスラエルが12部族全体《ぶぞくぜんたい》を指《さ》している場合《ばあい》があります。

2つ目《ふため》は、ソロモンが死《し》ぬとダビデ王国《おうこく》から10部族《ぶぞく》が結束《けっそく》して離脱《りだつ》し、「イスラエル」を名乗《なの》りました。そのあたりは「列王紀上《れつおうきじょう》12章《しょう》」に書《か》かれています。ダビデ王国《おうこく》が南北《なんぼく》に分《わ》かれたので北王国《きたおうこく》イスラエル、南王国《みなみおうこく》ユダとも言《い》います。福音書《ふくいんしょ》のイスラエルは12部族《ぶぞく》の方《ほう》です。

注解余録《ちゅうかいよろく》（3）（4）紀元《きげん》70年《ねん》エルサレム陥落《かんらく》、「神殿《しんでん》」と「土着《どちゃく》のユダヤ人《じん》」の終焉《しゅうえん》

マリヤさまの時代《じだい》のユダヤ人《じん》には「土着《どちゃく》」と「離散《りさん》」という2つ《ふた》の区別《くべつ》がありました。土着《どちゃく》のユダヤ人《じん》はガリラヤとユダの地《ち》に住《す》む人々《ひとびと》でペルシャ由来《ゆらい》のアラム語《ご》を話《はな》しました。そしてエルサレム神殿《しんでん》への信仰《しんこう》には篤《あつ》いものがありました。その土着《どちゃく》のユダヤ人《じん》は、元北王国《もときたおうこく》のあったサマリヤに住《す》む10部族《ぶぞく》のうち、呼《よ》びかけに応《おう》じずユダヤ人《じん》に合流《ごうりゅう》しなかった人々《ひとびと》を「サマリヤ人《びと》」として軽蔑《けいべつ》しました。その蔑称《べっしょう》は土着《どちゃく》のユダヤ人《じん》の消滅《しょうめつ》と共《とも》に消《き》えました。元々《もともと》サマリヤ人（じん）という人種《じんしゅ》はありません。

ユダヤ人《じん》の地《ち》は、サマリヤを挟《はさ》んで北《きた》が「ガリラヤ」、南《みなみ》が「ユダ」でした。ガリラヤとユダを往来《おうらい》するにはサマリヤを通《とお》らねばなりませんでした。

一方《いっぽう》、離散《りさん》のユダヤ人《じん》は帝国内《ていこくない》の諸都市《しょとし》にユダヤ人居住区《じんきょじゅうく》を形成《けいせい》し、その都市《とし》の言語《げんご》や共通語《きょうつうご》であるギリシャ語《ご》を話《はな》しました。西暦《せいれき》70年《ねん》にエルサレムはローマ軍《ぐん》の文字通《もじどお》りの総攻撃《そうこうげき》を受《う》けて壊滅《かいめつ》し、神殿《しんでん》とエルサレムの街《まち》は瓦礫《がれき》と化《か》し、土着《どちゃく》のユダヤ人《じん》は歴史《れきし》の彼方《かなた》に消《き》えました。しかし、離散《りさん》のユダヤ人《じん》はそのまま残《のこ》りました。それは彼《かれ》らが「レビ人《びと》の祭司《さいし》」を大事《だいじ》にしていたからです。レビ人《びと》はユダヤ人結束《じんけっそく》の絆《きずな》です。

ですがそのレビ人《びと》の棟梁《とうりょう》たるアロン家《け》はすべてのユダヤ人《じん》に忘《わす》れ去《さ》られていました。そのアロン家《け》こそは律法《りっぽう》により唯一罪《ゆいいつつみ》の贖《あがな》いの神事《しんじ》に関《かか》われる家門《かもん》でした。ユダヤ人《じん》には忘《わす》れ去《さ》られたはずのアロン家《け》の血筋《ちすじ》はマリヤさまに臨《のぞ》んだ処女受胎《しょじょじゅたい》の奇跡《きせき》により男子出生《だんししゅっしょう》、その子《こ》は生《う》まれながらの大祭司《だいさいし》でした。そしてそれは、「ルカによる福音書《ふくいんしょ》」を読《よ》んだ者《もの》のみが知《し》ることができたのでした。その福音書《ふくいんしょ》は、ユダヤの地《ち》ではなくローマで開花《かいか》したキリスト教会《きょうかい》の設計書《せっけいしょ》であると、ある日《ひ》、ある時《とき》、ある日本人《にほんじん》の感性《かんせい》が思《おも》わせたのでした。

注解余録《ちゅうかいよろく》（3）（5）帰還時《きかんじ》の余禄《よろく》
（3）（5）（1）ザカリヤは「アビヤの組《くみ》の祭司《さいし》」

「ルカ福音書《ふくいんしょ》」：1-5ユダヤの王ヘロデの世に、**アビヤの組**の祭司で名をザカリヤという者がいた。その妻はアロン家の娘のひとりで、名をエリザベツと言った。1-6ふたりとも神のみまえに正しい人であって、主の戒めと定めとを、みな落度なく行っていた。1-7ところが、エリザベツは不妊の女であったため、彼らには子がなく、そしてふたりともすでに年老いていた。

アロン家《け》の娘《むすめ》の1人《ひとり》であったエリザベツの夫《おっと》ザカリヤは祭司《さいし》で、「アビヤ」の組《くみ》であったと書《か》かれています。旧約聖書《きゅうやくせいしょ》を検索《けんさく》してみると、「ネヘミヤ記《き》」にその名《な》がありました。

「ネヘミヤ記《き》」：10-1印を押した者はハカリヤの子である総督ネヘミヤ、およびゼデキヤ、10-2セラヤ、アザリヤ、エレミヤ、10-3パシュル、アマリヤ、マルキヤ、10-4ハットシ、シバニヤ、マルク、10-5ハリム、メレモテ、オバデヤ、10-6ダニエル、ギンネトン、バルク、10-7メシュラム、**アビヤ**、ミヤミン、10-8マアジヤ、ビルガイ、シマヤで、これらは祭司である。

ヨシュアのパレスチナ侵攻以降《しんこういこう》、荒野《あらの》での部族統合《ぶぞくとうごう》の役目《やくめ》を担《にな》ったアロン家《け》は忘《わす》れられ、部族間《ぶぞくかん》に散《ち》らされたレビ人《びと》の祭司《さいし》のみが増《ふ》えたのでした。「ネヘミヤ記《き》」の祭司《さいし》のリストに載《の》った者《もの》の家《いえ》は、その後《ご》は祭司《さいし》たちの「組《くみ》」を編成《へんせい》し「名門《めいもん》」となったのでしょう。

注《ちゅうかいよろく》解余録（3）（5）（2）帰還時《きかんじ》のアロン家《け》、エズラの系図《けいず》

「エズラ記《き》」：7-1これらの事の後ペルシャ王アルタシャスタの治世に**エズラ**という者があった。エズラはセラヤの子、セラヤはアザリヤの子、アザリヤはヒルキヤの子、7-2ヒルキヤはシャルムの子、シャルムはザドクの子、ザドクはアヒトブの子、7-3アヒトブはアマリヤの子、アマリヤはアザリヤの子、アザリヤはメラヨテの子、7-4メラヨテはゼラヒヤの子、ゼラヒヤはウジの子、ウジはブッキの子、7-5ブッキはアビシュアの子、アビシュアはピネハスの子、ピネハスはエレアザルの子、エレアザルは祭司長**アロン**の子である。7-6このエズラはバビロンから上って来た。彼はイスラエルの神、主がお授けになったモーセの律法に精通した学者であった。その神、主の手が彼の上にあったので、その求めることを王はことごとく許した。

エズラはアロンの末裔《まつえい》であるとの記述《きじゅつ》です。マリヤさまの父《ちち》の名前《なまえ》に使《つか》わせてもらいました。

注《ちゅうかいよろく》解余録（4）「過越《すぎこし》の祭《まつり》」に空《あ》いた十字架《じゅうじか》の慣例《かんれい》

「ルカ福音書《ふくいんしょ》」：2-41さて、イエスの両親は、過越の祭には毎年エルサレムへ上っていた。2-42イエスが十二歳になった時も、慣例にしたがって祭のために上京した。

イエスさまが12歳《さい》になられ、初《はじ》めて「過越《すぎこし》の祭《まつり》」が出《で》てきます。本書《ほんしょ》は、アロン家《け》のマリヤさまの使命《しめい》についてお話《はなし》を進《すす》めているのですが、この祭《まつり》の何《なに》が重要《じゅうよう》になるのかをお話《はなし》しておきたいと思《おも》います。歴史《れきし》ではこの先《さき》、ピラトがユダの総督《そうとく》となります。

そして彼《かれ》が「過越《すぎこし》の祭《まつり》」に死刑囚《しけいしゅう》の1人《ひとり》に恩赦《おんしゃ》を与《あた》えるようになると、その空《あ》いた十字架《じゅうじか》は捨《す》てられずに、人《ひと》の掛《か》けられた他《た》の十字架《じゅうじか》の中央《ちゅうおう》に立《た》てられました。それはとてもよく目立《めだ》ち、恩赦《おんしゃ》の宣伝効果《せんでんこうか》が思《おも》われて祭《まつり》の恒例《こうれい》となったのでした。その過越《すぎこし》の祭《まつり》には「空《あ》いた十字架《じゅうじか》」がある、それこそは、この物語《ものがたり》のクライマックスを導《みちび》くキーワードになるのです。

「人《ひと》の罪《つみ》を人《ひと》が負《お》う」の罪《つみ》それは「狂気《きょうき》」というべき霊的《れいてき》なものであり、見《み》えないので処分《しょぶん》できませんが、それを人《ひと》の肉体《にくたい》に「顕在化《けんざいか》」させると、たとえば十字架《じゅうじか》に掛《か》けて処分可能《しょぶんかのう》な生贄《いけにえ》にできます。その生贄《いけにえ》を十字架《じゅうじか》に掛《か》けて肉体《にくたい》に顕在化《けんざいか》した罪《つみ》を処分《しょぶん》して贖《あがな》う、それがイエスさまの十字架《じゅうじか》に重《かさ》なるのです。そのための「空《あ》いた十字架《じゅうじか》」が期待《きたい》できるのは、ピラトがユダヤ総督《そうとく》に在任中《ざいにんちゅう》の死刑囚《しけいしゅう》の恩赦《おんしゃ》であり、それがあるのは過越《すぎこし》の祭《まつり》だけなのです。

注解余録《ちゅうかいよろく》（4）（1）「出《しゅつ》エジプト」の前夜《ぜんや》、「過越《すぎこし》」は初子《ういご》を襲《おそ》う災厄《さいやく》の回避《かいひ》

そもそも「過越《すぎこし》」とは、モーセによる「出《しゅつ》エジプト」の出発日前夜《しゅっぱつびぜんや》の出来事《できごと》であり、それを後世《こうせい》に伝《つた》えるために行事化《ぎょうじか》したものです。パレスチナの大飢饉《だいききん》の時《とき》にヤコブとその子供《こども》たちの一族《いちぞく》は食料《しょくりょう》を求《もと》めてエジプトに下《くだ》りました。奇《く》しくもエジプトの宰相《さいしょう》になっていたヨセフの助言《じょげん》で「ヘブル人」とあだ名《な》されたヤコブの一族《いちぞく》は放牧《ほうぼく》の民《たみ》としてゴセンの地《ち》に住《す》むことがゆるされました。しかし、その王朝《おうちょう》を倒《たお》し、エジプトに新《あたら》しく王朝《おうちょう》を興《おこ》した王《おう》はヘブル人《びと》の人口《じんこう》増加《ぞうか》の勢《いきお》いを恐《おそ》れ、奴隷《どれい》とし、レンガ造《づく》りの単純労働《たんじゅんろうどう》をさせて「智《ち》」を奪《うば》い、何《なん》とかしてヘブル人《びと》の増加《ぞうか》を防《ふせ》ごうとしました。しかし、子《こ》を産《う》む女《おんな》の力《ちから》は強《つよ》く、人口増加《じんこうぞうか》に歯止《はど》めがかかりませんでした。そこで王《おう》は、男《おとこ》の赤子《あかご》をナイル川《がわ》に捨《す》てるように命令《めいれい》を下《くだ》したのです。その時代《じだい》に生《う》まれたのがモーセです。モーセは姉《あね》のミリアムの機転《きてん》でナイルに水浴《みずあ》びに来《き》ていた皇族《こうぞく》の女性《じょせい》の子《こ》として引《ひ》き取《と》られ命拾《いのちびろ》いします。そしてモーセは皇族《こうぞく》の一員《いちいん》として育《そだ》てられ、帝王学《ていおうがく》、軍事調練《ぐんじちょうれん》を身《み》につけるのです。これがやがて主《しゅ》の声《こえ》を聞《き》き、ヨシュアやヘブル人《びと》の子《こ》たちを軍事調練《ぐんじちょうれん》する能力《のうりょく》として「出《しゅつ》エジプト」の荒野《あらの》で開花《かいか》するに至《いた》るのです。そしてある時《とき》モーセは自分《じぶん》が奴隷《どれい》のヘブル人《びと》であることを知《し》ります。そして事件《じけん》を起《お》こし、エジプトから逃亡《とうぼう》します。

その後《ご》、遊牧民《ゆうぼくみん》ミデヤンの祭司《さいし》リウエルの娘《むすめ》チッポラと結婚《けっこん》して彼《かれ》らと共《とも》に暮《く》らします。その祭司一家《さいしいっか》との暮《く》らしの中《なか》でモーセは「烏合《うごう》の衆《しゅう》の信仰《しんこう》による統合《とうごう》」の遠《とお》きに思《おも》いを馳《は》せたのです。歳月《さいげつ》が流れ晩年《ばんねん》を迎《むか》えたある時《とき》、ホレブの山《やま》で主《しゅ》の声《こえ》を聞《き》くのです。そして兄《あに》のアロンと合流《ごうりゅう》し、エジプトのパロ（王《おう》）に会《あ》います。モーセ80歳《さい》、アロン83歳《さい》と「出《しゅつ》エジプト記《き》」には記《しる》されています。アロンはヘブル語《ご》とエジプト語《ご》を良《よ》くし、モーセはエジプト語《ご》とミデヤンの言葉《ことば》です。ヘブル人《びと》にモーセの言葉《ことば》を伝《つた》えるにはアロンの通訳《つうやく》が必要《ひつよう》でした。

「出《しゅつ》エジプト記《き》」：7-5わたしが手をエジプトの上にさし伸べて、イスラエルの人々を彼らのうちから導き出す時、エジプトびとはわたしが主であることを知るようになるであろう」。7-6モーセとアロンはそのように行った。すなわち主が彼らに命じられたように行った。7-7彼らがパロと語った時、モーセは八十歳、アロンは八十三歳であった。

それが「出《しゅつ》エジプト」の始《はじ》まりです。パロはモーセの言《い》うヘブル人《びと》の「大脱走《だいだっそう》」を阻《はば》もうとしますが、その都度《つど》パロに臨《のぞ》んだ奇跡《きせき》に退《しりぞ》けられました。その1《ひと》つは、主《しゅ》がエジプトにいるすべての初子《ういご》をことごとく打《う》たれるという恐《おそ》ろしいものでした。ただし、主《しゅ》の託宣《たくせん》を受《う》けたモーセの指示《しじ》で鴨居《かもい》（玄関《げんかん》の戸口《とぐち》の上部《じょうぶ》）に小羊《こひつじ》の血《ち》を塗《ぬ》った家《いえ》の初子《ういご》はその災難《さいなん》から免《まぬか》れたのです。それが主《しゅ》の「過越《すぎこし》」です。その夕《ゆう》べの食事《しょくじ》のために屠《ほふ》った小羊《こひつじ》の血《ち》を玄関《げんかん》に塗《ぬ》ったのです。

注解余録《ちゅうかいよろく》（4）（2）「出《しゅつ》エジプト」の荒野《あらの》で「アロン家《け》」の誕生《たんじょう》

「出《しゅつ》エジプト」それは、紀元前《きげんぜん》1300年頃《ねんころ》、ユダヤ人《じん》のご先祖《せんぞ》が、奴隷《どれい》として虐《しいた》げられていたエジプトからパレスチナを目指《めざ》し砂漠《さばく》に向《む》かって脱出《だっしゅつ》した「事件《じけん》」のことです。旧約聖書《きゅうやくせいしょ》の「出《しゅつ》エジプト記《き》」がその記録《きろく》です。その脱出《だっしゅつ》の最中《さなか》80歳《さい》を越《こ》えたモーセに、神《かみ》の託宣《たくせん》が与《あた》えられ、律法《りっぽう》となりました。その中《なか》にアロン家《け》の「罪《つみ》の贖《あがな》いに関《かか》わる家門《かもん》」の記載《きさい》があります。その頃《ころ》の近隣《きんりん》の事件《じけん》としては、今のトルコにあった城塞都市《じょうさいとし》の「トロイ」があるでしょうか。ギリシャ軍《ぐん》に攻《せ》められ炎上《えんじょう》するトロイの物語《ものがたり》は、「トロイの木馬《もくば》」として有名《ゆうめい》です。

注解余録《ちゅうかいよろく》（4）（3）過越《すぎこし》の食事《しょくじ》は焼肉《やきにく》のスタミナ料理《りょうり》

「過越《すぎこし》」の翌朝《よくあさ》から続《つづ》くのは、エジプトからの砂漠越《さばくご》えの大規模《だいきぼ》な「脱出劇《だっしゅつげき》」です。彼《かれ》らは苦難《くなん》を経《へ》てパレスチナに展開《てんかい》しユダヤ人《じん》の先祖《せんぞ》「出《しゅつ》エジプトのヘブル人《びと》」となります。それを「過越《すぎこし》の祭《まつり》」の行事《ぎょうじ》とし、伝承《でんしょう》に永続性《えいぞくせい》を持《も》たせたのです。その日《ひ》の夕食《ゆうしょく》は、小羊《こひつじ》の焼肉《やきにく》がメインのご馳走《ちそう》です。エジプトからの脱出《だっしゅつ》は、「夜《よる》は砂漠《さばく》を行進《こうしん》し、昼《ひる》は休《やす》む」の日々《ひび》が続《つづ》くのです。そのため、前夜《ぜんや》の食事《しょくじ》は全家《ぜんか》に焼肉《やきにく》のスタミナ料理《りょうり》を徹底《てってい》させたのです。ですから、それはパンとワインだけの粗食《そしょく》ではありません。もっともイタリヤのルネサンス時代《じだい》の「最後《さいご》の晩餐《ばんさん》」の絵画《かいが》のほとんどは宗教画《しゅうきょうが》であり、貧《ひん》を神聖化《しんせいか》した「粗食《そしょく》」です。

注解余録《ちゅうかいよろく》（5）使徒《しと》の数《かず》が「十二《じゅうに》」の根拠《こんきょ》

さてイエスさまが使徒《しと》という名《な》をお与《あた》えになった弟子《でし》は12人《にん》です。この12という数字《すうじ》はユダヤ人《じん》にとっては聖《せい》なる数字《すうじ》です。遥《はる》か昔《むかし》、ユダヤ人《じん》の祖《そ》ヤコブの子《こ》は最初《さいしょ》4人《よにん》の女性《じょせい》による12人《にん》でした。ですからその数《かず》の12を聖《せい》としたのかと思《おも》いますが、その後《ご》11番目《ばんめ》の子《こ》ヨセフがエジプトの宰相《さいしょう》となり離脱《りだつ》、そのヨセフの子《こ》を加《くわ》えてあえて12人《にん》にしています。ですから「12」が聖《せい》であるのはヤコブの子《こ》の数《かず》ではありません。そして、部族《ぶぞく》の数《かず》は12を保《たも》っています。

注解余録《ちゅうかいよろく》（5）（1）聖《せい》なる数十二《かずじゅうに》は陰暦《いんれき》の年《ねん》「月《げつ》」を数《かぞ》える手段《しゅだん》

ですから、その数字《すうじ》12の価値《かち》は1年《いちねん》の月《つき》の数《かず》とします。ユダヤ人《じん》の先祖《せんぞ》ヤコブの時代《じだい》は遊牧民《ゆうぼくみん》でした。彼《かれ》らにとって年《とし》を数《かぞ》える手段《しゅだん》は夜空《よぞら》の月《つき》の満《み》ち欠《か》けの数《かず》でした。1年《いちねん》を満月《まんげつ》の12回《かい》としたのです。それを数《かぞ》え易《やす》くするために、各々《おのおの》の月《つき》の名前《なまえ》に部族名《ぶぞくめい》を割《わ》り当《あ》てたのです。たとえば、「今月《こんげつ》はユダの月《つき》」などと呼《よ》んで。そのために部族名《ぶぞくめい》の数《かず》はいつも12でなければならなかったのです。ただ、月《つき》の満《み》ち欠《か》けの周期《しゅうき》はおよそ28日《にち》です。これの12倍《ばい》は336日《にち》です。1年《いちねん》は336日《にち》になります。これが月《つき》の満《み》ち欠《か》けによる暦《こよみ》で陰暦《いんれき》と言《い》います。ですから、ユダヤ人《じん》の過越《すぎこし》の祭《まつり》はいつも満月《まんげつ》なのですが、季節《きせつ》は少《すこ》しずつ、ずれていきます。

注解余録《ちゅうかいよろく》（5）（2）ナイル川氾濫《がわはんらん》の予測《よそく》は太陽暦《たいようれき》

一方《いっぽう》、月《つき》ではなく太陽《たいよう》の周期《しゅうき》を用《もち》いる方法《ほうほう》があります。ヤコブの子《こ》のヨセフが宰相《さいしょう》となったエジプトの主要産業《しゅようさんぎょう》は農業《のうぎょう》でした。ナイル川《がわ》の氾濫時期《はんらんじき》を予想《よそう》し農民《のうみん》に周知《しゅうち》するのは国家事業《こっかじぎょう》でした。ナイル川《がわ》の氾濫《はんらん》は上流《じょうりゅう》からの肥沃《ひよく》な土壌《どじょう》をもたらすからです。エジプトは赤道《せきどう》に近《ちか》く季節感《きせつかん》がありません。そこで、太陽《たいよう》の周期《しゅうき》となる日数《にっすう》を数《かぞ》えたのです。その方法《ほうほう》はまず、太陽《たいよう》を観測《かんそく》する地点《ちてん》を定《さだ》めます。そして太陽《たいよう》がその地点《ちてん》を通過《つうか》した日《ひ》からの日数《にっすう》を数《かぞ》えます。そして次《つぎ》に太陽《たいよう》がその地点《ちてん》に到達《とうたつ》した日《ひ》までの日数《にっすう》が1年《いちねん》です。その日数《にっすう》は、およそ３６５日《にち》になります。「およそ」としたのは、太陽《たいよう》の運行周期《うんこうしゅうき》が３６５日《にち》ちょうどではなく、数時間余《すうじかんあま》るからです。それを補正《ほせい》するため、４年《よねん》に1度《いちど》、1日多《いちにちおお》くしました。それが「うるう年《どし》」です。これが太陽暦《たいようれき》です。陰暦《いんれき》は太陽暦《たいようれき》よりも1年《いちねん》が29日少《にちすく》ないですし、補正手段《ほせいしゅだん》がないので、季節《きせつ》がずれていきます。7年《しちねん》もたてば、夏冬逆転《なつふゆぎゃくてん》します。たとえば過越《すぎこし》の祭《まつり》は、季節《きせつ》が夏《なつ》だったり冬《ふゆ》だったりして一定《いってい》していません。ただ、いつも満月《まんげつ》なのです。

注解余録《ちゅうかいよろく》（6）「クリスチャン」誕生《たんじょう》のアンテオケ余録《よろく》パウロの場合《ばあい》

「新約聖書《しんやくせいしょ》」の「使徒行伝《しとぎょうでん》」には、マリヤさまとクレオパの宣教活動《せんきょうかつどう》はありません。あってもアレキサンドリヤ司教《しきょう》は削除《さくじょ》を命《めい》じたでしょう。アンテオケでの宣教《せんきょう》に関《かん》してバルナバとパウロの活躍《かつやく》が記《しる》されていますが、それはマリヤさま一行《いっこう》が通過《つうか》された10年《ねん》ほど後《のち》のことです。

注解余録《ちゅうかいよろく》（6）（1）パウロの宣教相手《せんきょうあいて》はユダヤ人居住区《じんきょじゅうく》の人々《ひとびと》

「使徒行伝《しとぎょうでん》」：11－25そこでバルナバはサウロを捜しにタルソへ出かけて行き、11－26彼を見つけたうえ、アンテオケに連れて帰った。ふたりは、まる一年、ともどもに教会で集まりをし、大ぜいの人々を教えた。このアンテオケで初めて、弟子たちがクリスチャンと呼ばれるようになった。

バルナバとサウロが関係《かんけい》した教会《きょうかい》は、各都市《かくとし》のユダヤ人居住区《じんきょじゅうく》にありました。彼《かれ》らが教《おし》えた相手《あいて》はユダヤ人《じん》でした。彼《かれ》らの宣教《せんきょう》とローマ市民相手《しみんあいて》のマリヤさまたちとの集会《しゅうかい》を混同《こんどう》しないようにしましょう。バルナバがローマ市民《しみん》と共《とも》にいることはありませんし、ローマ市民《しみん》がユダヤ人居住区《じんきょじゅうく》に立《た》ち入《い》ることもありません。一方《いっぽう》、マリヤさまたち女性《じょせい》は割礼《かつれい》とは無縁《むえん》ですから、ローマ市民《しみん》との集会《しゅうかい》は何《なん》ら意《い》に介《かい》することはなかったのです。ペテロもそのイエスさまでもあるマリヤさまに従《したが》う立場《たちば》なので何《なん》ら問題《もんだい》はありませんでした。彼《かれ》はローマ教会《きょうかい》の初代司教《しょだいしきょう》（日本《にほん》では教皇《きょうこう》）となったのです。

注解余録《ちゅうかいよろく》（6）（2）パウロの場合《ばあい》は「栄光《えいこう》のイエス」

栄光《えいこう》のイエスとの遭遇《そうぐう》で回心《かいしん》したパウロの最初《さいしょ》の舞台《ぶたい》がアンテオケでした。パウロをアンテオケに誘《いざな》ったバルナバは、マルコの母《はは》が営《いとな》む宿《やど》の女主人《おんなしゅじん》と親戚《しんせき》で、過越《すぎこし》の祭《まつり》に来《き》ていて、イエスさまの十字架事件《じゅうじかじけん》に遭遇《そうぐう》したのです。だが彼《かれ》は、異邦人《いほうじん》の保護《ほご》を受《う》けて、ローマを目指《めざ》されたマリヤさまとは行動《こうどう》を共《とも》にせず、アンテオケでは、ユダヤ人街《じんがい》のユダヤ人《じん》に福音《ふくいん》を伝《つた》えようとしたのです。パウロもまた、宣教相手《せんきょうあいて》は離散《りさん》のユダヤ人《じん》でした。パウロはマリヤさまも生前《せいぜん》のイエスさまも知《し》りませんでした。アロン家《け》最後《さいご》の姫《ひめ》さま「マリヤさま」抜《ぬ》きでは処女受胎《しょじょじゅたい》は成立《せいりつ》せず、イエスさまの生《う》まれながらの大祭司《だいさいし》にも思《おも》い及《およ》ばず、「人《ひと》が人《ひと》の罪《つみ》を負《お》う」のための「苦杯《くはい》」は成立《せいりつ》せず、「狂気《きょうき》という名《な》の罪《つみ》」の贖《あがな》いの成就《じょうじゅ》の福音《ふくいん》にも到達《とうたつ》せず、復活《ふっかつ》のイエスさまが「男装《だんそう》のマリヤさま」にも結《むす》びつきません。

ですから彼《かれ》は、処女受胎《しょじょじゅたい》の奇跡《きせき》がイエスさまの「アロン家《け》の大祭司《だいさいし》」のためであったことにも思《おも》い及《およ》ばず、ゆえに「罪《つみ》の贖《あがな》い」にも根拠《こんきょ》を持《も》てず、律法《りっぽう》の完成《かんせい》ではなく「廃止《はいし》」へと向《む》かいました。彼《かれ》は穏健《おんけん》なバルナバとは違《ちが》い、「割礼無用《かつれいむよう》」などと、律法《りっぽう》を無視《むし》させるような発言《はつげん》を繰返《くりかえ》したため、ユダヤ人社会《じんしゃかい》を根底《こんてい》から揺《ゆ》るがす危険人物《きけんじんぶつ》として迫害《はくがい》されるに至《いた》ったのです。そしてエルサレムからのローマ出発《しゅっぱつ》にこだわり、騒動《そうどう》に巻《ま》き込《こ》まれて、カイザリヤで幽閉《ゆうへい》され2年間《にねんかん》を棒《ぼう》に振《ふ》りました。最後《さいご》は、ローマの市民権《しみんけん》を使《つか》って皇帝《こうてい》に上訴《じょうそ》しました。そして囚人《しゅうじん》として移送《いそう》されたローマでは、自費《じひ》での借家《しゃくや》をあてがわれました。と言《い》うのは、彼《かれ》はギリシャなどで集《あつ》めた献金《けんきん》をエルサレム教会《きょうかい》に渡《わた》さずじまいだったので大金《たいきん》を持《も》っていたのです。その借家《しゃくや》で、監視《かんし》つきの囚人生活《しゅうじんせいかつ》を送《おく》り、訪《おとず》れるユダヤ人《じん》と話《はな》し合《あ》いながら2年間《にねんかん》を過《す》ごしたのです。その時《とき》、彼《かれ》の所持金《しょじきん》が尽《つ》きたのでしょう。彼《かれ》を苦《くる》しめ続《つづ》けた眼病《がんびょう》で失明《しつめい》に至《いた》った可能性《かのうせい》はあります。その時《とき》にはローマ教会《きょうかい》の組織《そしき》はすでにあって、失明《しつめい》のパウロを保護《ほご》したのです。

「使徒行伝《しとぎょうでん》」：28-28そこで、あなたがたは知っておくがよい。神のこの救の言葉は、異邦人に送られたのだ。彼らは、これに聞きしたがうであろう」。［28-29パウロがこれらのことを述べ終わると、ユダヤ人らは、互いに論じ合いながら帰って行った。］28-30パウロは、自分の借りた家に満二年のあいだ住んで、たずねて来る人々をみな迎え入れ、28-31はばからず、また妨げられることもなく、神の国を宣べ伝え、主イエス・キリストのことを教えつづけた。(完)

注解余録《ちゅうかいよろく》（7）マタイ福音書《ふくいんしょ》とマルコ福音書《ふくいんしょ》の山《やま》は「高《たか》い山《やま》」

ルカ福音書《ふくいんしょ》のモーセとエリヤの山《やま》が劇場型《げきじょうがた》の「高《たか》い山《やま》」に変更《へんこう》されていることについて指摘《してき》しておく必要《ひつよう》があります。モーセの山《やま》の記事《きじ》は「マタイによる福音書《ふくいんしょ》」と「マルコによる福音書《ふくいんしょ》」にもありますが、そちらはガリラヤ湖《こ》のかなり北《きた》にある有名《ゆうめい》な高《たか》い山《やま》で、容易《ようい》にヘルモン山《ざん》（２８１２メートル）と分《わ》かるのです。冠雪《かんせつ》のある「高《たか》い山《やま》」です。その記事《きじ》は「ピリポ・カイザリヤ」の「ピリポ」にかけたのです。「ピリポ」は「ヨハネによる福音書《ふくいんしょ》」の主人公《しゅじんこう》の名前《なまえ》です。つまり、それはエジプトのアレキサンドリヤ司教《しきょう》が仕組《しく》んだ劇場型《げきじょうがた》の記事《きじ》と分《わ》かるのです。モーセとは縁《えん》もゆかりも無《な》い山《やま》になっています。「ルカ福音書《ふくいんしょ》」の「八日《ようか》の後《のち》」は、「マタイ福音書《ふくいんしょ》」と「マルコ福音書《ふくいんしょ》」では、「六日《むいか》の後《のち》」になっています。

「マタイ福音書《ふくいんしょ》」：16－13イエスが**ピリポ・カイザリヤの地方**に行かれたとき、弟子たちに尋ねて言われた、「人々は人の子をだれと言っているか」。16－14彼らは言った、「ある人々はバプテスマのヨハネだと言っています。しかし、ほかの人たちは、エリヤだと言い、また、エレミヤあるいは預言者のひとりだ、と言っている者もあります」。

17－1六日ののち、イエスはペテロ、ヤコブ、ヤコブの兄弟ヨハネだけを連れて、**高い山**に登られた。17－2ところが、彼らの目の前でイエスの姿が変わり、その顔は日のように輝き、その衣は光のように白くなった。17－3すると、見よ、モーセとエリヤが彼らに現れて、**イエス**と語り合っていた。

「マルコ福音書《ふくいんしょ》」：8－27さて、イエスは弟子たちと**ピリポ・カイザリヤの村々**へ出かけられたが、その途中で、弟子たちに尋ねて言われた、「人々は、わたしをだれと言っているか」。8-28彼らは答えて言った、「バプテスマのヨハネだと、言っています。また、エリヤだと言い、また、預言者のひとりだと言っている者もあります」。

9-2六日の後、イエスは、ただペテロ、ヤコブ、ヨハネだけを連れて、**高い山**に登られた。ところが、彼らの目の前でイエスの姿が変り、9-3その衣は真白く輝き、どんな布さらしでも、それほどに白くすることはできないくらいになった。9-4すると、エリヤがモーセと共に彼らに現れて、イエスと語り合っていた。

記事《きじ》を書《か》かされたエジプトの奴隷《どれい》たちは、「ルカによる福音書《ふくいんしょ》」を参照《さんしょう》しましたが、凡庸《ぼんよう》な記事《きじ》であるとし、モーセが引用《いんよう》された理由《りゆう》を読《よ》み解《と》いていません。それよりもガリラヤの北部《ほくぶ》で有名《ゆうめい》な高《たか》い山《やま》の「ヘルモン山《ざん》」を採用《さいよう》したのです。「ピリポ・カイザリヤ」の「ピリポ」に引《ひ》っ掛《か》けて劇場型《げきじょうがた》の高《たか》い山《やま》にしました。奴隷《どれい》たちはさぞかし司教《しきょう》に褒《ほ》められたことでしょう。

注解余録《ちゅうかいよろく》（8）エリとエロイが「わが神《かみ》」と「エリヤ」の混交《こんこう》

「エリヤ」の解釈《かいしゃく》が神《かみ》と預言者《よげんしゃ》とに別《わか》れている場面《ばめん》が、「マタイ福音書《ふくいんしょ》」と「マルコ福音書《ふくいんしょ》」

にはあります。イエスさまは、マタイでは「エリ」、マルコでは「エロイ」と叫《さけ》ばれていますが、その解釈《かいしゃく》が注釈者《ちゅうしゃくしゃ》の「わが神《かみ》」と人々《ひとびと》の「預言者《よげんしゃ》エリヤ」とに別《わか》れているのです。イエスさまの十字架《じゅうじか》の、その場面《ばめん》は「ルカ福音書《ふくいんしょ》」にはありません。

比較《ひかく》（1）「エリ」は神《かみ》にしてエリヤの混交《こんこう》

「マタイ福音書《ふくいんしょ》」：27－45さて、昼の十二時から地上の全面が暗くなって、三時に及んだ。27－46そして三時ごろに、イエスは大声で叫んで、「**エリ**、エリ、レマ、サバクタニ」と言われた。それは「**わが神**、わが神、どうしてわたしをお見捨てになったのですか」という意味である。27－47すると、そこに立っていたある人々が、これを聞いて言った、「あれは**エリヤ**を呼んでいるのだ」。

比較《ひかく》（2）「エロイ」もまた神《かみ》にしてエリヤの混交《こんこう》

「マルコ福音書《ふくいんしょ》」：15－34そして三時に、イエスは大声で、「**エロイ**、エロイ、ラマ、サバクタニ」と叫ばれた。それは「**わが神**、わが神、どうしてわたしをお見捨てになったのですか」という意味である。15－35すると、そばに立っていたある人々が、これを聞いて言った、「そら、**エリヤ**を呼んでいる」。

神《かみ》と預言者《よげんしゃ》エリヤとの混交《こんこう》は、マタイとマルコにだけ見《み》られます。「マタイ福音書《ふくいんしょ》」ではイエスさまが「エリ」と言《い》われたのに対《たい》して「わが神《かみ》」の意味《いみ》と注釈《ちゅうしゃく》されたのに対《たい》し、人々《ひとびと》はそれが預言者《よげんしゃ》エリヤのことだと思《おも》ったのです。「マルコ福音書《ふくいんしょ》」では「エロイ」に対《たい》しても同様《どうよう》にイエスさまは「わが神《かみ》」と言《い》われたとされ、人々《ひとびと》にはそれが預言者《よげんしゃ》の「エリヤ」とされたのです。エリとエロイとは共《とも》に神《かみ》と預言者《よげんしゃ》エリヤとを混交《こんこう》させています。このイエスさまの叫《さけ》びは、聖書《せいしょ》の詩篇《しへん》の引用《いんよう》です。イエスさまはご自分《じぶん》が十字架《じゅうじか》に掛《か》けられたことを愚痴《ぐち》られたのですが、イエスさまの十字架《じゅうじか》はアロン家《け》の宿願《しゅくがん》、「人《ひと》の罪《つみ》を人《ひと》（アロン家《け》の大祭司《だいさいし》）が負《お》い、それを十字架《じゅうじか》で贖《あがな》う」神事《しんじ》の成就《じょうじゅ》です。そのご自身《じしん》の快挙《かいきょ》をイエスさまが愚痴《ぐち》られるはずがありません。ですからイエスさまの愚痴《ぐち》の場面《ばめん》は、「ルカによる福音書《ふくいんしょ》」にはありません。

　つまり、「マタイ福音書《ふくいんしょ》」と「マルコ福音書《ふくいんしょ》」の記事《きじ》は、お得意《とくい》の詩篇《しへん》を引用《いんよう》し、十字架《じゅうじか》を悲劇《ひげき》の「劇場型《げきじょうがた》」にするために追加《ついか》されたものです。アレキサンドリヤの「智《ち》」です。

詩篇《しへん》：22-1わが神、わが神、なにゆえわたしを捨てられるのですか。なにゆえ遠く離れてわたしを助けず、わたしの嘆きの言葉を聞かれないのですか。

この時《とき》のイエスさまの愚痴《ぐち》は「詩篇《しへん》」の一節《いっせつ》です。ユダ族《ぞく》のイエスさまが詩篇《しへん》の一節《いっせつ》を口《くち》にされたのです。イエスさまを木《き》に掛《か》けたユダヤ人《じん》たちはさぞ驚《おどろ》いたことでしょう。しかしこれは「十字架事件《じゅうじかじけん》」さえも旧約聖書《きゅうやくせいしょ》の成就《じょうじゅ》としたいアレキサンドリヤ司教《しきょう》から出《で》ていることが明白《めいはく》です。

元《もと》になった「ルカ福音書《ふくいんしょ》」では、イエスさまの最後《さいご》は、次《つぎ》のようなエピソードになっています。血《ち》も涙《なみだ》もおありになるイエスさまが浮《う》かび上《あ》がります。

「ルカ福音書《ふくいんしょ》」：23－39十字架にかけられた犯罪人のひとりが、「あなたはキリストではないか。それなら、自分を救い、またわれわれも救ってみよ」と、イエスに悪口を言いつづけた。23－40もうひとりは、それをたしなめて言った、「おまえは同じ刑を受けていながら、神を恐れないのか。23－41お互は自分のやった事のむくいを受けているのだから、こうなったのは当然だ。しかし、このかたは何も悪いことをしたのではない」。23－42そして言った、「イエスよ、あなたが御国の権威をもっておいでになる時には、わたしを思い出してください」。23－43イエスは言われた、「よく言っておくが、あなたはきょう、わたしと一緒にパラダイスにいるであろう」。23-44時はもう昼の十二時ごろであったが、太陽は光を失い、全地は暗くなって、三時に及んだ。23-45そして聖所の幕がまん中から裂けた。23-46そのとき、イエスは声高く叫んで言われた、「父よ、わたしの霊をみ手にゆだねます」。こう言ってついに息を引きとられた。

このように「ルカ福音書《ふくいんしょ》」では、許《ゆる》す者《もの》と許《ゆる》される者《もの》との間《あいだ》に、最後《さいご》の最後《さいご》まで、ロマンというか心《こころ》の交流《こうりゅう》がみられます。

注解余録《ちゅうかいよろく》（9）福音書間《ふくいんしょかん》のスワップあり、たとえばの「受胎告知《じゅたいこくち》」

ルカの原書《げんしょ》をもとに4世紀《よんせいき》の新約聖書《しんやくせいしょ》と同時《どうじ》に成立《せいりつ》した「ルカによる福音書《ふくいんしょ》」ですが、本書《ほんしょ》はアレキサンドリヤ司教《しきょう》による「マリヤさま」の名《な》を「イエスさまの母《はは》」に封《ふう》じ、イエスさまを神《かみ》の御子《みこ》とする主旨《しゅし》の挿入記事《そうにゅうきじ》があると指摘《してき》しています。しかし、その主旨《しゅし》を踏《ふ》まえた「マリヤさまの物語《ものがたり》」が脱稿《だっこう》したと思《おも》われての数日後《すうじつご》、2023/10/8未明《みめい》、福音書間《ふくいんしょかん》のスワップ記事《きじ》の存在《そんざい》に気付《きづ》かされました。それは受胎告知《じゅたいこくち》の御使《みつかい》の台詞《せりふ》に、「ルカ福音書《ふくいんしょ》」と「マタイ福音書《ふくいんしょ》」の間《あいだ》のスワップ（入《い》れ替《か》え）です。前者《ぜんしゃ》のルカの記述《きじゅつ》が「主《しゅ》なる神《かみ》は彼《かれ》に父《ちち》ダビデの王座《おうざ》をお与《あた》えになり、1-33彼《かれ》はとこしえにヤコブの家《いえ》を支配《しはい》し」の劇場型《げきじょうがた》であるのに対《たい》し、後者《こうしゃ》のマタイの記述《きじゅつ》では「彼《かれ》は、おのれの民《たみ》をそのもろもろの罪《つみ》から救《すく》う者《もの》となる」とおとなしいのです。これは劇場型《げきじょうがた》を好《この》むアレキサンドリヤ司教《しきょう》の主旨《しゅし》に反《はん》するものです。ヨセフが夢《ゆめ》に見《み》た「罪《つみ》から救《すく》う」の箇所《かしょ》が、ルカ福音書《ふくいんしょ》にあった「父《ちち》ダビデの王座《おうざ》」の台詞《せりふ》の違和感《いわかん》を「スワップ」のせいだと気付《きづ》かされたのです。「ルカ福音書《ふくいんしょ》」こそ御使《みつかい》の台詞《せりふ》はアロン家《け》の男子《だんし》誕生《たんじょう》を寿《ことほ》ぐ「罪《つみ》から救《すく》う」でなければならず、「マタイ福音書《ふくいんしょ》」のそれはダビデの子孫《しそん》のヨセフに対《たい》する「父《ちち》ダビデの王座《おうざ》をお与《あた》え」であるはずなのです。イエスさまは十字架《じゅうじか》の死《し》に至《いた》るまでヨセフの子《こ》として世間《せけん》には認知《にんち》されていたのですから。「処女受胎《しょじょじゅたい》」が密《ひそ》かに明《あ》かされるのは、イエスさまの死後《しご》3日目《みっかめ》のことなのです。そして、イエスさまの「満足《まんぞく》の十字架《じゅうじか》」の意《い》味《み》を知《し》りたいと思《おも》ったカペナウムの将校《しょうこう》クレオパと「知《し》らせたい」立場《たちば》のマリヤさまの出会《であ》いが、マリヤさまによる、イエスさまの成《な》された「罪《つみ》の贖《あがな》い」の福音《ふくいん》がローマへと続《つづ》くのです。

では、2つ《ふた》の福音書《ふくいんしょ》の「受胎告知《じゅたいこくち》」の原文《げんぶん》を確認《かくにん》しましょう。まず、「ルカによる福音書《ふくいんしょ》」です。

注解余録《ちゅうかいよろく》（9）（1）「受胎告知《じゅたいこくち》」ルカの場合《ばあい》

「ルカ福音書《ふくいんしょ》」：1-26六ヵ月目に、御使ガブリエルが、神からつかわされて、ナザレというガリラヤの町の一処女のもとにきた。1-27この処女はダビデ家の出であるヨセフという人のいいなづけに

なっていて、名をマリヤといった。1-28御使がマリヤのところにきて言った、「恵まれた女よ、おめ
でとう、主があなたと共におられます」。1-29この言葉にマリヤはひどく胸騒ぎがして、このあいさ
つはなんの事であろうかと、思いめぐらしていた。1-30すると御使が言った、「恐れるな、マリヤよ、
あなたは神から恵みをいただいているのです。1-31見よ、あなたはみごもって男の子を産むでしょ
う。その子をイエスと名づけなさい。1-32**彼は大いなる者となり、いと高き者の子と、となえられ**
るでしょう。そして、主なる神は彼に父ダビデの王座をお与えになり、1-33彼はとこしえにヤコブ
の家を支配し、その支配は限りなく続くでしょう」。1-34そこでマリヤは御使に言った、「どうして
そんなことがあり得ましょうか。わたしにはまだ夫がありませんのに」。1-35御使が答えて言った、
「聖霊があなたに臨み、いと高き者の力があなたをおおうでしょう。それゆえに、**生まれ出る子は聖**
なるものであり、神の子と、となえられるでしょう。1-36あなたの親族エリザベツも老年ながら子
を宿しています。不妊の女といわれていたのに、はや六ヵ月になっています。1-37**神には何でもで**
きないことはありません」。1-38そこでマリヤが言った、「わたしは主のはしためです。お言葉どお
りこの身に成りますように」。そして御使は彼女から離れて行った。

かなり劇場型《げきじょうがた》ですね。「主《しゅ》なる神《かみ》は彼《かれ》に父《ちち》ダビデの王座《おうざ》をお与《あた》えになり、1-33彼《かれ》はとこしえにヤコブの家《いえ》を支配《しはい》し、その支配《しはい》は限《かぎ》りなく続《つづ》くでしょう」と言《い》われてもマリヤさまには

ありがたくも何《なん》ともありません。ヨセフと関係《かんけい》を持《も》たずに、自分自身《じぶんじしん》の子《こ》として生《う》まれてくるのが男子《だんし》であれば、アロン家最後《けさいご》の者《もの》となり、生《う》まれながらにアロンの家門《かもん》の大祭司《だいさいし》なのです。その辺《へん》のところを御使《みつかい》は分《わ》かっていないようです。ですからマリヤさまに対《たい》しての「父《ちち》ダビデの王座《おうざ》」に違和感《いわかん》を感《かん》じた読者《どくしゃ》は自《みずか》らの責任《せきにん》で自分《じぶん》の解釈《かいしゃく》を試《こころ》みることが許《ゆる》されます。

では、次に「マタイによる福音書《ふくいんしょ》」を読《よ》んでみましょう。

注解余録《ちゅうかいよろく》（9）（2）「受胎告知《じゅたいこくち》」マタイの場合《ばあい》

「マタイ福音書《ふくいんしょ》」：1-18　イエス・キリストの誕生の次第はこうであった。母マリヤはヨセフと婚約していたが、まだ一緒にならない前に、聖霊によって身重になった。1-19夫ヨセフは正しい人であったので、彼女のことが公けになることを好まず、ひそかに離縁しようと決心した。1-20彼がこのことを思いめぐらしていたとき、主の使が夢に現れて言った、「ダビデの子ヨセフよ、心配しないでマリヤを妻として迎えるがよい。その胎内に宿っているものは聖霊によるのである。1-21彼女は男の子を産むであろう。

その名をイエスと名づけなさい。彼は、**おのれの民をそのもろもろの罪から救う者となる**からである」。1-22すべてこれらのことが起ったのは、主が預言者によって言われたことの成就するためである。すなわち、1-23「見よ、おとめがみごもって男の子を産むであろう。その名はインマヌエルと呼ばれるであろう」。これは、「神われらと共にいます」という意味である。1-24ヨセフは眠りからさめた後に、主の使が命じたとおりに、マリヤを妻に迎えた。

「おのれの民《たみ》をそのもろもろの罪《つみ》から救《すく》う者《もの》となる」と聞《き》かされても、ユダ族《ぞく》でありダビデの子孫《しそん》を自負《じふ》するヨセフには意味不明《いみふめい》の言葉《ことば》です。それは「罪《つみ》の贖《あがな》い」に関《かか》われる家門《かもん》のアロン家《け》の話《ばなし》で、マリヤさまに語《かた》られるべきものです。「マリヤさまがアロン家《け》唯一《ゆいいつ》の姫《ひめ》さま」との前提《ぜんてい》があれば話《はなし》は別《べつ》ですが、「マタイ福音書《ふくいんしょ》」の作者《さくしゃ》に、具体的《ぐたいてき》にはエジプトの知的労働《ちてきろうどう》の奴隷《どれい》ですが、そんな知恵《ちえ》が働《はたら》いたとは思《おも》えません。この両福音書《りょうふくいんしょ》のチグハグの原因《げんいん》は「スワップ」にある、その気付《きづ》きが本日《ほんじつ》でした。アレキサンドリヤ司教《しきょう》のいたずらだと。

注解余録《ちゅうかいよろく》（9）（3）「受胎告知《じゅたいこくち》」ルカとマタイにはスワップがある

マリヤさまはヨセフが聞《き》いたら喜《よろこ》ぶであろう事《こと》を聞《き》かされ、ヨセフはマリヤさまが聞《き》かれたらお喜《よろこ》びになるであろう事《こと》を聞かされたのです。つまりこの相反《あいはん》する2つの記事《きじ》は意図的《いとてき》にスワップされているのです。両福音書《りょうふくいんしょ》の原書《げんしょ》は「ルカ福音書《ふくいんしょ》」ですから、マタイ福音書《ふくいんしょ》（案《あん》）には実際《じっさい》は「ルカ福音書《ふくいんしょ》」の受胎告知《じゅたいこくち》、「父《ちち》ダビデの王座《おうざ》」が書《か》かれていたとすべきです。それを誰《だれ》かがスワップ、すなわち入《い》れ替《か》えるように命《めい》じたのです。おそらく遊《あそ》び心《ごころ》です。そのような事《こと》ができたのは、新約聖書《しんやくせいしょ》（案《あん》）を企画《きかく》し編纂《へんさん》を命《めい》じたエジプトのアレキサンドリヤ司教《しきょう》をおいて他《ほか》にはありません。では、これら2つ《ふた》の福音書間《ふくいんしょかん》のスワップ記事《きじ》を踏《ふ》まえて、「ルカによる福音書《ふくいんしょ》」のオリジナルを推測《すいそく》してみましょう。

注解余録《ちゅうかいよろく》（9）（4）推測《すいそく》「受胎告知《じゅたいこくち》」ルカのオリジナル

1-30すると御使が言った、「恐れるな、マリヤよ、あなたは神から恵みをいただいているのです。1-31見よ、あなたはみごもって男の子を産むでしょう。その子をイエスと名づけなさい。1-32彼は、**民をそのもろもろの罪から救う者となるでしょう**」。1-34そこでマリヤは御使に言った、「どうしてそんなことがあり得ましょうか。わたしにはまだ夫がありませんのに」。1-35御使が答えて言った、「聖霊があなたに臨み、いと高き者の力があなたをおおうでしょう。それゆえに、**生まれ出る子はアロン家の者であり、民の罪を負い、それを贖う者となるでしょう。**1-36あなたの親族エリザベツも老年ながら子を宿しています。不妊の女といわれていたのに、はや六ヵ月になっています。（1-37は削除）」。1-38そこでマリヤが言った、「わたしは主のはしためです。お言葉どおりこの身に成りますように」。そして御使は彼女から離れて行った。

これでだいぶすっきりしました。福音書間《ふくいんしょかん》のスワップなど思《おも》いもよらないことだったので、それに気付《きづ》くまで、何度《なんど》も無理《むり》な解釈《かいしゃく》を試《こころ》みてしまいました。エジプトのお方《かた》はまったくお人《ひと》がおわるい。でも本書《ほんしょ》の読者《どくしゃ》は、これからはスワップを考慮《こうりょ》した、無理《むり》の無《な》い解釈《かいしゃく》がおできになります。

注解余録《ちゅうかいよろく》（10）マルタとマリヤ姉妹《しまい》の家庭環境《かていかんきょう》を考察《こうさつ》（父《ちち》はらい病人《びょうにん》シモン）

「ルカ福音書《ふくいんしょ》」：10-38一同が旅を続けているうちに、イエスがある村へはいられた。するとマルタという名の女がイエスを家に迎え入れた。10-39この女にマリヤという妹がいたが、主の足もとにすわって、御言に聞き入っていた。10-40ところが、マルタは接待のことで忙しくて心をとりみだし、イエスのところにきて言った、「主よ、妹がわたしだけに接待をさせているのを、なんともお思いになりませんか。わたしの手伝いをするように妹におっしゃってください」。10-41主は答えて言われた、「マルタよ、マルタよ、あなたは多くのことに心を配って思いわずらっている。10-42しかし、無くてならぬものは多くはない。いや、一つだけである。マリヤはその良い方を選んだのだ。そしてそれは、彼女から取り去ってはならないものである」。

マルタとマリヤの姉妹《しまい》のエピソードはこれだけです。彼女《かのじょ》らの家庭環境《かていかんきょう》をうかがわせるものは何《なに》もありません。イエスさま一行《いっこう》を食事《しょくじ》に招《まね》いて姉《あね》は接待《せったい》で「てんてこ舞《ま》い」していますから相当大《そうとうおお》きな家《いえ》なのでしょう。それに食事《しょくじ》の提供《ていきょう》はお金《かね》がかかります。姉妹《しまい》だけで、たとえば減《へ》る心配《しんぱい》のない資産《しさん》を持《も》っていて、2人《ふたり》だけで生活《せいかつ》しているというのは不自然《ふしぜん》です。治安《ちあん》を考《かんが》えれば、男《おとこ》がいなくてはいけません。ですが男尊女卑《だんそんじょひ》の社会環境《しゃかいかんきょう》で男《おとこ》の名前《なまえ》、たとえば父親《ちちおや》の名前《なまえ》が出《で》ていても、よさそうなものですが、それがない。はて、それにはそれなりの事情《じじょう》があるのではということになります。たとえば、取税人《しゅぜいにん》レビの名前《なまえ》が12使徒《しと》のリストの中《なか》にはなかったように。あの場合《ばあい》は罪人扱《つみびとあつか》いの「取税人《しゅぜいにん》」で通《とお》っている「レビ」を、その名《な》のままで「神聖職《しんせいしょく》」の使徒《しと》リストに加《くわ》えることへの抵抗感《ていこうかん》だったのではと結論付《けつろんづ》けました。そのため、リストには「レビ」ではなく「熱心党《ねっしんとう》と呼《よ》ばれたシモン」としたのでした。

それと似《に》たような事情《じじょう》が、この姉妹《しまい》の場合《ばあい》にもあって、「ルカ福音書《ふくいんしょ》」の1《ひと》つのエピソードの中《なか》に具体的《ぐたいてき》な家庭環境《かていかんきょう》を入《い》れられなかったのでは？ だとすると、そのヒントは補完関係《ほかんかんけい》にある「マルコによる福音書《ふくいんしょ》」に書《か》かれているのでは？ せめて姉妹《しまい》の家《いえ》のある場所《ばしょ》の名前《なまえ》だけでも判《わか》ればとの思《おも》いの中《なか》で探《さが》しました。2023/10/18

「マルコ福音書《ふくいんしょ》」：14－3イエスがベタニヤで、らい病人シモンの家にいて、食卓についておられたとき、ひとりの女が、非常に高価で純粋なナルドの香油が入れてある石膏のつぼを持ってきて、それをこわし、香油をイエスの頭に注ぎかけた。

（中略）

14－8この女はできる限りの事をしたのだ。すなわち、わたしのからだに油を注いで、あらかじめ葬りの用意をしてくれたのである。14－9よく聞きなさい。全世界のどこででも、福音が宣べ伝えられる所では、この女のした事も記念として語られるであろう」。

「これだっ」、「ナルドの香油《こうゆ》」の女《おんな》は妹《いもうと》のマリヤだっ。彼女《かのじょ》らの父《ちち》は「らい病人《びょうにん》シモン」だっ。家《いえ》の場所《ばしょ》はベタニヤだっ。やったー、でかしたっ、やっほー。

「らい病人《びょうにん》」が客《きゃく》を家《いえ》に招《まね》けるわけはないので、彼《かれ》の業病《ごうびょう》は癒《いや》されているのです。「ナルドの香油《こうゆ》」の女《おんな》の態度《たいど》は、父《ちち》を癒《いや》した人《ひと》に対《たい》する最上級《さいじょうきゅう》の「感謝《かんしゃ》」の表現《ひょうげん》なのです。彼女《かのじょ》はイエスさまに父《ちち》の業病《ごうびょう》をきよめてもらったことを深《ふか》く感謝《かんしゃ》しているのです。その「きよめ」のエピソードは「マルコ福音書《ふくいんしょ》」と「ルカ福音書《ふくいんしょ》」の双方《そうほう》にありますが、「イエスは深《ふか》くあわれみ」と書《か》かれている「マルコ福音書《ふくいんしょ》」を引用《いんよう》しました。彼《かれ》はイエスさまの公生涯《こうしょうがい》スタートの頃《ころ》に癒《いや》されています。その時《とき》、彼《かれ》はガリラヤ地方《ちほう》では大《おお》きな、カペナウムの町《まち》に滞在《たいざい》していたようです。宿《やど》には通常《つうじょう》の10倍《ばい》の料金《りょうきん》を払《はら》っていたことでしょう。「らい病《びょう》」をきよめてくれる医者《いしゃ》を求《もと》めてベタニヤから遠《とお》く離《はな》れたカペナウムの町《まち》に来《き》ていたのです。その時期《じき》はイエスさまが公生涯《こうしょうがい》をスタートされた時期《じき》で、まずカペナウムの町《まち》で力《ちから》あるわざを示《しめ》され、評判《ひょうばん》が高《たか》まりつつあった頃《ころ》です。その噂《うわさ》をシモンは聞《き》きつけ、藁《わら》にもすがる思《おも》いで、「らい病人《びょうにん》」の姿《すがた》のままでイエスさまの前《まえ》に跪《ひざまず》いたのです。それを見《み》た群集《ぐんしゅう》は一斉《いっせい》にイエスさまの周《まわ》りから引《ひ》いたのですが、イエスさまはシモンの必死《ひっし》の姿《すがた》に心《こころ》をお打《う》たれになり、彼《かれ》の願《ねが》いに応《こた》えられたのです、「そうしてあげよう、きよくなれ」と。彼《かれ》は病変《びょうへん》のあった身体《からだ》を祭司《さいし》に見《み》せ、完全治癒《かんぜんちゆ》の証書《しょうしょ》を持《も》って、娘《むすめ》たちの待《ま》つベタニヤに戻《もど》ったのです。帰《かえ》ってきた父《ちち》を見《み》た姉妹《しまい》の歓喜《かんき》はいかばかりであったことでしょう。その感謝《かんしゃ》の印《しるし》が「ナルドの香油《こうゆ》」なのです。

「マルコ福音書《ふくいんしょ》」：1-40ひとりのらい病人が、イエスのところに願いにきて、ひざまずいて言った、「みこころでしたら、きよめていただけるのですが」。1-41イエスは深くあわれみ、手を伸ばして彼にさわり、「そうしてあげよう、きよくなれ」と言われた。1-42すると、らい病が直ちに去って、その人はきよくなった。1-43イエスは彼をきびしく戒めて、すぐにそこを去らせ、こう言い聞かせられた、1-44「何も人に話さないように、注意しなさい。ただ行って、自分のからだを祭司に見せ、それから、モーセが命じた物をあなたのきよめのためにささげて、人々に証明しなさい」。

これ以上《いじょう》の説明《せつめい》は要《い》らないかと思《おも》います。ついに姉妹《しまい》の家《いえ》がベタニヤにあったことが確定《かくてい》できました。復活《ふっかつ》のイエスさまはこの家《いえ》で男装《だんそう》を解《と》き、マリヤさまに戻《もど》られるのです。

「ルカ福音書《ふくいんしょ》」：24－50それから、イエスは彼らをベタニヤの近くまで連れて行き、手をあげて彼らを祝福された。24－51祝福しておられるうちに、彼らを離れて、［天にあげられた。］24－52彼らは［イエスを拝し、］非常な喜びをもってエルサレムに帰り、24－53絶えず宮にいて、神をほめたたえていた。

注解余録《ちゅうかいよろく》（11）マルタ姉妹《しまい》のラザロと「使徒行伝《しとぎょうでん》」のステパノは架空《かくう》の人物《じんぶつ》

キリスト教《きょう》の世界《せかい》では超有名《ちょうゆうめい》なラザロとステパノが劇場化《げきじょうか》のために捏造《ねつぞう》された人物《じんぶつ》であり、ウソであることをご注解《ちゅうかい》しておきます。ラザロはマルタとマリヤの兄弟《きょうだい》として「ヨハネによる福音書《ふくいんしょ》」にのみ登場《とうじょう》します。また、ステパノはギリシャ語《ご》を話《はな》す弟子《でし》としてピリポを導《みちび》くために登場《とうじょう》し、キリスト教史上最初《きょうしじょうさいしょ》の殉教《じゅんきょう》を遂《と》げます。

注解余録《ちゅうかいよろく》（11）（1）ラザロの場合《ばあい》

「ルカによる福音書《ふくいんしょ》」のマルタ姉妹《しまい》のエピソードは有名《ゆうめい》ですが、さらに有名《ゆうめい》なのは、彼女《かのじょ》らの兄弟《きょうだい》ラザロです。ただ、ラザロの名《な》はアレキサンドリヤ司教《しきょう》が奴隷《どれい》に命《めい》じて作《つく》らせた「ヨハネによる福音書《ふくいんしょ》」にのみあり、17回《かい》も登場《とうじょう》します。この際《さい》はっきりさせておかねばならないのはラザロは架空《かくう》の人物《じんぶつ》であり、劇場化《げきじょうか》のために捏造《ねつぞう》されたということです。一部分《いちぶぶん》だけですが、読《よ》んでみましょう。

ヨハネ福音書《ふくいんしょ》：12-9大ぜいのユダヤ人たちが、そこにイエスのおられるのを知って、押しよせてきた。それはイエスに会うためだけではなく、イエスが死人の中から、よみがえらせた**ラザロ**を見るためでもあった。12-10そこで祭司長たちは、**ラザロ**も殺そうと相談した。12-11それは、**ラザロ**のことで多くのユダヤ人が彼らを離れ去って、イエスを信じるに至ったからである。12-12その翌日、祭にきていた大ぜいの群衆は、イエスがエルサレムにこられると聞いて、12-13しゅろの枝を手にとり、迎えに出て行った。そして叫んだ、「ホサナ、主の御名によってきたる者に祝福あれ、イスラエルの王に」。12-14イエスは、ろばの子を見つけて、その上に乗られた。それは12-15「シオンの娘よ、恐れるな。見よ、あなたの王が**ろばの子に乗って**おいでになる」と書いてあるとおりであった。

「ゼカリヤ書《しょ》」：9-9シオンの娘よ、大いに喜べ、エルサレムの娘よ、呼ばわれ。見よ、あなたの王はあなたの所に来る。彼は義なる者であって勝利を得、柔和であって、ろばに乗る。すなわち、**ろば**

の子である子馬に乗る。9–10わたしはエフライムから戦車を断ち、エルサレムから軍馬を断つ。

旧約聖書《きゅうやくせいしょ》の預言《よげん》の成就《じょうじゅ》こそは、「改編《かいへん》」文書《ぶんしょ》に押《お》されたアレキサンドリヤ司教《しきょう》の印章《いんしょう》です。

ヨハネ福音書《ふくいんしょ》：12–16弟子たちは初めにはこのことを悟らなかったが、イエスが栄光を受けられた時に、このことがイエスについて書かれてあり、またそのとおりに、人々がイエスに対してしたのだということを、思い起こした。12–17また、イエスが**ラザロ**を墓から呼び出して、死人の中からよみがえらせたとき、イエスと一緒にいた群衆が、そのあかしをした。12–18群衆がイエスを迎えに出たのは、イエスがこのようなしるしを行われたことを、聞いていたからである。

重《かさ》ねて言《い》います、ラザロは劇場化《げきじょうか》（娯楽作品化《ごらくさくひんか》）のために捏造《ねつぞう》された架空《かくう》の人物《じんぶつ》です。

注解余録《ちゅうかいよろく》（11）（2）ステパノの場合《ばあい》

使徒行伝《しとぎょうでん》の前段《ぜんだん》ではピリポが活躍《かつやく》します。そのピリポ登場《とうじょう》の敷居《しきい》を低《ひく》くするためにステパノを登場《とうじょう》させ「殉教《じゅんきょう》」させることで劇場化《げきじょうか》に成功《せいこう》しました。ピリポは「ヨハネによる福音書《ふくいんしょ》」の主人公《しゅじんこう》ですから使徒行伝《しとぎょうでん》で活躍《かつやく》させて「ヨハネによる福音書《ふくいんしょ》」との同期《どうき》を狙《ねら》ったのです。

「使徒行伝《しとぎょうでん》」：6-1そのころ、弟子の数がふえてくるにつれて、**ギリシャ語**を使うユダヤ人たちから、**ヘブル語（アラム語の間違い）**を使うユダヤ人たちに対して、自分たちのやもめらが、日々の配給で、おろそかにされがちだと、苦情を申し立てた。（中略）6-3そこで、兄弟たちよ、あなたがたの中から、御霊と知恵とに満ちた、評判のよい人たち七人を捜し出してほしい。その人たちにこの仕事をまかせ、6-4わたしたちは、もっぱら祈りと御言のご用に当たることにしよう」。6-5この提案は会衆一同の賛成するところとなった。

そして信仰と聖霊とに満ちた人**ステパノ**、それからピリポ、…

ギリシャ語《ご》（アレキサンドリヤの印章《いんしょう》）のステパノをピリポの前《まえ》におきました。

「使徒行伝《しとぎょうでん》」：7-54人々はこれを聞いて、心の底から激しく怒り、**ステパノ**にむかって、歯ぎしりをした。7-55しかし、彼は聖霊に満たされて、天を見つめていると、神の栄光が現れ、イエスが神の右に立っておられるのが見えた。7-56そこで、彼は「ああ、天が開けて、人の子が神の右に立っておいでになるのが見える」と言った。7-57人々は大声で叫びながら、耳をおおい、**ステパノ**を目がけて、いっせいに殺到し、7-58彼を市外に引き出して、石で打った。これに立ち合った人たちは、自分の上着を脱いで、サウロという若者の足もとに置いた。7-59こうして、彼らが**ステパノ**に石を投げつけている間、**ステパノ**は祈りつづけて言った、「主イエスよ、わたしの霊をお受け下さい」。7-60そして、ひざまずいて、大声で叫んだ、「主よ、どうぞ、この罪を彼らに負わせないで下さい」。こう言って、彼は眠りについた。

ステパノはユダヤ人《じん》のキリスト教徒《きょうと》の最初《さいしょ》の殉教者《じゅんきょうしゃ》になりました。でも、それは歴代《れきだい》アレキサンドリヤ司教《しきょう》による劇場化《げきじょうか》のための作《つく》り話《ばなし》です。でも大成功《だいせいこう》しています。

注解余録《ちゅうかいよろく》 完《かん》

特典《とくてん》「1」「新約聖書《しんやくせいしょ》」の由緒《ゆいしょ》

聖書《せいしょ》は難解《なんかい》です。その原因《げんいん》の1つ《ひと》が、4つ《よっ》の福音書間《ふくいんしょかん》の相反《あいはん》する記述《きじゅつ》です。通読《つうどく》すると理解《りかい》に苦《くる》しむことになります。わたしも聖書《せいしょ》は通読《つうどく》しましたので答《こた》えを求《もと》めて度々《たびたび》無理《むり》な解釈《かいしゃく》をしてしまいました。それがふと「本《ほん》を書《か》こう」と思《おも》って原稿《げんこう》に取《と》り組《く》みだしたその期間中《きかんちゅう》にさまざまな気付《きづ》きへと導《みちび》かれたのでした。そして聖書《せいしょ》が難解《なんかい》の第一原因《だいいちげんいん》はエジプトのアレキサンドリヤ教会《きょうかい》の司教《しきょう》の思惑《おもわく》からでていると結論付《けつろんづ》けたのです。そうすると聖書《せいしょ》の目的《もくてき》は「マリヤさまの名《な》を封《ふう》じること」であり、「苦杯《くはい》と十字架《じゅうじか》による罪《つみ》の贖《あがな》い」などという他愛《たあい》も無《な》いことを廃《はい》して、読者《どくしゃ》をわくわくさせる劇場型《げきじょうがた》に整《とと》えることだったのです。それが分《わ》かると聖書《せいしょ》はすら すら読《よ》めるようになったのです。

特典《とくてん》「1」（1）新約聖書《しんやくせいしょ》はアレキサンドリヤ司教《しきょう》の思惑《おもわく》から

「神《かみ》のプレゼント」とされる新約聖書《しんやくせいしょ》は、アレキサンドリヤ教会《きょうかい》の主導《しゅどう》で成立《せいりつ》しました。なのでその神《かみ》の名《な》は歴代《れきだい》の「アレキサンドリヤ司教《しきょう》」ということになります。そのアレキサンドリヤ司教《しきょう》の聖書《せいしょ》への思惑《おもわく》、それは「女《おんな》と漁師《りょうし》」を崇《あが》めるローマ司教《しきょう》の風下《かざしも》に立《た》ちたくないというプライドから出《で》ています。なぜならエジプトのアレキサンドリヤは、ギリシャ系《けい》のプトレマイオ王朝《おうちょう》のあった所《ところ》で、「智《ち》の都《みやこ》」と謳《うた》われていたからで、司教《しきょう》には「智《ち》」のプライドがあったのです。彼《かれ》にとっては、不幸《ふこう》にもローマ教会《きょうかい》の組織《そしき》はローマ司教《しきょう》を頂点《ちょうてん》とするピラミッド型《がた》です。アレキサンドリヤ教会《きょうかい》はその傘下《さんか》に甘《あま》んじなければならないのです。何《なん》とかしてその屈辱感《くつじょくかん》を払拭《ふっしょく》したい、それがアレキサンドリヤ司教《しきょう》の思惑《おもわく》であり、まず「ヨハネによる福音書《ふくいんしょ》」を著《あらわ》し、次《つぎ》に「新約聖書《しんやくせいしょ》」の制定《せいてい》に心血《しんけつ》を注《そそ》ぐに至《いた》ります。結果《けっか》としてそれが「ご利益《りやく》」のある聖母子《せいぼし》の礼拝《れいはい》を哲学的思考《てつがくてきしこう》で無意味《むいみ》なものに変《か》えてしまうことになるのです。アレキサンドリヤ司教《しきょう》にとって個々人《ここじん》の「ご利益《りやく》」など、自《みずか》らの智《ち》のプライドを満《み》たすためなら、どうでもよかったのです。多《おお》くの国《くに》がそのプライドの成果物《せいかぶつ》の影響《えいきょう》を受《う》けましたが、イタリヤとスペインは今《いま》なお強固《きょうこ》な「マリヤさま」信仰《しんこう》の国《くに》です。この本《ほん》がお役《やく》に立《た》てれば幸《さいわ》いです。読者《どくしゃ》は新約聖書《しんやくせいしょ》の読《よ》み方《かた》を新《あら》たにされるでしょう。

特典《とくてん》「1」（2）帝国《ていこく》の東西分割統治《とうざいぶんかつとうち》の時代《じだい》

キリスト教《きょう》がローマ帝国内《ていこくない》に拡大《かくだい》していった時代《じだい》、初代皇帝《しょだいこうてい》アウグスト朝《ちょう》が終《お》わる2世紀《にせいき》あたりには広大《こうだい》な帝国《ていこく》の版図《はんと》（領土《りょうど》や属州《ぞくしゅう》）は単独皇帝《たんどくこうてい》では治《おさ》めきれず、東西《とうざい》の分割統治《ぶんかつとうち》に移行《いこう》しました。その境界線《きょうかいせん》は、ヨーロッパの東端《とうたん》であるギリシャ名《めい》ビザンチウムあたりから下《した》に延《の》びる直線《ちょくせん》になります。ビザンチウムの東側《ひがしがわ》は、狭《せま》い海峡《かいきょう》を隔《へだ》ててパウロの活躍《かつやく》したアジヤ大陸《たいりく》

（今《いま》のトルコ）が広《ひろ》がります。マリヤさまの最初《さいしょ》の宣教地《せんきょうち》アンテオケは、そこからかなり東《ひがし》になります。ですが、その東方統治《とうほうとうち》の首都《しゅと》は、アンテオケではなくエジプトの都市《とし》アレキサンドリヤでした。そのアレキサンドリヤはクレオパトラが最後《さいご》の女王《じょおう》となったプトレマイオ王朝《おうちょう》のあった所《ところ》です。「智《ち》の都《みやこ》」と謳《うた》われたギリシャの薫《かお》り高《たか》いアレキサンドリヤは、男《おとこ》の肉体美《にくたいび》とエロスの都市《とし》アンテオケとは全《まった》く違《ちが》ったギリシャ哲学《てつがく》の文化《ぶんか》を誇《ほこ》っていました。また、世界《せかい》に冠《かん》たる図書館《としょかん》もあったのです。一方《いっぽう》、西方統治《せいほうとうち》の首都《しゅと》ローマでは、円形競技場《えんけいきょうぎじょう》で催《もよお》される「パン（弁当《べんとう》）とサーカス（競技見物《きょうぎけんぶつ》）」で市民《しみん》の政治《せいじ》への関心《かんしん》をそらせていました。この東西《とうざい》分割統治《ぶんかつとうち》と双方《そうほう》の文化《ぶんか》の違《ちが》いが、本来《ほんらい》ピラミッド型《がた》であるはずのキリスト教会組織《きょうかいそしき》が崩《くず》れる原因《げんいん》となったのです。

特典《とくてん》「1」（3）東西教会《とうざいきょうかい》の西《にし》は「女《おんな》と漁師《りょうし》」、東《ひがし》は「ギリシャ系《けい》の哲学者《てつがくしゃ》」

神父《しんぷ》の告悔《こっかい》の信徒《しんと》に言《い》う「あなたの罪《つみ》は許《ゆる》された」と「パンとぶどう酒《しゅ》」の秘蹟《ひせき》を毎週《まいしゅう》の礼拝《れいはい》とするローマ教会《きょうかい》の信徒《しんと》は帝国内《ていこくない》に拡大《かくだい》を続《つづ》け、2世紀《にせいき》に入《はい》るとエジプトのアレキサンドリヤにも到達《とうたつ》し、教会組織《きょうかいそしき》が誕生《たんじょう》しました。礼拝《れいはい》で読《よ》まれる文書《ぶんしょ》の写本《しゃほん》は、ルカによる2つの文書《ぶんしょ》で、1《ひと》つはルカが主人《しゅじん》クレオパに宛《あ》てた様式《ようしき》の「福音書《ふくいんしょ》（イエスさまによる罪《つみ》の贖《あがな》いの成《せい》立《りつ》）」、もう1《ひと》つは主《おも》にパウロとの同行記《どうこうき》である「使徒行伝《しとぎょうでん》」でした。さらには、ルカが眼病《がんびょう》で視力《しりょく》の落《お》ちていたパウロに同行《どうこう》して写本《しゃほん》した（ユダヤ人《じん》の）教会《きょうかい》に宛《あ》てた、いくつかのパウロ書簡《しょかん》がありました。

アレキサンドリヤはギリシャ的《てき》「智《ち》」の誉《ほま》れ高《たか》い都《みやこ》であり、教会《きょうかい》の神父《しんぷ》たちもその多《おお》くは哲学《てつがく》に傾倒《けいとう》していました。そこで彼《かれ》らは東方教会《とうほうきょうかい》で用《もち》いる文書《ぶんしょ》は、「無教養《むきょうよう》」の代名詞《だいめいし》のような「女《おんな》」と「漁師《りょうし》」をあがめるローマ教会《きょうかい》の文書《ぶんしょ》そのものではなく、哲学的《てつがくてき》に再構築《さいこうちく》された文書《ぶんしょ》であるべきだと考《かんが》えたのです。

特典《とくてん》「1」（4）「智《ち》」の東方教会《とうほうきょうかい》による「ヨハネによる福音書《ふくいんしょ》」

そこで、アレキサンドリヤの司教《しきょう》は、教養《きょうよう》のある奴隷《どれい》たちに命《めい》じて、「ルカによる福音書《ふくいんしょ》」をヒントに、「ヨハネによる福音書《ふくいんしょ》」を作《つく》らせました。その文書《ぶんしょ》の目的《もくてき》は、ルカ文書《ぶんしょ》を単《たん》に哲学的《てつがくてき》にアレンジするだけではありませんでした。その真《しん》の目的《もくてき》は別《べつ》にありました。

その第1《だいいち》は、マリヤさまの名《な》を「イエスの母《はは》」に封《ふう》じること、加《くわ》えてその徹底《てってい》のために、「マリヤ」の名《な》をマグダラの「マリヤ」と、劇場化《げきじょうか》のために捏造《ねつぞう》したラザロ、その妹《いもうと》に封《ふう》じた「マリヤ」に強調《きょうちょう》させました。第2《だいに》は、苦杯《くはい》と十字架《じゅうじか》とによる「罪《つみ》の贖《あがな》いの実働《じつどう》」を、神《かみ》の子の降臨《こうりん》にスワップさせたことです。あたかもゼウスの子《こ》ヘラクレスのようにです。加《くわ》えて、イエスさまを「問《と》わず語《がた》り」にべらべらしゃべる哲学者《てつがくしゃ》に変《か》えてしまったのです。自分《じぶん》の成《な》すべきこと、あるいは成《な》したことをべらべら喋《しゃべ》る男《おとこ》は、実社会《じっしゃかい》では信用《しんよう》されません。というわけで、第《だい》2《に》の目的《もくてき》の「智《ち》」の強調《きょうちょう》は、かえって司教《しきょう》の「痴《ち》」と見抜《みぬ》かれてしまいました。たとえば、「14-6イエスは彼《かれ》に言《い》われた、「わたしは道《みち》であり、真理《しんり》であり、命《いのち》である。だれでもわたしによらないでは、父《ちち》のみもとに行《い》くことはできない」は、哲学的《てつがくてき》「智《ち》」の極《きわ》みです。教養《きょうよう》としては、この手《て》の言葉《ことば》に酔《よ》わされることはあっても、実生活《じっせいかつ》では何《なん》の「ご利益《りやく》」もなく無力《むりょく》であり無意味《むいみ》です。人《ひと》の頭《あたま》で考《かんが》えた「哲学《てつがく》」であり、実働《じつどう》から得《え》た「ご利益《りやく》」のある「宗教《しゅうきょう》」ではありません。哲学者《てつがくしゃ》は働《はたら》かず、「智《ち》」において実働者《じつどうしゃ》の上《うえ》に立《た》とうとします。宣教《せんきょう》と言《い》う「労《ろう》働《どう》」をする教会《きょうかい》からは排除《はいじょ》すべきです。

第3《だいさん》はエピソードの崩《くず》しです。「ヨハネ福音書《ふくいんしょ》」の最終章《さいしゅうしょう》のエピソードでは、イエスさまの十字架事件《じゅうじかじけん》のあと弟子《でし》たちは故郷《ふるさと》のガリラヤに戻《もど》っています。そして弟子《でし》たちがテベリヤ湖《こ》で漁《りょう》をしていると復活《ふっかつ》のイエスさまが現《あらわ》れるのです。ですから、その場面《ばめん》の次《つぎ》には何《なに》もありません。ローマ教会《きょうかい》には結《むす》びつきません。それこそはアレキサンドリヤ司教《しきょう》の狙《ねら》いです。原本《げんぽん》の「ルカ福音書《ふくいんしょ》」では、その場面《ばめん》はゲネサレ湖《こ》です。その湖畔《こはん》でイエスさまは最初《さいしょ》の弟子《でし》としてペテロたち3人《さんにん》を招《まね》かれたのです。

それらアレキサンドリヤ司教《しきょう》の「目的《もくてき》」が本書《ほんしょ》の登場《とうじょう》で赤恥《あかはじ》と化《か》した原因《げんいん》は、制作目的《せいさくもくてき》を露骨《ろこつ》に奴隷《どれい》に指示《しじ》し、後《あと》は奴隷任《どれいまか》せにしたことです。奴隷《どれい》たちはマリヤさまのアロン家唯一《けゆいいつ》の姫《ひめ》さまであることも処女受胎《しょじょじゅたい》によりイエスさまがアロン家《け》の大祭司《だいさいし》であることも、そのアロン家《け》こそは「罪《つみ》」に関《かか》われる唯一《ゆいいつ》の家門《かもん》であったことを知《し》ったとしても無視《むし》しました。また、イエスさまに臨《のぞ》んだ苦杯《くはい》こそは、「人《ひと》の罪《つみ》を人《ひと》（大祭司《だいさいし》）が負《お》う」ことの具現《ぐげん》であり罪《つみ》をイエスさまの身体《からだ》に顕在化《けんざいか》（可視化《かしか》）させたことを知《し》ったとしても無視《むし》しました。続《つづ》いてイエスさまが「空《あ》いた十字架《じゅうじか》」に掛《か》けられたのですが、それは結果《けっか》としてアロン家《け》の「狂気《きょうき》という名《な》の罪《つみ》」を解消《かいしょう》できること、つまり「贖《あがな》い」の実現《じつげん》となったことを知《し》ったとしても無視《むし》しました。もちろん、そのようなことを反映《はんえい》させれば哲学者《てつがくしゃ》にしてご主人《しゅじん》のアレキサンドリヤ司教《しきょう》のムチが飛《と》んできます。司教曰《しきょういわ》く、「ご利益《りやく》」なぞと何《なに》をほざく、「智《ち》」の前《まえ》には無価値同然《むかちどうぜん》である。

「女《おんな》と漁師《りょうし》」とはマリヤさまとペテロのことですが、その他《た》の弟子《でし》たちと奉仕《ほうし》の女性《じょせい》たちはイエスさまの言行《げんこう》の証言者《しょうげんしゃ》たちだったのです。そのような背景《はいけい》のあるローマ教会《きょうかい》の現実《げんじつ》を知《し》ることを許《ゆる》されず、奴隷《どれい》たちは司教《しきょう》の指示通《しじどお》りに、反《はん》マリヤさま、劇場型化《げきじょうがたか》、エピソードの崩《くず》し、エピソードのランダムな配置《はいち》などと書《か》き進《すす》めたので、哲学的《てつがくてき》「痴《ち》（書《か》き間違《まちが》いにあらず）」の福音書《ふくいんしょ》に仕上《しあ》がったわけです。ですが、作成《さくせい》を命《めい》じたアレキサンドリヤの司教《しきょう》には、「ヨハネによる福音書《ふくいんしょ》」の出来栄《できば》えが上出来《じょうでき》と見《み》えたのです。「これこそは東方教会《とうほうきょうかい》で読《よ》まれるべき福音書《ふくいんしょ》だ」と。

ともあれ「ヨハネによる福音書《ふくいんしょ》」ができると、エジプトの教会《きょうかい》では、それしか読《よ》み聞《き》かされなくなり、東方教会《とうほうきょうかい》の信徒《しんと》たちは、イエスさまの母《はは》の名前《なまえ》を忘《わす》れてしまいました。

特典《とくてん》「1」（5）一大事《いちだいじ》「智《ち》の都《みやこ》」アレキサンドリヤに福音書作成《ふくいんしょさくせい》ブーム

ところで、アレキサンドリヤ司教《しきょう》がローマ司教《しきょう》に無断《むだん》で「ヨハネによる福音書《ふくいんしょ》」を作《つく》ったことが市内《しない》に漏《も》れると思《おも》わぬ副作用《ふくさよう》を招《まね》きました。すなわち、「智《ち》の都《みやこ》」のアレキサンドリヤでは福音書《ふくいんしょ》の作成《さくせい》ブームが巻《ま》き起《おこ》ったのです。すなわち市井《しせい》の作家《さっか》たちが福音書《ふくいんしょ》の著作《ちょさく》を競《きそ》い、町《まち》の本屋《ほんや》と貸《か》し本屋《ほんや》は大繁盛《だいはんじょう》となったのでした。かの司教《しきょう》は地団駄《じだんだ》を踏《ふ》みましたが後《あと》の祭《まつ》りでした。それは、自《みずか》らが撒《ま》いた種《たね》だからです。ましてや教会《きょうかい》が新《あら》たな福音書《ふくいんしょ》の作成《さくせい》を規制《きせい》することなどできません。アレキサンドリヤは福音書《ふくいんしょ》なら「何《なん》でもあり」の無法地帯《むほうちたい》となりました。

そして、4世紀《よんせいき》へと、時《とき》だけが過《す》ぎて行《い》きました。

特典《とくてん》「1」（6）新約聖書《しんやくせいしょ》に託《たく》すもの

もし、いつの日《ひ》にか東西《とうざい》を統一《とういつ》した単独皇帝《たんどくこうてい》が現《あらわ》れたら、その時《とき》こそは、雑多《ざった》な福音書《ふくいんしょ》を一掃《いっそう》する好機《こうき》にしなければとアレキサンドリヤ司教《しきょう》は自分《じぶん》を慰《なぐさ》めたのでした。エジプトで無制限《むせいげん》に増《ふ》え続《つづ》けるキリスト教《きょう》の諸文書《しょぶんしょ》を規制《きせい》し、残《のこ》すものを限定《げんてい》する必要《ひつよう》がある。その構想《こうそう》実現《じつげん》の鍵《かぎ》が、今作成中《いまさくせいちゅう》の「新約聖書《しんやくせいしょ》」（案《あん》）でした。その福音書限定《ふくいんしょげんてい》とマリヤさまの名《な》を「イエスの母《はは》」に封《ふう》じること、またイエスさまは神《かみ》が女《おんな》の胎《はら》に宿《やど》させたご自分《じぶん》のひとり子《ご》とすること、さらにはルカ2文書《にぶんしょ》とパウロ書簡《しょかん》とには、その目的《もくてき》に沿《そ》う改変記事《かいへんきじ》の追加《ついか》を命《めい》じました。無味乾燥《むみかんそう》なパウロ書簡《しょかん》には信徒《しんと》のあるべき姿《すがた》や道徳的《どうとくてき》な内容《ないよう》も追加《ついか》しました。それは気《き》の遠《とお》くなるような作業《さぎょう》の日々《ひび》となりました。自《みずか》らの文書《ぶんしょ》を容易《ようい》に改変《かいへん》させてはならないので、最後《さいご》はそれぞれ巻物《まきもの》に仕上《しあ》げました。

特典《とくてん》「1」（7）「マタイによる福音書《ふくいんしょ》」はローマ司教《しきょう》へのプレゼント

その「新約聖書《しんやくせいしょ》」制定《せいてい》の時《とき》には、ローマ司教《しきょう》の協力《きょうりょく》と行《い》かないまでも、黙認《もくにん》が必要《ひつよう》となりますので、それに先駆《さきが》けて「マタイによる福音書《ふくいんしょ》」を著《あらわ》し、ローマ司教《しきょう》にプレゼントしました。その「マタイによる福音書《ふくいんしょ》」の冒頭《ぼうとう》に置《お》かれた「東方《とうほう》の博士《はかせ》たちと星《ほし》」のエピソード、その星《ほし》の1度《いちど》見《み》えなくなって再《ふたた》び現《あらわ》れるという挙動《きょどう》は、ニュートンに「万有引力《ばんゆういんりょく》」を考《かん》えさせたハレー彗星《すいせい》のそれと合致《がっち》します。著者《ちょしゃ》の奴隷《どれい》たちの中《なか》にそれを目撃《もくげき》した者《もの》がいて、その不思議《ふしぎ》をエピソードとして「福音書《ふくいんしょ》」にとどめたのです。また、幼子《おさなご》イエスさまとヨセフたちがヘロデを恐《おそ》れてエジプトに逃《のが》れる件《くだり》は、その書《か》き手《て》がアレキサンドリヤ教会《きょうかい》であることの印章《いんしょう》です。そして「新約聖書《しんやくせいしょ》」構想《こうそう》における諸文書《しょぶんしょ》の筆頭《ひっとう》を「マタイによる福音書《ふくいんしょ》」としてローマ司教《しきょう》を持《も》ち上《あ》げ、次《つ》いで「マルコによる福音書《ふくいんしょ》」、「ルカによる福音書《ふくいんしょ》」、そして本命《ほんめい》の「ヨハネによる福音書《ふくいんしょ》」の順《じゅん》に置《お》き、福音書《ふくいんしょ》はこれらの4文書《よんぶんしょ》に限定《げんてい》することとしました。それ以外《いがい》のアレキサンドリヤ市内《しない》に溢《あふ》れるものは全《すべ》て「皇帝権限《こうていけんげん》」で焼却処分《しょうきゃくしょぶん》する魂胆《こんたん》です。文書《ぶんしょ》の原本《げんぽん》は改変《かいへん》を防《ふせ》ぐため巻物《まきもの》ですから、筆記《ひっき》ミスの許《ゆる》されない大変《たいへん》な作業《さぎょう》です。巻物《まきもの》は番号《ばんごう》で管理《かんり》されました。「4番目《よんばんめ》は何々《なになに》」と。

また、アレキサンドリヤ司教《しきょう》が制作《せいさく》した「ヨハネによる福音書《ふくいんしょ》」には、文書《ぶんしょ》の根拠《こんきょ》を議論《ぎろん》させないためにも出自《しゅつじ》が必要《ひつよう》です。そのために「ヨハネによる福音書《ふくいんしょ》」の主人公《しゅじんこう》であるピリポを、出自《しゅつじ》の目的《もくてき》に沿《そ》うように使《つか》いました。「使徒行伝《しとぎょうでん》」の冒頭《ぼうとう》ではピリポの活躍《かつやく》が目立《めだ》ちます。そうすることで、「ヨハネによる福音書《ふくいんしょ》」があたかも「使徒行伝《しとぎょうでん》」と同時期《どうじき》に書《か》かれたと読者《どくしゃ》に錯覚《さっかく》させせることができます。

それでも安心《あんしん》できないものか、ピリポを登場《とうじょう》させる前段《ぜんだん》として、捏造《ねつぞう》のステパノを登場《とうじょう》させました。そしてステパノを「殉教《じゅんきょう》」させてエピソードを劇場化《げきじょうか》し、ピリポ登場《とうじょう》の敷居《しきい》を低《ひく》くしました。「ヨハネ文書《ぶんしょ》」に関係《かんけい》する超有名《ちょうゆうめい》なラザロとステパノとは、劇場型《げきじょうがた》の活躍《かつやく》をさせるべく、件《くだん》のアレキサンドリヤ司教《しきょう》が考《かんが》え出《だ》した架空《かくう》の人物《じんぶつ》です。また、パウロ書簡《しょかん》にも手《て》を加《くわ》え、哲学書《てつがくしょ》や道徳書《どうとくしょ》に仕立《した》てました。そして、その仕上《しあ》げが「黙示録《もくしろく》」です。その冒頭《ぼうとう》では、「ヨハネ」なる者《もの》の出自《しゅつじ》が明《あ》かされますが、使徒《しと》の根拠《こんきょ》はありません。そしてアジヤ（今のトルコ）沖《おき》のパトモス島《とう》には深《ふか》い意味《いみ》はなく単《たん》なる「東方《とうほう》」の印章《いんしょう》です。そして極《きわ》めつけとして、その最後《さいご》には、制定《せいてい》した文書《ぶんしょ》の「改変禁止《かいへんきんし》」の文言《もんごん》を置《お》いたのです。

「黙示録《もくしろく》」：1-9あなたがたの兄弟であり、共にイエスの苦難と御国と忍耐とにあずかっている、わたしヨハネは、神の言とイエスのあかしとのゆえに、パトモスという島にいた。

読者《どくしゃ》は、これは使徒《しと》のヨハネが迫害《はくがい》を受《う》けていると錯覚《さっかく》するでしょうが、違《ちが》います。「ヨハネによる福音書《ふくいんしょ》」にはヨハネの名前《なまえ》はありません。主人公《しゅじんこう》はギリシャ語《ご》のピリポとトマスです。いい加減《かげん》なのです。それに聖母子《せいぼし》の福音《ふくいん》を信《しん》じる、ユダヤ人《じん》ではない人々《ひとびと》が、「苦難《くなん》」に逢《あ》う謂《いわ》れはないのです。

「黙示録《もくしろく》」：22−18この書の預言の言葉を聞くすべての人々に対して、わたしは警告する。もしこれに書き加える者があれば、神はその人に、この書に書かれている災害を加えられる。22−19また、この預言の書の言葉をとり除く者があれば、神はその人の受くべき分を、この書に書かれているいのちの木と聖なる都から、とり除かれる。

どこからか、「よく言《い》うよ、文書全体《ぶんしょぜんたい》を改編《かいへん》したのは自分《じぶん》じゃないか」の声《こえ》がします。だが、このようにして、「マタイによる福音書《ふくいんしょ》」から「黙示録《もくしろく》」まで、歴代《れきだい》アレキサンドリヤ司教《しきょう》が目論《もくろ》んだ新約聖書《しんやくせいしょ》（案《あん》）の制定文書《せいていぶんしょ》は出揃《でそろ》い、準備完了《じゅんびかんりょう》です。この準備《じゅんび》があってこその「公会議《こうかいぎ》」の意味《いみ》があるのです。あとは単独皇帝《たんどくこうてい》の就位《しゅうい》を待《ま》つだけとなっていました。

特典《とくてん》「1」（8）紀元《きげん》324年《ねん》、コンスタンティヌス単独皇帝《たんどくこうてい》に就位《しゅうい》

そして、324年《ねん》、待《ま》ちに待《ま》ったその時《とき》が来《き》ました。コンスタンティヌスがローマ帝国《ていこく》の単独皇帝《たんどくこうてい》となったのです。それが予想《よそう》された時《とき》、アレキサンドリヤ司教《しきょう》は、すかさずコンスタンティヌスの意向《いこう》を探《さぐ》らせていました。そして彼《かれ》が「パンとサーカス」で退廃《たいはい》したローマを見限《みかぎ》り、新都《しんと》の候補地《こうほち》を模索《もさく》していることを知《し》ったのでした。

特典《とくてん》「1」（9）新都構想《しんとこうそう》の候補地《こうほち》「ビザンツ」、視察《しさつ》を兼《か》ねたニカイア公会議《こうかいぎ》の開催《かいさい》

司教《しきょう》はさっそく新都候補地《しんとこうほち》としてギリシャ名《めい》「ビザンツ」を提案《ていあん》させました。その地《ち》は、ヨーロッパ大陸《たいりく》の東端《とうたん》にして対岸《たいがん》はアジヤの西端《せいたん》であり、「西方《せいほう》」と「東方《とうほう》」の真《ま》ん中《なか》という地《ち》の利《り》を持《も》つのでした。そして何《なに》よりも、その地《ち》はコンスタンティヌスの故郷《ふるさと》に近《ちか》いのでした。皇帝《こうてい》はその提案《ていあん》に大《おお》いなる関心《かんしん》を示《しめ》したとの報告《ほうこく》を受《う》けたので、司教《しきょう》はビザンチウムの立体《りったい》地図《ちず》や周辺《しゅうへん》の都市《とし》の情報《じょうほう》を簡潔《かんけつ》にまとめさせ、コンスタンティヌスに上奏《じょうそう》しました。そして、その地図《ちず》には「ニカイア」の都市名《としめい》を入《い》れることを忘《わす》れませんでした。そして３２５年《ねん》、皇帝《こうてい》は「新約聖書《しんやくせいしょ》」制定《せいてい》のためのニカイア公会議開催《こうかいぎかいさい》の勅令《ちょくれい》を発布《はっぷ》しました。ローマ司教《しきょう》は勅令《ちょくれい》に鑑《かんが》み使節団《しせつだん》をその地《ち》に送《おく》りました。皇帝《こうてい》には、それを名目《めいもく》としたビザンチウムの視察《しさつ》を上奏《じょうそう》していました。

特典《とくてん》「1」（10）漁村《ぎょそん》ビザンチウムが新都《しんと》コンスタンティノープルに

そして３３０年《ねん》、閑静《かんせい》な漁村《ぎょそん》だったビザンチウムの地《ち》は、堅固《けんご》な城塞都市《じょうさいとし》に生《う》まれ変《か》わりました。そして名前《なまえ》をコンスタンティノープルと改《あらた》めました。しかし、皇帝《こうてい》は３３７年《ねん》に崩御《ほうぎょ》したため、ローマ帝国《ていこく》の新首都《しんしゅと》とはならず、その後《ご》、再《ふたた》び東西分割統治《とうざいぶんかつとうち》に移行《いこう》し、コンスタンティノープルは東《ひがし》ローマ帝国《ていこく》の首都《しゅと》となりました。３９５年《ねん》のことでした。

特典《とくてん》「1」（11）「新約聖書《しんやくせいしょ》」の制定《せいてい》と諸文書《しょぶんしょ》の焼却処分《しょうきゃくしょぶん》

アレキサンドリヤ司教《しきょう》は、ニカイア公会議《こうかいぎ》の成果《せいか》として、ローマ司教《しきょう》に「新約聖書《しんやくせいしょ》」制定《せいてい》を提案《ていあん》し、原案通《げんあんどお》り福音書《ふくいんしょ》は4《よっ》つに封《ふう》じ、町《まち》の本屋《ほんや》と貸《か》し本屋《ほんや》に溢《あ》れている他《た》の福音書《ふくいんしょ》と称《しょう》する文書全《ぶんしょすべ》てを皇帝名《こうていめい》で焼却《しょうきゃく》させたのでした。アレキサンドリヤの書店《しょてん》と貸本屋《かしほんや》からは、キリスト教関連《きょうかんれん》の文書《ぶんしょ》が一掃《いっそう》されました。ここにアレキサンドリヤ司教《しきょう》の頭痛《ずつう》の種《たね》は除《のぞ》かれたのでした。ローマ教会《きょうかい》からは使節《しせつ》が送《おく》られただけであり、文書制定《ぶんしょせいてい》には関与《かんよ》していません。使節団《しせつだん》の面々《めんめん》はアレキサンドリヤの「智《ち》」に圧倒《あっとう》されたのでした。ルカの2文書《にぶんしょ》には大幅《おおはば》に手《て》が加《くわ》えられているものの、原文《げんぶん》はそのまま残《のこ》されているため、アレキサンドリヤ司教《しきょう》の思惑《おもわく》を見抜《みぬ》けなかったローマ司教《しきょう》はクレームをつけませんでした。かくて新約聖書《しんやくせいしょ》がキリスト教文書《きょうぶんしょ》の単独峰《たんどくほう》となったのでした。ただしそれには「マリヤさま」を封《ふう》じる目的《もくてき》があったのです。

特典《とくてん》「1」（12）「新約聖書《しんやくせいしょ》」の目的《もくてき》は、ローマ教会《きょうかい》からの離脱《りだつ》

新約聖書《しんやくせいしょ》はマリアさまの名《な》を封《ふう》じる目的《もくてき》の他《ほか》に、イエスさまを「神《かみ》の独《ひと》り子《ご》」あるいは哲学者《てつがくしゃ》もどきにしましたが、それは聖母子《せいぼし》による「苦杯《くはい》と十字架《じゅうじか》とによる罪《つみ》のあがないの秘蹟《ひせき》」をも封《ふう》じて、「狂気解消《きょうきかいしょう》」という信仰《しんこう》の「功徳《くどく》」に思《おも》い至《いた》らせず、浅《あさ》はかな哲学的《てつがくてき》「智《ち》」で無効《むこう》にしたのでした。彼《かれ》らには「神父《しんぷ》の告悔《こっかい》の信徒《しんと》に言《い》う、子《こ》よあなたの罪《つみ》は許《ゆる》された」の

背景《はいけい》にある「実働《じつどう》」が理解《りかい》できなかったのです。彼らの浅《あさ》はかな「智《ち》」がそれを妨《さまた》げたのです。そして、アレキサンドリヤ司教《しきょう》は、智《ち》において優位《ゆうい》と思《おも》い込み、ローマ教会《きょうかい》のピラミッド型組織《がたそしき》とは一線《いっせん》を画《かく》すこととしたのです。それはローマ教会《きょうかい》からの離脱《りだつ》を図《はか》る者《もの》たちの先駆《さきが》けとなりました。東都《とうと》のキリスト教会《きょうかい》はまさにそれでした。聖母《せいぼ》の絵《え》を掲《かか》げているもののその黒頭巾《くろずきん》の女《おんな》には名前《なまえ》がないのです。１４５３年《ねん》、東都《とうと》がオスマン・トルコの前《まえ》に陥落《かんらく》し東都《とうと》教会《きょうかい》はイスラムの下《もと》に逼塞《ひっそく》しましたが、１９１４年《ねん》、ギリシャがオスマン・トルコから独立《どくりつ》して建国《けんこく》すると、東都教会《とうときょうかい》はギリシャに逃《のが》れ、「ギリシャ正教《せいきょう》」と称《しょう》しました。宮廷《きゅうてい》の御用教会《ごようきょうかい》の次《つぎ》は、民族宗教《みんぞくしゅうきょう》の体裁《ていさい》で生《い》き残《のこ》りを図《はか》ったのです。

特典《とくてん》「1」⒀イスラムの拡大《かくだい》と「東都《とうと》コンスタンティノープル」の消滅《しょうめつ》

６４1年《ねん》、エジプトがアラビヤに台頭《たいとう》した唯一神《ゆいいつしん》アラーの洗礼《せんれい》を受《う》けると、アレキサンドリヤの教父《きょうふ》たちは、文書《ぶんしょ》を抱《かか》えて東都《とうと》コンスタンティノープルに逃《のが》れました。東都《とうと》はアレキサンドリヤの影響《えいきょう》を強《つよ》く受《う》け、かつ東《ひがし》ローマ帝国《ていこく》の宮廷御用達教会《きゅうていごようたつきょうかい》として「格式《かくしき》」を前面《ぜんめん》に出《だ》し、ローマ教会組織《きょうかいそしき》からの離脱《りだつ》を図《はか》りました。しかし、東方《とうほう》ローマ帝国《ていこく》の版図《はんと》はイスラムのかっこうの餌食《えじき》となって縮小《しゅくしょう》し続《つづ》け、ついに東都《とうと》コンスタンティノープルは、まる裸状態《はだかじょうたい》となりました。１４５３年《ねん》、コンスタンティノープルがオスマン・トルコの猛攻《もうこう》に下《くだ》ると、教父《きょうふ》たちはルネサンス期のイタリヤなどの西方《せいほう》に逃《のが》れ、あるいは事業《じぎょう》で成功《せいこう》したメディチ家《け》のサロンの食客《しょっかく》にもなりました。この頃《ころ》、彫刻家《ちょうこくか》ミケランジェロはその才能《さいのう》を認《みと》められ、メディチ家《け》の一員《いちいん》として育《そだ》てられていました。彼《かれ》はこのサロンに出入《でい》りする人々《ひとびと》から、聖書《せいしょ》の知識《ちしき》を受《う》けたのです。そうでなければ彫刻家《ちょうこくか》の彼《かれ》がバチカンのシスティーナ礼拝堂《れいはいどう》の天井画《てんじょうが》を描《えが》くことはできなかったでしょう。一方《いっぽう》、コンスタンティノープルからイスタンブールへとその名《な》が改《あらた》まったイスラムの町《まち》で「御用達教会《ごようたつきょうかい》」はその格式《かくしき》を失《うしな》い、アラーのお慈悲《じひ》の下《もと》に逼塞《ひっそく》しました。その後《ご》、オスマン・トルコから独立《どくりつ》したギリシャに逃《のが》れ、ギリシャ正教《せいきょう》を名乗《なの》りました。

特典《とくてん》「1」⑭欧州《おうしゅう》にプロテスタント諸教会《しょきょうかい》の誕生《たんじょう》

同《おな》じ頃《ころ》イタリヤの富裕都市《ふゆうとし》フィレンツェやミラノでは有閑層《ゆうかんそう》の人々《ひとびと》が退屈《たいくつ》しのぎの「智《ち》」を求《もと》め、芸術《げいじゅつ》は「人間性《にんげんせい》に回帰《かいき》」するルネサンス期《き》に入《はい》っていました。ギリシャ的裸体《てきらたい》もどきの絵画《かいが》もOKとなりました。ただし、裸体《らたい》の賛美《さんび》はギリシャ時代《じだい》の「男《おとこ》」ではなく「女《おんな》」になりました。また、スペインのアルハンブラが陥落《かんらく》し、最後《さいご》のイスラム勢力《せいりょく》がアフリカに去《さ》ったため、商船《しょうせん》のジブラルタル海峡《かいきょう》の航行《こうこう》が可能《かのう》となり、フランス北西部《ほくせいぶ》の海岸地方《かいがんちほう》フランドルは、イタリヤのベネチヤなどの港湾都市《こうわんとし》に代《か》わる都市《とし》へと発展《はってん》を遂《と》げつつありました。オランダ、ベルギー、ルクセンブルクなどの新《あら》たな国《くに》が誕生《たんじょう》していたのです。ルネサンスは有閑層《ゆうかんそう》の出現《しゅつげん》とセットです。衣食足《いしょくた》りず、糧《かて》を得《え》る労働《ろうどう》に明《あ》け暮《く》れる社会《しゃかい》にルネサンスは無縁《むえん》です。

特《とく》にドイツとか北欧《ほくおう》の知識人《ちしきじん》たちは「教会《きょうかい》は信徒《しんと》を騙《だま》している」として、ローマ教会《きょうかい》からの離脱《りだつ》を呼《よ》びかけました。そしてその受《う》け皿《ざら》となる教会《きょうかい》を造《つく》ったのです。ドイツには、かつて神聖《しんせい》ローマ帝国《ていこく》の「皇帝《こうてい》」もいたりしてローマ司教《しきょう》（教皇《きょうこう》）と叙任権争《じょにんけんあらそ》いをした経緯《けいい》もあり、諸侯《しょこう》の中《なか》にも皇帝派《こうていは》と教皇派《きょうこうは》とがいました。マルチン・ルターは修道士《しゅうどうし》でしたが、破戒僧《はかいそう》となり、破戒尼僧《はかいにそう》と結婚《けっこん》しました。それに倣《なら》ってかプロテスタントの聖職者《せいしょくしゃ》は妻帯《さいたい》します。一方《いっぽう》、ローマ教会《きょうかい》から続《つづ》くカトリック教会《きょうかい》の聖職者《せいしょくしゃ》は独身《どくしん》です。その規範《きはん》は聖書《せいしょ》の教《おし》え「コリント人《びと》への第一《だいいち》の手紙《てがみ》」と1073年《ねん》就《しゅう》位《い》のグレゴリウス七世《ななせい》による教会改革《きょうかいかいかく》が根拠《こんきょ》です。ちなみに東都教会《とうときょうかい》がローマ教会《きょうかい》と袂《たもと》を分《わ》かったのはこの聖職者《せいしょくしゃ》の独身《どくしん》の徹底《てってい》が原因《げんいん》であり、ローマ教会《きょうかい》の風下《かざしも》の忌避《きひ》よりも大《おお》きな理由《りゆう》です。彼《かれ》ら「正教会《せいきょうかい》」の教父《きょうふ》たちは妻帯《さいたい》し、その家系《かけい》を誇《ほこ》ります。「ギリシャ」を冠《かん》した地域宗教《ちいきしゅうきょう》なので、宣教《せんきょう》の必要《ひつよう》はありません。

「コリント人《びと》への第一《だいいち》の手紙《てがみ》」：未婚の男子は主のことに心をくばって、どうかして主を喜ばせようとするが、7-33結婚している男子はこの世のことに心をくばって、どうかして妻を喜ばせようとして、その心が分かれるのである。7-34未婚の婦人とおとめとは、主のことに心をくばって、身も魂もきよくなろうとするが、結婚した婦人はこの世のことに心をくばって、どうかして夫を喜ばせようとする。

ルターは皇帝派《こうていは》の諸侯《しょこう》の庇護《ひご》を受《う》けました。カトリック教会《きょうかい》を離脱《りだつ》した人々《ひとびと》は、思《おも》い思《おも》いに自分《じぶん》たちの教会《きょうかい》を造《つく》りました。それらを総称《そうしょう》してプロテスタントと言《い》います。プロテスタントには「分裂《ぶんれつ》」の遺伝子《いでんし》がありますので、大《おお》きくなりかけては分裂《ぶんれつ》を繰返《くりかえ》しています。プロテスタントのおかげでキリスト教《きょう》が拡大《かくだい》しているというのは錯覚《さっかく》で、本当《ほんとう》は霧散《むさん》しているのです。そして彼《かれ》らは、聖書《せいしょ》を「神《かみ》の賜物《たまもの》」と称《しょう》し、信徒《しんと》に通読《つうどく》を許《ゆる》さず、短《みじか》い文章《ぶんしょう》を選《えら》ばせ、それを魂《たましい》の日用《にちよう》の糧《かて》たる「聖句《せいく》」と称《しょう》させているのです。プロテスタントの称《しょう》する「キリスト教《きょう》」は「罪《つみ》の贖《あがな》い」という元《もと》の力《ちから》を失《うしな》わせ、「御言葉《みことば》」の世界《せかい》を彷徨《ほうこう》させるものとなったのです。哲学《てつがく》へと導《みちび》かれるプロテスタントの信徒《しんと》は哀《あわ》れです。アレキサンドリヤ教会《きょうかい》も東都教会《とうときょうかい》も歴史《れきし》の彼方《かなた》に霧散《むさん》したと言《い》うのにです。そして再度気付《さいどきづ》かされます。

「マリヤさまの名《な》を忘《わす》れて紀元《きげん》３０００年《ねん》はあるのか」と。

特典《とくてん》「1」完《かん》

特典《とくてん》「2」プロテスタントの「口語訳聖書《こうごやくせいしょ》」について

特典《とくてん》「2」（1）日本聖書協会《にほんせいしょきょうかい》の口語訳聖書《こうごやくせいしょ》とは

本書《ほんしょ》では、日本聖書協会《にほんせいしょきょうかい》の「口語訳《こうごやく》」聖書《せいしょ》の記事《きじ》を引用《いんよう》していますから、その説明《せつめい》をしておきましょう。というのは、読者《どくしゃ》の皆《みな》さまがこれから聖書《せいしょ》を買《か》おうとされる場合《ばあい》、今《いま》では「新改訳《しんかいやく》」とか「共同訳《きょうどうやく》」とか雑多《ざった》であり、「どれが新《あたら》しいのだろう」と、迷《まよ》われるかも知《し》れないからです。由緒《ゆいしょ》のある聖書《せいしょ》は古《ふる》くなりませんが、「新《しん》」を謳《うた》うものはその目的《もくてき》からして「古《ふる》く」なるのです。

わたしが「聖書《せいしょ》」と題《だい》された本《ほん》を買《か》ったのは、1975年《ねん》、28歳《さい》の頃《ころ》です。その後《ご》、2010年《ねん》に聖書《せいしょ》を再購入《さいこうにゅう》しようとしたら、前回《ぜんかい》と同《おな》じ「聖書《せいしょ》」という題《だい》の本《ほん》はなく、「口語訳《こうごやく》」が付いて「口語訳聖書《こうごやくせいしょ》」という題《だい》になっていました。そして、記事《きじ》では「らい病《びょう》」という名詞《めいし》が「重《おも》い皮膚病《ひふびょう》」に修正《しゅうせい》されていました。「らい病《びょう》」は、人骨《じんこつ》が腐《くさ》り鼻《はな》や耳《みみ》が欠《か》け、罹患者《りかんしゃ》が「暗《くら》い谷《たに》」と呼《よ》ばれる人里離《ひとざとはな》れた隔離場所《かくりばしょ》に追《お》いやられた業病《ごうびょう》です。その歴史的《れきしてき》「悲惨《ひさん》」を隠蔽《いんぺい》し、ひどい「水虫《みずむし》」程度《ていど》のものに置《お》き換《か》えたのです。本書《ほんしょ》で引用《いんよう》している文書《ぶんしょ》は「らい病《びょう》」のバージョンのものです。今《いま》では聖書《せいしょ》にはたくさんの種類《しゅるい》がありますが、購入《こうにゅう》されるなら、今《いま》では「らい病《びょう》」が「重《おも》い皮膚病《ひふびょう》」に訂正《ていせい》されているものの「口語訳《こうごやく》」聖書《せいしょ》をお勧《すす》めします。文章《ぶんしょう》がきれいです。聖書《せいしょ》の時代《じだい》の「らい病《びょう》」は、現在《げんざい》では菌《きん》が原因《げんいん》であると解明《かいめい》されている「ハンセン病《びょう》」であり、治《なお》ります。「重《おも》い皮膚病《ひふびょう》」の方《ほう》は病名《びょうめい》ではないので治《なお》りません。

特典《とくてん》「2」(1)(1)「新約聖書《しんやくせいしょ》」と「旧約聖書《きゅうやくせいしょ》」

さて、キリスト教《きょう》の聖典《せいてん》とされる聖書《せいしょ》の文書《ぶんしょ》は、「新約聖書《しんやくせいしょ》」と「旧約聖書《きゅうやくせいしょ》」の2《ふた》つのグループで構成《こうせい》されています。それは、イエス・キリストの福音《ふくいん》が預言《よげん》の成就《じょうじゅ》とするアレキサンドリヤ司教《しきょう》の思惑《おもわく》から出《で》ているのです。マリヤさまを否定《ひてい》する手段《しゅだん》の1《ひと》つとして今日《こんにち》でも有効《ゆうこう》に機能《きのう》しています。「旧約《きゅうやく》」を冠《かん》した文書《ぶんしょ》は、今日《こんにち》なおユダヤ人《じん》の聖典《せいてん》です。本書《ほんしょ》の場合《ばあい》、それは律法書《りっぽうしょ》とされるモーセ五書《ごしょ》、そのうちのマリヤさまの出自《しゅつじ》であるアロン家《け》の記述《きじゅつ》（律法《りっぽう》）で足《た》ります。すなわちアロン家《け》は「罪《つみ》の贖《あがな》い」の神事《しんじ》に関《かか》われる唯一《ゆいいつ》の家門《かもん》です。マリヤさまの「キリスト教《きょう》」にとって「旧約聖書《きゅうやくせいしょ》」はおまけです。マリヤさまの「キリスト教《きょう》」は、マリヤさまを封《ふう》じる意図《いと》のある「新約聖書《しんやくせいしょ》」ではなく「ルカによる福音書《ふくいんしょ》」の「原書《げんしょ》」部分《ぶぶん》です。

特典《とくてん》「2」（1）（2）文語体《ぶんごたい》から口語体《こうごたい》への「改訳《かいやく》」

口語訳聖書《こうごやくせいしょ》の「旧約聖書《きゅうやくせいしょ》」には、「1955年改訳《ねんかいやく》」と書《か》かれています。また「新約聖書《しんやくせいしょ》」には「1954年改訳《ねんかいやく》」と書《か》かれています。これら「改訳《かいやく》」の意味《いみ》は、文語体聖書《ぶんごたいせいしょ》から口語体《こうごたい》聖書《せいしょ》に改《あらた》めたということです。鎖国《さこく》の江戸時代《えどじだい》から開国《かいこく》の明治時代《めいじじだい》になりキリスト教《きょう》の禁教《きんきょう》が解《と》かれました。そして聖書《せいしょ》が日本語《にほんご》に訳《やく》されましたが、その時代《じだい》の文字文化《もじぶんか》は「文語体《ぶんごたい》」でした。だから当時《とうじ》の翻訳本《ほんやくぼん》は聖書《せいしょ》に限《かぎ》らず「文語体《ぶんごたい》」だったのです。日本《にほん》が敗戦国《はいせんこく》となって、再度《さいど》の信仰《しんこう》の自由《じゆう》となった時《とき》、口語体《こうごたい》の聖書《せいしょ》が望《のぞ》まれたのです。

引用例《いんようれい》（1）「ルカ傳福音書《でんふくいんしょ》」の文語体《ぶんごたい》

34マリヤ御使《みつかい》に言《い》ふ『われ未《いま》だ人《ひと》を知《し》らぬに、如何《いか》にして比《こ》の事《こと》のあるべき』35御使《みつかい》こたへて言《い》う『聖霊《せいれい》なんぢに臨《のぞ》み、至高者《いとたかきもの》の能力《ちから》なんぢを被《おほ》はん。

格式《かくしき》のようなものを思《おも》わされます。今《いま》でも文意《ぶんい》は通用《つうよう》するでしょう。

引用例《いんようれい》（2）「ルカによる福音書《ふくいんしょ》」の口語体《こうごたい》

1-34そこでマリヤは御使《みつかい》に言《い》った、「どうしてそんなことがあり得《え》ましょうか。わたしにはまだ夫《おっと》がありませんのに」。1-35御使《みつかい》が答《こた》えて言《い》った、「聖霊《せいれい》があなたに臨《のぞ》み、いと高《たか》き者《もの》の力《ちから》があなたをおおうでしょう。

特典《とくてん》「2」（2）「旧約《きゅうやく》」と、「新約《しんやく》」との関係《かんけい》

なお、「旧約《きゅうやく》」と、「新約《しんやく》」の「約《やく》」は「約束《やくそく》」の約《やく》で、神《かみ》さまとの約束《やくそく》が新《あたら》しい次元《じげん》に入《はい》ったと言《い》われますが、違《ちが》います。あえて言《い》うなら、「旧約《きゅうやく》」は、「人《ひと》の罪《つみ》を獣《けもの》に移《うつ》し」が反復《はんぷく》された時代《じだい》であり、「新約《しんやく》」は「人《ひと》の罪《つみ》を人《ひと》（イエスさま）が負《お》い」が実現《じつげん》し、その反復《はんぷく》の必要《ひつよう》がなくなり、「狂気《きょうき》という名《な》の罪《つみ》」からの「救《すく》い」が、信《しん》じるすべての人《ひと》（カトリック教徒《きょうと》）に及《およ》ぶようになって、紀元《きげん》の年月《ねんげつ》を刻《きざ》んでいる今《いま》です。アレキサンドリヤ司教《しきょう》の思惑《おもわく》に照《て》らせば、新約《しんやく》は旧約《きゅうやく》の成就《じょうじゅ》ということになります。

特典《とくてん》「2」（3）文番号《ぶんばんごう》

聖書《せいしょ》の文章《ぶんしょう》には番号《ばんごう》が振《ふ》ってあります。文書名《ぶんしょめい》と文番号《ぶんばんごう》を言《い》えば、その文章《ぶんしょう》が特定《とくてい》できます。聖書《せいしょ》を引用《いんよう》する際《さい》の作法《さほう》でもあります。たとえば、「ルカによる福音書《ふくいんしょ》の1章《しょう》34節《せつ》」と言《い》えば、この文章《ぶんしょう》になります。

「ルカ福音書《ふくいんしょ》」：1-34そこでマリヤは御使《みつかい》に言《い》った、「どうしてそんなことがあり得《え》ましょうか。わ

たしにはまだ夫《おっと》がありませんのに」。

特典《とくてん》「2」（4）ルビ（ふりがな）には人《じん》と人《びと》とを「読《よ》み分《わ》け」のサマリヤ人《びと》（びと）

「人」のルビは「じん」と「びと」の2通《ふたとお》りあります。たとえばユダヤ人《じん》（じん）は「民族《みんぞく》名《めい》」であり、レビ人《びと》（びと）は「部族名《ぶぞくめい》」です。「人」を「びと」と読《よ》むのは多《おお》くの場合《ばあい》「あだ名《な》」です。たとえば、福音書《ふくいんしょ》によく出《で》てくる「サマリヤ人《びと》（びと）」はあだ名《な》です。人種名《じんしゅめい》ではありません。紀元《きげん》70年《ねん》、ローマ軍《ぐん》の攻撃《こうげき》でエルサレムが陥落《かんらく》し、「ユダヤ人固有《じんこゆう》の地域《ちいき》」がなくなると、その呼《よ》び方《かた》をする人《ひと》がいなくなり消《き》えました。もともと「サマリヤ人《じん》（じん）」はいません。「サマリヤじん」と聞《き》くと違和感《いわかん》があります。

特典《とくてん》「2」（4）（1）サマリヤ人《びと》（びと）は蔑称《べっしょう》

サマリヤ人《びと》という蔑称《べっしょう》（軽蔑《けいべつ》のために使《つか》われた言葉《ことば》）の経緯《けいい》は、「注解余録《ちゅうかいよろく》（3）「ユダヤ人《じん》」の出自《しゅつじ》」をご覧《らん》ください（279ページ）。

でも簡単《かんたん》にその経緯《けいい》をお話《はな》ししておきましょう。バビロン捕囚《ほしゅう》をペルシャ王《おう》に解《と》かれ、荒廃《こうはい》したエルサレムに帰還《きかん》した人々《ひとびと》が再建《さいけん》に取《と》り組《く》みます。そして、聖書《せいしょ》を編纂《へんさん》するうちに「ユダヤ人《じん》」の構成《こうせい》は南王国《みなみおうこく》の2部族《にぶぞく》では不都合《ふつごう》と気付《きづ》き、先《さき》に滅《ほろ》んでいた北王国《きたおうこく》の10部族《ぶぞく》の子孫《しそん》に合流《ごうりゅう》を呼《よ》びかけたのです。かつての北王国《きたおうこく》はサマリヤ地方《ちほう》にエルサレムを模《も》して山《やま》の上《うえ》に神殿《しんでん》と町《まち》を造《つく》り、神殿《しんでん》にはバアルなどの偶像《ぐうぞう》を安置《あんち》して国民《こくみん》に拝《おが》ませました。なので、そのご先祖《せんぞ》の山《やま》を信仰《しんこう》したい人々《ひとびと》は、「ユダヤ人《じん》」に合流《ごうりゅう》しなかったのです。それら「ユダヤ人《じん》」に合流《ごうりゅう》しなかった元《もと》「北王国《きたおうこく》」のサマリヤ地域《ちいき》の人《ひと》たちのことを、ユダヤ人《じん》は「サマリヤ人《びと》」と呼《よ》んだのです。その呼《よ》び方《かた》は、腹《はら》を立《た》てたユダヤ人《じん》による蔑称《べっしょう》です。紀元《きげん》70年《ねん》のエルサレム陥落《かんらく》で神殿《しんでん》も町《まち》も瓦礫《がれき》となり、土着《どちゃく》のユダヤ人《じん》の根拠《こんきょ》が失《うしな》われた時《とき》、その蔑称《べっしょう》は歴史《れきし》から消《き》えました。

特典《とくてん》「2」（5）音読《おんどく》のマリ「ヤ」と黙読《もくどく》のマリ「ア」

文語体聖書《ぶんごたいせいしょ》、口語訳聖書《こうごやくせいしょ》の双方《そうほう》とも、マリヤさまの表記《ひょうき》は「マリヤ」です。名詞《めいし》を踏襲《とうしゅう》されたのは何《なに》よりと思《おも》います。イタリヤ語《ご》などの単語《たんご》の末尾《まつび》の「ａ」のカナ表記《ひょうき》は「ヤ」です。「Ｍａｒｉａ」は、「マリア」ではなく「マリヤ」です。「Ｍａｒｉａ」を音読《おんどく》する場合《ばあい》は、語尾《ごび》のａの発音《はつおん》は「や」と聞《き》こえます。聖書《せいしょ》は教会《きょうかい》で音読《おんどく》することを想定《そうてい》されていましたから、マリアよりマリヤのほうが発音《はつおん》が自然《しぜん》にでき、理《り》に叶《かな》っています。「ア」の表記《ひょうき》は目読者《もくどくしゃ》の多《おお》い学者《がくしゃ》の視点《してん》です。「マリヤ」が音読《おんどく》を促《うなが》しているということに賛成《さんせい》なさるなら、聖書《せいしょ》の「Ｍ aria」が「マリヤ」表記《ひょうき》の本《ほん》を買《か》いましょう。

特典《とくてん》「2」(6) プロテスタント聖書《せいしょ》とカトリック聖書《せいしょ》の文書数《ぶんしょすう》に違《ちが》いあり

福音書《ふくいんしょ》やパウロ書簡《しょかん》の中《なか》で使《つか》われた「聖書《せいしょ》」が「旧約聖書《きゅうやくせいしょ》」となったのは、キリスト教《きょう》の「聖書《せいしょ》」ができた時《とき》からです。「ユダヤ人《じん》の聖典《せいてん》(ヘブル語《ご》)」だった聖書《せいしょ》には「旧約《きゅうやく》」を冠《かん》し、新《あたら》しく作成《さくせい》したキリスト教《きょう》の文書《ぶんしょ》(ギリシャ語《ご》)には「新約《しんやく》」を冠《かん》して区別《くべつ》したのです。日本《にほん》聖書協会《せいしょきょうかい》が刊行《かんこう》している「口語訳聖書《こうごやくせいしょ》」の「旧約聖書《きゅうやくせいしょ》」には、全《ぜん》39巻《かん》の文書《ぶんしょ》があります。しかし、カトリック系《けい》の聖書《せいしょ》、たとえば「講談社《こうだんしゃ》の『聖書《せいしょ》』フェデリコ・バルバロ神父《しんぷ》」(訳《やく》)では、旧約聖書《きゅうやくせいしょ》の文書数《ぶんしょすう》が8文書多《ぶんしょおお》いのです。その内《うち》の「マカバイの書上《しょじょう》」と「ユディトの書《しょ》」がなぜ省《はぶ》かれたのか疑問《ぎもん》です。口語訳聖書《こうごやくせいしょ》はプロテスタントの聖書《せいしょ》です。「マカバイの書上《しょじょう》」と「ユディトの書《しょ》」はありません。知《し》らないと損《そん》をすることがあるでしょう。

特典《とくてん》「2」(6)(1)「マカバイの書上《しょじょう》」

この文書《ぶんしょ》は、ハスモン家《け》の祖《そ》となった下級祭司《かきゅうさいし》マタティヤ親子《おやこ》の戦記《せんき》であり、ハスモン家《け》の出自《しゅつじ》が分《わ》かります。それは、マリヤさまの時代《じだい》に一番近《いちばんちか》い歴史書《れきししょ》です。

特典《とくてん》「2」（6）（2）「ユディトの書《しょ》」

女性《じょせい》が活躍《かつやく》する戦記《せんき》です。バチカンのシスティーナ礼拝堂《れいはいどう》の天井画《てんじょうが》に「男《おとこ》の首《くび》」を載《の》せた盆《ぼん》を運《はこ》ぶ2人《ふたり》の女《おんな》の絵《え》がありますが、その1人《ひとり》がユディトです。絵《え》を描《か》いた彫刻家《ちょうこくか》ミケランジェロは旧約聖書《きゅうやくせいしょ》に詳《くわ》しかったことになります。ちなみにその首《くび》は彼《かれ》ミケランジェロの自画像《じがぞう》です。

特典《とくてん》「2」（7）「旧約聖書《きゅうやくせいしょ》」の文書名一覧《ぶんしょめいいちらん》

「旧約聖書《きゅうやくせいしょ》」、そのプロテスタントの39文書《ぶんしょ》にカトリックとの差分《さぶん》8文書《ぶんしょ》を加《くわ》えました。文書《ぶんしょ》番号《ばんごう》にAとBを付加《ふか》したものが差分文書《さぶんぶんしょ》で合計《ごうけい》8文書《ぶんしょ》あります。

（01）創世記《そうせいき》、（02）出《しゅつ》エジプト記《き》、（03）レビ記《き》、（04）民数記《みんすうき》、（05）申命記《しんめいき》、（06）ヨシュア記《き》、（07）士師記《ししき》、（08）ルツ記《き》、（09）サムエル記上《きじょう》、（10）サムエル記下《きげ》、（11）列王紀上《れつおうきじょう》、（12）列王紀下《れつおうきげ》、（13）歴代志上《れきだいしじょう》、（14）歴代志下《れきだいしげ》、（15）エズラ記《き》、（16）ネヘミヤ記《き》、（16A）**トビアの書《しょ》**、（16B）**ユディトの書《しょ》**、（17）エステル記《き》、（17A）**マカバイの書上《しょじょう》**、（17B）**マカバイの書下《しょげ》**、（18）ヨブ記《き》、（19）詩篇《しへん》、（20）箴言《しんげん》、（21）伝道《でんどう》の書《しょ》、（22）雅歌《がか》、（22A）**知恵《ちえ》の書《しょ》**、（22B）**シラの書《しょ》**、（23）イザヤ書《しょ》、（24）エレミヤ書《しょ》、（25）哀歌《あいか》、（25A）**バルクの書《しょ》**、（25B）**エレミアの書《しょ》**、（26）エゼキエル書《しょ》、（27）ダニエル書《しょ》、（28）ホセア書《しょ》、（29）ヨエル書《しょ》、(30)アモス書《しょ》、(31)オバデヤ書《しょ》、(32)ヨナ書《しょ》、(33)ミカ書《しょ》、(34)ナホム書《しょ》、(35)ハバクク書《しょ》、(36)ゼパニヤ書《しょ》、(37)ハガイ書《しょ》、(38)ゼカリヤ書《しょ》、(39)マラキ書《しょ》。

特典《とくてん》「2」(8)アロン家《け》の出自《しゅつじ》

これらのうち、モーセ四文書《よんぶんしょ》と言《い》われる(02)「出《しゅつ》エジプト記《き》」、(03)「レビ記《き》」、(04)「民数記《みんすうき》」、(05)「申命記《しんめいき》」には、アロン家《け》の神事《しんじ》の規定《きてい》やレビ人《びと》との関係《かんけい》が掟《おきて》として散《ち》りばめられています。これらを総称《そうしょう》して「律法《りっぽう》の書《しょ》」と言《い》う場合《ばあい》があります。アロン家《け》は、その律法上《りっぽうじょう》の家門《かもん》です。レビ人《びと》の棟梁《とうりょう》(親方《おやかた》)としての地位《ちい》が書《か》かれています。

特典《とくてん》「2」(9)ハスモン家《け》の出自《しゅつじ》

「律法《りっぽう》とは無関係《むかんけい》」の家門《かもん》です。ユダヤが、ペルシャを破《やぶ》ったギリシャ系王朝《けいおうちょう》の侵攻《しんこう》を受《う》け、ギリシャのエロス文化《ぶんか》を押《お》し付《つ》けられた時《とき》、下級祭司《かきゅうさいし》のマタティヤが武力闘争《ぶりょくとうそう》を起《お》こし、持久戦《じきゅうせん》を続《つづ》け、子供《こども》の代《だい》に至《いた》って、敵《てき》に侵攻《しんこう》をあきらめさせ、ユダヤの独立《どくりつ》を勝《か》ち取《と》ったのです。その勢《いきお》いに乗《じょう》じて得《え》た力《ちから》づくの家門《かもん》です。レビ人《びと》の祭司《さいし》の家系《かけい》なので「王《おう》」は名乗《なの》れず、祭司《さいし》に「大《だい》」を冠《かん》し自《みずか》らを「大祭司《だいさいし》」としました。武力《ぶりょく》を持《も》っていますから誰《だれ》も文句《もんく》を言《い》えません。あまつさえ律法《りっぽう》を無視《むし》して聖所《せいじょ》に立《た》ち入《い》りし神事《しんじ》を執《と》り行《おこな》いました。それでアロン家《け》は、レビ人《びと》や祭司《さいし》たちから一層《いっそう》なめられることになりました。

「マカバイの書上《しょじょう》」13章《しょう》、14章《しょう》

13－53シモンは息子のヨハネが成人したとき、彼を全軍隊の指揮官に立てた。

（中略）

14－47**シモンはそれを承諾し、快くみずから大祭司**、司令官、ユダヤ人と祭司の族長、民の長**と名乗った。**

あつかましい所業《しょぎょう》です。しかし、ハスモンと改名《かいめい》したシモンは事実上《じじつじょう》のユダヤの王《おう》でした。ハスモン家《け》は、その後《ご》のローマ軍相手《ぐんあいて》の武力闘争《ぶりょくとうそう》において「精神的支柱《せいしんてきしちゅう》」となりました。

特典《とくてん》「2」完《かん》

脱稿所感《だっこうしょかん》

　昨年《さくねん》2022年《ねん》の6月《がつ》に孫娘《まごむすめ》の1人《ひとり》を連《つ》れて玉造教会《たまつくりきょうかい》に行《い》った。ママもついてきた。わたしが余暇《よか》を使《つか》ってキリスト教関連《きょうかんれん》のトリセツをホームページにアップロードし始《はじ》めて13年《ねん》ぐらい経《た》っていた。着手《ちゃくしゅ》したテーマを中途半端《ちゅうとはんぱ》にしているものが多《おお》かったから完成《かんせい》まではあと10年《ねん》かかると思《おも》われた。だが、ふと「マリヤさまの本《ほん》」を書《か》こうと思《おも》った。数日後《すうじつご》、そのためには会社《かいしゃ》を辞《や》める必要《ひつよう》がある、余暇《よか》にマリヤさまの原稿《げんこう》を書《か》くことは許《ゆる》されない気《き》がした。後任《こうにん》が決《き》まらず退職日《たいしょくび》は延《の》び延《の》びとなった。結局《けっきょく》、会社《かいしゃ》の管理物件《かんりぶっけん》のマンションには11月《がつ》30日《にち》まで出勤《しゅっきん》した。退職日《たいしょくび》は、翌年《よくねん》1月《がつ》16日《にち》とし、その間《かん》を有給休暇《ゆうきゅうきゅうか》の消化《しょうか》に当《あ》ててくれた。担当者《たんとうしゃ》は電話《でんわ》のむこうで「長《なが》い間《あいだ》ごくろうさまでした」とねぎらいの言葉《ことば》をかけてくれた。それは何《なに》よりもうれしく心《こころ》に染《し》みとおった。2社《にしゃ》、通算《つうさん》50年《ねん》の会社勤《かいしゃづと》めから開放《かいほう》され、さぞかし健康的《けんこうてき》な日々《ひび》を送《おく》れるものと思《おも》ったが、正月明《しょうがつあ》けから体調《たいちょう》を崩《くず》し、「三途《さんず》の川《かわ》」というものを身近《みぢか》に感《かん》じる事態《じたい》となった。身体《からだ》が液体《えきたい》のようなものに浸《つ》かっている。その液体《えきたい》は徐々《じょじょ》に生命力《せいめいりょく》を吸《す》い取《と》るように思《おも》われた。早《はや》く乾《かわ》いたところに出《で》ないと力尽《ちからつ》きて川《かわ》の本流《ほんりゅう》に押《お》し出《だ》されてしまう。しかし、周《まわ》りは液面《えきめん》があるばかりで、陸《りく》のような乾《かわ》いたところは見当《みあ》たらない。「振《ふ》り向《む》くな」

という声《こえ》を聞《き》いたような気《き》がする。かつてなく体調《たいちょう》を崩《くず》した日々《ひび》の中《なか》でそれでもパソコンをオンにして原稿《げんこう》のキー入力《にゅうりょく》を続《つづ》けた。「自分《じぶん》はこのためにこそ辞《や》めたのだ」、そうしたある日《ひ》、ふと自分《じぶん》が乾《かわ》いた所《ところ》に立《た》っているのに気付《きづ》いた。液面《えきめん》は消《き》えていた。振《ふ》り向《む》いても何《なに》もなかった。「生還《せいかん》した」、そう感《かん》じられた。マリヤさまの原稿《げんこう》の完遂《かんすい》、それこそはわたしの生《い》きていた証《あかし》になるのだ。だが、実際《じっさい》には原稿《げんこう》を遅《おく》らせる事態《じたい》があって、それには原稿《げんこう》を忘《わす》れて取《と》り組《く》んだ。そしてわたしより8歳若《さいわか》い弟《おとうと》を見送《みおく》った。原稿《げんこう》は1通《ひとと》りできて、それを整形《せいけい》する段階《だんかい》に入《はい》った。原稿《げんこう》はマリヤさまとカトリック教会《きょうかい》の結《むす》びつきを説《と》き明《あ》かすものとなった。神父《しんぷ》の告悔《こっかい》の信徒《しんと》に言《い》う「子《こ》よ、あなたの罪《つみ》はゆるされた」それこそは、アロン家《け》の聖母子《せいぼし》の成《な》された「罪《つみ》の贖《あがな》い」の「ご利益《りやく》」なのだった。原稿《げんこう》のそれは「ルカによる福音書《ふくいんしょ》」を機軸《きじく》とする知見《ちけん》から導《みちび》かれた、気付《きづ》きをつむぎ合《あ》わせた物語《ものがたり》である。だが、同時《どうじ》にそれは他《た》の福音書《ふくいんしょ》との相違《そうい》、また「新約聖書《しんやくせいしょ》」の出自《しゅつじ》への気付《きづ》きともなった。そしてローマ教会《きょうかい》の象徴《しょうちょう》であられるマリヤさまの名《な》を「イエスの母《はは》」に封《ふう》じた「ヨハネによる福音書《ふくいんしょ》」、そのフィクサー（黒幕《くろまく》）としてアレキサンドリヤ司教《しきょう》が浮上《ふじょう》した。その都《みやこ》、エジプトの「アレキサンドリヤ」は「智《ち》の都《みやこ》」と謳《うた》われたギリシャ哲学的《てつがくてき》「智《ち》」を誇《ほこ》っていた。司教《しきょう》はローマ教会《きょうかい》の崇《あが》めるものが、無知《むち》の代名詞《だいめいし》のような「女《おんな》と漁師《りょうし》」であることを軽蔑《けいべつ》していた。そして教会組織《きょうかいそしき》がローマ司教《しきょう》をトップとするピラミッド型《がた》であり、「智《ち》」が「無知《むち》」の風下《かざしも》に立《た》たねばならぬこの世《よ》の不条理《ふじょうり》を思《おも》った。そして、まず「ヨハネによる福音書《ふくいんしょ》」を作《つく》ったのである。司教《しきょう》はその後《ご》、新約聖書《しんやくせいしょ》の制定《せいてい》にも尽力《じんりょく》した。その目的《もくてき》は、教会《きょうかい》を「無知《むち》」から開放《かいほう》することであった。そして、「智《ち》」は「無知《むち》」に拘束《こうそく》されないとして、ローマ司教《しきょう》の組織《そしき》からの離脱《りだつ》を画策《かくさく》したが、その実現《じつげん》の前《まえ》にエジプトはイスラムに蹂躙《じゅうりん》された。だが、アレキサンドリヤ司教《しきょう》の思《おも》いは亡霊《ぼうれい》のようにこの世《よ》に漂《ただよ》い、東《ひがし》ローマ帝国《ていこく》のコンスタンティノープル教会《きょうかい》の離脱《りだつ》を正当化《せいとうか》し、ヨーロッパにも波及《はきゅう》してプロテスタントの理念《りねん》となった。すなわち、マリヤさまの名《な》を「イエスの母《はは》」に封《ふう》じること、十字架《じゅうじか》が罪《つみ》を顕在化《けんざいか》して生贄《いけにえ》となられたイエスさまによる「贖《あがな》い」であることに到達《とうたつ》せず、復活《ふっかつ》による神《かみ》の威力《いりょく》を示《しめ》すものに変容《へんよう》させた。またイエスさまを「哲学《てつがく》」で再構築《さいこうちく》し、劇場化《げきじょうか》のあげく神話《しんわ》にしてしまった。神話《しんわ》に「贖《あがな》い」という究極《きゅうきょく》の「ご利益《りやく》」はない。そのカトリック教会《きょうかい》が近年《きんねん》その「智《ち》」に傾《かたむ》き「新約聖書《しんやくせいしょ》」を神《かみ》の賜物《たまもの》とするようになった。神父《しんぷ》たちは聖書《せいしょ》の智《ち》を誇《ほこ》らしげに信徒《しんと》に語《かた》る。その者《もの》が本書《ほんしょ》に接《せっ》し、なお自《みずか》らの「智《ち》」を恥《は》ずかしげも無《な》く人前《ひとまえ》で語《かた》れるものかどうか。ならば読者《どくしゃ》よ、その者《もの》を心《こころ》のうちで破門《はもん》し、マリヤさまに思《おも》いを戻《もど》そう。アロン家《け》の聖母子《せいぼし》、クレオパとペテロと奉仕《ほうし》の女性《じょせい》たち、彼《かれ》らの朗《ほが》らかさに倣《なら》おう。罪贖《つみあがな》われた日常《にちじょう》のその先《さき》にこそ紀元《きげん》３０００年《ねん》はある。本《ほん》の題名《だいめい》は「泣虫聖母《なきむしせいぼ》マリヤさま、狂気《きょうき》を贖《あがな》うイエスさまの十字架《じゅうじか》」となった。

　この物語《ものがたり》の中《なか》でマリヤさまは2度《にど》お泣《な》きだった。「アロン家《け》一族《いちぞく》の自決《じけつ》」と「最愛《さいあい》の夫《おっと》ヨセフの斬首《ざんしゅ》」、その悲歎《ひたん》の大《おお》きさに「泣虫《なきむし》」を冠《かん》した。

笹倉正雄《ささくらまさお》と久子《ひさこ》の子《こ》76歳《さい》、「お母《かあ》ちゃん、ぼく本書《ほんか》いた」。

2023年《ねん》9月《がつ》30日《にち》　笹倉正義《ささくらまさよし》（記《き》）

脱稿所感《だっこうしょかん》（完《かん》）

お祈《いの》り

ただ何《なん》となく「キリスト教《きょう》の説明書《せつめいしょ》」を自《みず》らのホームページに置《お》き始《はじ》めて14年《ねん》たちました。本《ほん》の原稿《げんこう》に取《と》り組《く》み、脱稿《だっこう》してからも気付《きづ》きが続《つづ》きました。そして「ルカによる福音書《ふくいんしょ》」の原《げん》書部分《しょぶぶん》を読《よ》み解《と》きました。「新約聖書《しんやくせいしょ》」の哲学《てつがく》が覆《おお》っていた聖母子《せいぼし》の実働《じつどう》の陰《かげ》りを吹《ふ》き払《はら》うことができました。でも、自《みず》ら出版社《しゅっぱんしゃ》への締《し》め切《き》りを設定《せってい》したので、期限《きげん》が迫《せま》るわ、新《あら》たな気《き》付《づ》きが思《おも》い浮《う》かぶわで、コテコテに疲《つか》れました。でも、達成感《たっせいかん》は満足《まんぞく》以上《いじょう》のものがあります。

アーメン。2023/10/21

「ルカ福音書《ふくいんしょ》」：10-21そのとき、イエスは聖霊《せいれい》によって喜《よろこ》びあふれて言《い》われた、「天地《てんち》の主《しゅ》なる父《ちち》よ。あなたをほめたたえます。これらの事《こと》を知恵《ちえ》のある者《もの》や賢《かしこ》い者《もの》に隠《かく》して、幼《おさ》な子《ご》にあらわしてくださいました。父《ちち》よ、これはまことに、みこころにかなった事《こと》でした。

そして本《ほん》の先《さき》へ、「父《ちち》よ、組織《そしき》を」、わたしには宣教《せんきょう》の時間《じかん》がないのです。

笹倉　正義（ささくら・まさよし）

1947 年生まれ（兵庫県多可町中安田）。
1966 年　大阪の総合機械メーカーに 42 年間勤務。社外発表として自作の取説を出版。
1984 年　「絵とき 8 ビットマイコン CPU 大研究」日本実業出版社。
1994 年　「絵とき C 言語大研究」同上。その他、出版多数。
2007 年 6 月　同社を退社 (60 歳)。
2007 年 10 月　マンション管理会社に転職。分譲マンション管理人。
2009 年　Web 取説「キリスト教」コンテンツ作成開始。
2022 年　執筆のため 15 年間勤務した同社を 75 歳で退社。
2023 年 11 月　「泣虫聖母マリヤさま」脱稿（76 歳）。

泣虫聖母マリヤさま　狂気を贖《あがな》うイエスさまの十字架

2024 年 6 月 18 日　第 1 刷発行

著　者　　笹倉正義

発行人　　大杉　剛
発行所　　株式会社 風詠社
〒 553-0001　大阪市福島区海老江 5-2-2 大拓ビル 5 - 7 階
Tel 06（6136）8657　https://fueisha.com/
発売元　　株式会社 星雲社（共同出版社・流通責任出版社）
〒 112-0005　東京都文京区水道 1-3-30
Tel 03（3868）3275
印刷・製本　シナノ印刷株式会社

ISBN978-4-434-33860-1 C0016